中国型
金融制度

員　要鋒

創土社

目次

序　章 ……………………………………………………………… 1

第1章　中国金融体制改革の初期条件
　　　――単一銀行制度 (1949〜78)―― ……………………… 9
1. 単一銀行制度の形成 ………………………………………… 10
2. 社会資金需給システム：財政資金が主、銀行貸付が補完 … 13
3. その他の金融機関について ………………………………… 19
4. 金融の未発達と社会の高蓄積 ……………………………… 20

第2章　金融の「市場化」(1978〜1992)
　　　――金融制度改革の初期段階―― ……………………… 25
1. 単一銀行制度から二層銀行システムへの移行 …………… 32
2. 4大国有専業銀行と株式制商業銀行 ……………………… 42
3. 信託投資会社、証券会社などノンバンク金融機構の発展 … 46
4. 郵便貯金事業 ………………………………………………… 47
5. 国際金融機関との交流と外資銀行の中国への進出 ……… 48

第3章　社会主義市場経済の創出過程と金融改革（1993〜2001）
　　　――国有銀行の商業銀行化と第1次不良債権処理―― … 52
1. 金融体制改革 (1993〜1997) ……………………………… 54
2. 不良債権処理と金融システム健全化への整備 (1997〜2001)
　　　……………………………………………………………… 71
3. 資本市場の形成と整備 ……………………………………… 85

第4章　中国型金融制度の形成（2001〜）
　　　――グローバル・スタンダードに向けての整備―― …… 89

i

1. 国有商業銀行改革を中心とした銀行システムの健全化 ……… 96
  2. 資本市場改革 ……………………………………………………… 128
  3. 為替制度改革と資本規制の緩和 ………………………………… 141

第5章 中国型金融制度の成立とその構造 …………………………… 160
  1. 中国金融市場の構造 ……………………………………………… 164
  2. 中国の金融制度体系 ……………………………………………… 166
  3. 中国金融制度の特質 ……………………………………………… 172
  4. 中国型発展モデルと北京コンセンサス ………………………… 187
  5. 終わりに――北京コンセンサスと中国モデル ………………… 191

終章 リーマン・ショックから制度転換へ
    ――高度成長から調和的成長へ―― ………………………………… 195
  1. 転機をなすリーマン・ショック ………………………………… 195
  2. 金融制度の革新と財政制度 ……………………………………… 199

参考文献 …………………………………………………………………… 206
索　　引 …………………………………………………………………… 212
あとがき …………………………………………………………………… 220

序章

課題と方法

　中国経済は1970年代末改革開放政策に転換して30周年を迎えている。この間のGDP成長率は年平均9.6％に及ぶ。30年間約10％成長というのは近代世界経済史上最も長期にわたる持続的な高成長の奇跡の1つである。この中国経済の飛躍をもたらした要因の1つは、いうまでもなく直接的には1978年以後採用される「改革開放政策」によって進化する「制度革新」である。この制度革新は「社会主義制度」から「中国型市場制度」への進化を導き、高成長メカニズムを形成したのである[1]。

　中華人民共和国の経済発展戦略は「社会主義制度」による国家による資本の強蓄積システムであり、戦後世界の経済開発戦略の1つを代表するものであった。戦後発展途上の第三世界では多くの旧植民地・従属国が政治的独立を達成し、経済的自立が国家形成の課題となっていた。そこで採られた経済発展戦略には大まかに言って、3つの戦略があった。(1)ソ連社会主義の影響を受けて展開される「社会主義経済発展戦略」、(2)東アジアの経済的奇跡を生む開発独裁型の「輸出志向型市場発展戦略」、(3)ラテンアメリカ型の「従属開発戦略」、の3つであった[2]。

　この3つの発展戦略が戦後の東西冷戦体制のもとで、全世界の発展途上国地域においてそれぞれの国家的・地域的諸要因と結びついて実践されていく。このうち、まず成功するのが、「東アジアの経済奇跡」をもたらしたアジア

NIES である。韓国や台湾などのアジア NIES は 1950 年代まで戦前の「植民地的経済構造」のままの低開発状態にあり、朝鮮戦争や台湾海峡をめぐる厳しい冷戦の緊張下に経済自立を求められた。しかし、経済発展に必要な資本も市場も国内には存在せず、比較的水準の高い労働力が存在するだけであった。他面政治システムにおいては、強力な軍隊と独裁的な政府・官僚機構があった。当時豊富な資本や広大な市場は国外のアメリカ、部分的に日本にのみあった。この東アジアの経済発展の初期条件は、戦前の状態とほとんど同じであった。つまり、依然として国際資本と国外市場が支配的であり、国内市場は狭隘であった。それに国内市場の極大化による経済発展方式は同時に生産コストを上昇させるが、他方では競争力ある経済を作り出すには生産者にはコストの最小化が要求される。この根本的な矛盾は、通常の市場経済では資源・組織・技術の高度利用によって効率の改善を通じて解決される。しかし、東アジア経済の初期条件にはそれを可能とする要素を欠いていた。東アジア経済が採ったのは、国内市場と国際市場を分離し、国際市場を拡大することによってこの根本的な矛盾を取り除き、国際市場への工業品輸出によって得られる利益を国内に蓄積する経済構造を作り出したのである。かつての植民地経済は宗主国経済と経済上の国境はなく、宗主国資本が支配する一体経済圏をなし、経済余剰の再蓄積による経済成長は生じなかった。それを東アジア経済は内外市場を分離し、国際資本と市場を活用し、国際市場に対し国内で国際競争力のある工業製品を製造し、輸出することによって国内の経済成長を図る新しい経済発展モデルを創出したのである。NIES を代表とする東アジア経済は初めて「植民地経済」や「周辺経済」といわれる低開発経済から近代的経済発展水準を達成したという世界史的意義を持つものである。

　この東アジア経済発展の「高成長制度 High Growth Institution」は持続的な国際競争力を持つ産業の創出・育成のための産業政策と産業高度化の計画・調整政策、国際資本・技術の抑制政策、国内経済成長のための国家的・社会的・文化的要素の動員体制を含む特有の制度革新がなされたのである。

一方社会主義発展戦略を採った中国は冷戦体制による封じ込めのため一国内発展戦略を余儀なくされ、国家による資本集中動員体制によって重工業優先発展方針のもとに、資本と労働力の増投型の蓄積を強行した。その結果、総要素生産性は無に等しく、蓄積率は70年代には33～4％に達し、年平均成長率も6％を達成したが、高成長水準には遠く及ばなかった。70年代末にはむしろ中国の計画経済は社会的資源配分の制度構築に失敗し、生産の深刻な不均衡の拡大を招き、社会主義的計画経済の制度疲労が顕著となった[3]。こうして経済発展の制度転換が内外とも必然化するのである。「改革開放政策」による「社会主義市場経済制度」への制度革新が推進される。経済改革は計画制度の硬直化を市場経済メカニズムの導入によって協調発展の軌道に乗せるためであり、開放政策は国際市場と連結し、NIES型の「輸出志向型市場化戦略」に合流し、国際分業の利益と高度技術などの後発利益を獲得するための戦略であった。それを示すのが1988年の「沿海地区経済発展戦略」の推進である。沿海地区に発展しつつあった郷鎮企業や香港企業が原材料と市場を国外に求め、軽工業製品を輸出する貿易の黒字構造を達成した。

しかし、90年代以降の持続的高成長をもたらしたのは、NIESモデルを超えて、「市場・技術交換政策」の下に外国企業の大量の直接投資と高度技術の導入であった。この外資輸入政策はこれまでの後発国の経済発展には見られなかったものである。むしろ外資導入による経済発展政策の失敗はブラジルやメキシコでのように、ラテンアメリカ化の原因の1つであった。中国は独自の外資規制の産業政策によって、産業の高度化と輸出経済を両軸とする高成長を達成し、新しい中国モデルが生成したのである。中国の30年にわたる持続的高成長は「社会主義制度」による資本の本源的蓄積過程に、NIES型輸出志向戦略を接木して、さらに外資直接投資による高度技術輸入し、「社会主義市場経済制度」を構築し、中国型モデルが成立した。

また中国のNIES型モデルの受容による高成長への制度革新は輸出志向戦略と外資規制・産業政策という戦略受容ばかりでなく、NIES・ASEAN地域を自己の域内市場に包摂し、東アジア経済の中核として世界経済の第4極と

して生成したのである。

　こうした中国の経済発展体制は2001年12月のWTO加盟協定がほぼ完成する2006年末をもって、開放型市場経済体制が一通り完成するといってよい。そして、中国の現行の市場経済体制はワシントンコンセンサスに代表される自由市場経済というよりは国家（党と政府）による広範な関与と規制を含んだ市場経済体制、つまりジョシュア・クーパー・ラモの名づけた北京コンセンサス型の市場経済体制ということができる[4]。それには、これまで見たように、社会主義制度、NIES型輸出志向市場化戦略の受容、日本型産業政策、財政金融制度の導入などの要素が「改革開放政策」の展開の過程で融合し、中国独特の高成長の枠組みを構成しており、制度革新の核心をなしているといえよう。

　このように、中国の持続的高成長過程を、成長制度の形成と発展と制度変化の観点から考察することによって、中国型モデル（中国模式）の構造と特質を解明することができると思われる。

　また中国の持続的高成長による自立的市場経済の確立は、第2次大戦後の第三世界の経済自立の達成を意味し、戦前の「植民地経済」、「周辺経済」が自立的な経済近代化に成功したことを示す歴史的意義を持っている。さらに現代世界経済を支える新興経済国家群 Emerging Economies の代表となっていることはいうまでもない。

　中国の経済成長制度（Economic Growth Institution）は「社会主義制度」から改革開放政策による「市場経済制度」への制度革新へと発展し、そこに形成される市場経済制度は30年にわたって高成長をもたらし、80年代の漸進的移行期、90年代の市場経済の創出期、2000年代の開放的市場経済の完成期という「制度変化」を経てきた。

　この制度革新の核心の1つは疑いもなく、社会的資源配分の方式が「国家計画に基づく財政主導型資金配分」から「金融市場に基づく市場メカニズムよる資金配分に変化したことである。

　したがって本稿の課題は、金融制度改革の過程を分析すると同時に、そこ

から現代中国の金融制度の構造と特質を解明し、金融制度 Financial Institution の側面から中国型モデル（北京コンセンサス）を解明することにおかれる。

論文の構成

　本稿は、主に改革開放以降の 30 年あまりの間に行われた金融制度改革をたどりながら、中国型金融制度の形成過程を分析し、そして中国型金融制度形成の要因を解明し、その構造的特質を検討することともに、今日の中国の金融制度の問題と課題を明らかにする。

　まず、中国金融改革を振り返りながら、中国型金融制度の形成過程を研究すること。改革開放政策以降の 30 年あまりの間、次のように 3 回にわたり金融制度改革の大きなうねりがあった。したがってここでの時期区分は金融制度改革の節目となる時期を画期としている。

　第 1 章、中国金融体制改革の初期条件（1949～1978）――単一銀行制度。

　改革開放までは、当時の計画経済体制に応じて、国家の資金配分は財政資金の交付によっており、中国人民銀行はすべての財政資金の金融業務を独占的に行い、いわゆる「ユニバンク」(単一銀行) 制度であった。人民銀行は政府の作成した計画の執行機関にすぎず、政府の計画に基づいて各産業分野や国営企業に国家資金を配分する機能しか担っていなかった。金融仲介機能がほとんどなく、財政を補足する意味しかもたなかった。

　第 2 章、金融の「市場化」(1978～1992) ――金融体制改革の初期段階。

　金融と財政の分離、人民銀行が中央銀行機能の特化並びに 4 大専業銀行及び株式制銀行の設立による 2 層銀行システムへの移行が行われた。人民銀行は中央銀行としての機能の模索段階にあった。要するに、市場経済制度の導入による経済構造の変化に応じた金融制度改革は、金融の本来機能に戻ることであり、いわば、金融を「正常化」にすることだった。金融機関の設立或いは復活、金融市場の整備などによって金融を「正常化」しつつあったが、

人民銀行のマクロ経済へのコントロール手段が不十分で、改革が「地方分権の放権譲利」政策が採られたため、なお計画経済の影響が強く、地方政府の銀行への恣意的介入、加えて国有企業改革の遅れなどで、80年後期から、投資バブルと狂乱物価状態が生じた。また、4 大専業銀行は政策金融業務と商業金融業務を同時に行ったため、次第に大量の不良債権形成を誘発した。

　第 3 章　社会主義市場経済の創出過程と金融改革（1993 〜 2001）――国有銀行の商業銀行化と第 1 次不良債権処理。

　1993 年末、「金融体制改革に関する決定」を国務院が発表し、本格的な改革に入った。金融体制改革の目標は、①強力なマクロ経済調整能力を持つ中央銀行体制の確立。②政策的金融と商業的金融を切り離すことで、国有商業銀行を主体に、多様な金融機関で構成する金融機関体系の構築。③体系的な金融市場の設立。④為替レートの一本化であった。1997 年末、アジア通貨危機を受け、1997 年 11 月の全国金融工作会議において、およそ 3 年で社会主義市場経済体制に適応する金融機構体系、金融市場体系、金融規制・監督・管理体系を確立し、金融の安全、高効率、安定的な運営を保証することにつとめると発表した。その内容は、①中国人民銀行の金融監督・管理の機能強化、②国有銀行の商業銀行化、不良債権の処理、③金融秩序の規範化、金融法規の整備等であった。

　第 4 章、中国型金融制度の形成（2001 〜）――グローバル・スタンダードに向けての整備。

　2001 年 12 月に中国は WTO への正式加盟を果たした。5 年の移行期間をへて、これまで閉鎖的であった金融市場はほぼ開放された。外国金融機関の市場参入による新たな競争は、中国の金融サービス市場を多様化し、その規模を拡大するとともに、中国の金融業に対し大きな影響を及ぼすようになった。WTO 加盟協定の実施の進行過程で、中国金融機関の国際競争力を高めるため、金融改革のテンポを加速した。国有商業銀行の資本注入や不良債権処理、金融法制の整備、金融市場の整備などが行われた。

　第 5 章、中国金融制度の構造。

その特徴は、主に漸進改革としての金融改革、間接金融中心の金融制度、金融部門別分離監督をする金融分業監督管理制度、独特な金融政策手段、資本移動規制と人民元為替制度（多額な外貨準備）。金融資源を銀行に集中させるため、ノンバンクなどの預金業務などに対して、厳しく制限しており、加えて投資ルートが少なく、国有商業銀行は国家信用を背景にして、預金を集めてきた。最後に、中国金融制度の現状を分析し、問題と課題を展望する。上述のように改革開放以降、30年以上にわたり金融制度改革を続け、中国型金融制度は形成されてきた。株式制改造を経て、上場した国有商業銀行の工商銀行、建設銀行、中国銀行は、資産総額、利益並び自己資本額（率）のいずれも、世界の最上位銀行になった。巨額な不良債権問題などで金融制度の脆弱性は、外貨準備による資本注入、財政による不良債権処理によって、不良債権率は2％に低下し、克服されたた。そして、2009年に国際決済銀行（BIS）のバーゼル銀行監督委員会のメンバーになった。その一方、金融危機の影響で、欧米の大手銀行は、競争力が急速に落ちた。現在、中国の金融制度は世界的にも極めて強固であるといえるであろう。

　なお、金融の効率性及び金融安定性からみて、中国金融は次のよう問題点がある：①個別の金融企業に対して、銀監会、人民銀行等監督管理当局によってチェックアンドバランス機能がなされているが、それぞれの監督当局及び主要金融企業の経営権は実質的に党に集中しているため、チェックアンドバランスが機能しない恐れがある；②いまだに政府の商業銀行への過剰介入、金融企業のコーポレート・ガバナンス問題及び金融資源配分の歪みなど挙げられている。それらの問題を含めて、中国金融改革はこれから金融機関の民営化、為替・資本移動自由化、金利自由化、業務自由化などの課題が存在しており、中国金融改革は今後もより十全な制度構築が必要とされている

注
1) この経済成長における「制度革新」はダグラス・C・ノースの「制度は経済の長期的成果の基本的決定要因である」という観点から中国の経済発展の制度の形成と進

化を機軸に高成長を見ようとするものである。ダグラス・C・ノース、竹下公規訳『制度　制度変化　経済成果』（晃洋書房、1994 年 12 月）141 頁。Douglass C, North, INSTITUTIONS, INSTITUTIONAL CHANGE AND ECONOMIC PERFORMANCE (Cambridge UP, 1990). また中国の高成長は工業化、市場化、グローバル化が短期間に同時的に進行し、「改革開放政策」の展開による「制度革新」が段階的に生じたといえる。

2) この 3 つの戦後第三世界の経済発展戦略の位置付けを始めて統一的に提起したのは、*Xiaoming Huang, The Rise and Fall OF The East Asian GrowthSystem, 1951-2000, Institutional competitiveness and economic growth*（Routledge Curzon, 2005). である。
中国は「社会主義制度」から NIES モデルとラテンアメリカの失敗の経験を吸収し、「高成長市場経済制度」に統合した（高橋満『中華新経済システムの形成』創土社、2007 年 3 月）。

3) 中国のいう社会主義市場経済体制の「社会主義」は社会主義計画経済の社会主義と意味が異なっている。後者は資源の社会的配分を計画制度で行うものであり、前者のそれは主に市場メカニズムによって行うもので、それを国家のマクロコントロールと社会保障制度によって補完する体制である。したがって社会主義市場経済体制は基本的には資本主義体制であるといえる。しかし、それは国家の経済体制への関与の程度が極めて高い性質の資本主義といえる。

4) 北京コンセンサスという概念はジョシュア・クーパー・ラモによって提起されたもので、ワシントンコンセンサスの市場重視の開発戦略に対して、ラモは中国が艱難辛苦に耐え、主動的な革新と大胆な実践を通じて自国の国情に適合した発展モデルを探しあてたとし、そのモデルを北京コンセンサスと称した。これには主に 3 つの側面を含む。(1) 苦しみに耐え、努力し、主導的に革新し、大胆に実験すること。(2) 国家の主権と利益を守り、順序を追って漸進し、能力を蓄積すること。(3) 政治領域とグローバルパワーの均衡問題にも及び、革新と平等重視の北京コンセンサスは影響力を強めている。こうした中国モデルをユニヴァーサルモデルに対抗するものという提起は中国に中国型モデルへの自信を与えているようである。Joshua Cooper Ramo, The Beijing Consensus, The Foreign Policy Center, 2004.

第1章　中国金融体制改革の初期条件
——単一銀行制度金融 (1949〜78)——

　1953年にはじまる第1次5ヵ年計画（1953〜57年）の開始によって、中国の社会主義計画経済がスタートした。ソ連の経験から重工業優先発展戦略を採用し、計画的資源配分制度が作り上げられた。すなわち、重工業優先戦略のもとに国家による資本集中動員体制である。しかも朝鮮戦争後の冷戦体制下の西側による封じ込め政策や60年の中ソ対立による国交断絶は中国の国際的孤立状態を招き、中国は一国社会主義発展戦略を余儀なくされた。そのため国防が国家建設の優先政策となった。

　「一窮二白」（経済のフローもストックも低い状態）といわれた建国後の中国経済初期条件のもと、乏しい資本を国家が集中して重工業に投資する財政経済制度が作られた。それが国家計画委員会・国家経済委員会を頂点とし、国務院各計画執行部門よりなる社会主義計画経済制度である。この制度では、国家資金の配分を主として財政部門が担い、銀行はその振替機関に過ぎず、一部の流動資金の供給に限られていた。そのため金融制度は、単一銀行制度構築が必要であった。

　1952年、国内の銀行や証券会社などの金融機関はすべて中国人民銀行に吸収されるか閉鎖され、中国人民銀行が実質上唯一の銀行となり、中国は単一銀行制度に移行した。改革開放政策以前の1978年までの26年間、中国人民銀行が通貨発行・金融政策などの中央銀行機能、預金や貸付等の商業銀行業務、及び国家銀行としての役割というすべての金融業務を行う三位一体の制度であった。

単一銀行制度における資金供給システムは、国家計画委員会が作成した5カ年計画と年度計画に基づき、財政部が人民銀行を通じて社会固定資産投資資金を国営企業・事業体に供給した。流動資金の供給は時期によって違いがあるが、概ね定額流動資金は財政が、それを超える流動資金は人民銀行が交付する制度になっていた。銀行信用はもっぱらに超過流動資金など短期信用の供給に限られていた。したがって計画資金の配分は財政資金が中心であり、人民銀行が流動資金を補完するという構造であった。こうして金融の資金配分メカニズムは消滅し、財政による資金配分メカニズムの付属物となったのである。

　この時期、人民銀行はわずかな家計貯蓄などの資金を原資に企業への運転資金貸出などの金融活動による信用創造が行われていたが、財政部門の資金が実際の資金需要を満たせず、不足する場合は銀行部門の資金提供が大きく膨らむこともあった。大躍進政策時（1959～61）がそれであった。

1. 単一銀行制度の形成

　中華民国政府時代の金融体制は、「四行二局一庫」を中心に、外資系銀行とその他の中小銀行などで構成されていた。「四行二局一庫」とは、「四行」が交通銀行（1908年設立）、中国銀行（1911年）、中央銀行（1928年、後に中華民国の中央銀行）と中国農民銀行(1937年)、「二局」が郵政貯蓄匯業局(1930年)と中央信託局（1934年）、「一庫」が中央合作金庫（1935年）をさす。この7つの金融機関は、当時中国金融市場の取引や業務の大半のシェアを占めており、金融制度の中核であった。特に当時のアジア金融センターであった上海には、国内銀行、主力海外銀行など金融機関が集中しており、証券や黄金など金融取引が活発に行われ、銀行貸出量、証券取引量などの全国の金融業務の半分以上を占めていた。

　中国政府はソ連型社会主義計画経済制度の構築に伴って、同時に単一銀行

制度への移行を進めた。まず銀行や証券会社など金融機関の資本について社会主義改造を決定し、1952年までにほとんどの金融機関は人民銀行による吸収、閉鎖あるいは人民銀行の指導を受ける公私合営銀行総管理処の下に置かれ、事実上単一銀行制度が生まれた。

1956年、政府は公私合営銀行総管理処と人民銀行の私営業務管理局を合併し、これで公私合営銀行が完全に人民銀行の支店あるいは代理所になり、社会主義計画経済における単一銀行制度に完全に移行した。その結果、1978年までの20年あまりの間、実質的に唯一の銀行である中国人民銀行は通貨発行・金融政策策定の中央銀行機能、預金や貸付・決済を行う商業銀行業務及び国家の出納を行う国家銀行というすべての金融業務を担うことになった。

1.1 人民銀行の設立と人民元の発行

1948年12月1日、中国共産党華北人民政府はこれまでに各解放区にそれぞれあった華北銀行、北海銀行と西北農民銀行など銀行を合併させ、新たに中国人民銀行を設立した。それと同時に旧人民元を発行し始め、翌年2月、総行の所在地を石家庄から北京に移転した。同年9月、公表された「中華人民共和国人民組織法」により、中国人民銀行は国家銀行として政務院の直属機関であり、通貨発行、通貨及び金融の調節、信用秩序の維持及び国庫金管理など責務を担当し、それを通じて経済回復や国家建設に資すると規定された。1955年に旧人民元1万元を新人民元1元に切り替え、現在に到っている。

1.2 政府系金融機関の接収と単一銀行制度の確立

新中国成立後、中国はハイパーインフレの経済状況に直面した。特にインフレ問題は、1935年に中華民国政府が従来の銀本位制度を法幣制度に移行して以来、中国経済の最大の問題であった。国内戦争における膨大な戦争費用による財政赤字、中華民国政府による無制限の通貨発行は、ハイパーインフレをもたらし、経済状況をいっそうに悪化させた。ちなみに1941年の重慶市の小売物価は、1937年比約2500倍に跳ね上がった。新中国成立後も続いた

ハイパーインフレに対処するため、政府は人民元を全国に流通させ、強制的に金及び旧法幣の使用を一斉に停止し、決済には人民元しか認めないなど金融秩序回復の政策が打ち出した。人民銀行は通貨発行や銀行信用などのマクロ金融運営政策の主導権を握ることになり、また社会経済・生産・流通に対する社会主義統制制度の導入による投機の抑制策は、1950年後半にはハイパーインフレの状況を急速に落ち着かせた。

政府は中華民国時代の官僚資本支配の「四行二局一庫」など政府系金融機関を接収し、外国銀行の特権と業務を中止し、その他金融機関が国家資本との「公私合営」という形で、すべての金融業務を政府管理の下に置いた。また、建国後上海、天津など各地の証券取引所は一時再開したが、しばらくしてすべて閉鎖された。民間銀行及び政府系銀行資本にあった民間出資には、政府が新たに資本出資することによって共同出資の「公私合営」という形で業務が継続された。これによってすべての金融業務は新政府の管理下に置かれることになった。すなわち、「公私合営」の金融機関はそのうちの民間資本に配当金を支払うという約束で、経営活動を人民銀行の下にあった「公私合営銀行総管理処」による指導・監督下におかれることになった。こうした金融秩序の回復及び安定は新中国の社会主義経済への移行が順調に行われる条件でもあった。

1950年8月1日～8日、中国人民銀行総行は金融業連席会議を開催し、金融業の国と民間資本の関係及び私営銀行改造の政策を決めた。当時の中国政府が目指している経済制度は、言うまでもなくソ連型社会主義計画経済であった。社会主義計画経済制度の下に、「公私合営」の金融機関は、1952年事実上、人民銀行による金融統制が成立したが、いわゆる社会主義改造をへて、1956年までにほとんどの銀行が閉鎖ないし人民銀行に吸収された。1956年、政府は公私合営銀行総管理処と人民銀行の私営業務管理局と合併させ、これによって公私合営銀行は完全に人民銀行の各分行あるいは代理所になった。人民銀行は通貨発行・金融政策運営などの中央銀行業務、預金・貸付などの市中銀行の業務すべての金融業務を独占する単一銀行になった。1956

年9月、中国共産党第8期全国代表大会で、当時の国家副主席劉少奇は「人民政府は、すべての私営銀行と銭荘を国家銀行の指導の下の公私合営銀行とする社会主義改造を経て、信用創造、決済、預金貸付など銀行業務、保険業務並びに金、銀貴金属と外国為替などすべての金融業務を人民銀行に集中経営することになった」と宣言した。これにより、中国は社会主義計画経済における単一銀行制度に完全に移行し、この制度は改革開放の1978年まで約30年間続いた。

なおこの時期、中国人民建設銀行、中国銀行、中国農業銀行、農村信用社、人民保険公司などの金融機関が一時的に存在したことがあったが、実質的に人民銀行の直接的な管理の下あるいは金融機関として独立的に金融業務が行われなかったため、単一銀行制度に変わりはなかった。中国人民建設銀行は1954年に設立された後、廃止と復活が繰り返され、実質的に財政部の基本建設司の資金供給管理を受けた。中国銀行は対外的に名義上存在したものの、実際に人民銀行の為替業務部として存在するに過ぎなかった。中国農業銀行は建設銀行と同じく廃止されたり復活されたりされていたが、その業務がほとんど農業向けで、人民銀行の県あるいは郷レベルの支店と共同作業しており、独立的に業務展開はほとんどなかった。

2. 社会資金需給システム：財政資金が主、銀行貸付が補完

社会主義計画経済には、国家が社会経済活動を統制するために「統収統支」制度があった。それは、国営企業に生じたすべての利潤は財政部に上納する義務があり、上納利潤と税収よりなる財政資金をプールして翌年度計画に基づき、国営企業・事業体に統一に再分配するという制度であった。そのため、企業は、設備投資などの資本的な支出だけではなく、生産活動の原料仕入れ、販売などのような運転資金でも基本的に年度経済計画によって財政で賄われる。運転資金の一時不足に限って、人民銀行は供給することができるが、年

度計画の資金計画限度までに制限されていた。

　社会生産においては、生産要素、製品に対して、政府による統一買付、統一販売制度があった。企業は基本的に年度計画のとおりに実行するだけであり、生産原料の調達、製品生産、製品販売などすべての生産活動は政府のもとで管理されていた。企業管理者は、年度の経営成果あるいは企業財政状況に対してあまり関心はなく、むしろ年度の計画及び財政資金の分配に注目していた。すなわち、当時の企業が赤字か黒字になるのは、計画の作成された時点で決まった。

　社会主義経済統制の一環として、すべての企業は手元資金を全部人民銀行に預けなければならないと規定された。また、企業間の取引の決済は人民銀行で振替することが義務付けられていた。資金の引出は厳しく制限されており、企業が自主的に設備投資したり企業間の掛売りなどの商業信用を行うことは当然禁じられていた。

表1-1　国家財政収入の構成　　　　　　　　　　単位：%

		1957	1965	1978
財政収入合計		100.0	100.0	100.0
1. 企業収入		46.5	55.8	51.0
2. 各種税収		49.9	45.7	39.3
	工商税	36.5	35.0	40.3
	農業税	9.6	5.4	2.5
3. 債務収入		5.3		0.2

出所：『中国統計年鑑』(1981)、396頁。

表1-2　国家財政支出の構成　　　　　　　　　　単位：%

	1957	1965	1978
財政支出総計	100.0	100.0	100.0
基本建設交付金	40.7	34.0	40.7
企業改造費・新製品試作費	0.8	5.4	5.7
企業超過流動資金	6.8	5.9	6.0
農業支援支出	2.6	3.7	6.9
文教科学衛生費	9.1	9.8	10.1
国防戦費	18.1	18.6	15.1
行政管理費	7.1	5.4	6.6

出所：『中国統計年鑑』(1981)、396頁。

　上記のように社会資金需給システムでは、財政資金が中心の役割を果たし、銀行信用があくまでも補足であった。具体的には、設備投資（資本金に当たる部分が多い）やインフラ整備などの長期資本については、財政部の基本建設司あるいは人民建設銀行によって行われ、運転資金や短期貸出など財政資金の配分と銀行信用については、人民銀行によって中央から地方へ実

施された。

　表1-1、表1-2のように、財政収入は企業の利潤上納と工商税と農業税の税収の両者がおよそ半分ずつをしめ、財政支出は企業などへの建設資金が40％、流動資金が6％と支出の50％弱が計画資金の配分をしめていた。

　また人民銀行は財政と未分離のまま運営されていたため、自然災害、経済政策の大失敗などによって生ずる財政赤字は、人民銀行が直接補填することになっており、インフレをもたらす恐れがあった。表1-3のように、計画経済時代の中国財政は、多くの年度が財政黒字であり、経済統制に加えて、物価はきわめて安定していた。しかし、1959～61年は、大躍進政策の失敗とその後の自然災害などによって、財政赤字が急増した。人民銀行は貨幣を増発して財政赤字を補填したので、人民銀行のバランスシートには、資本金の大幅増加として反映されていた。これらの資金は結果的に家計部門に流れ込んだが、統一買付、統一販売制度の下では、消費できない家計部門は、預金として預けることしかできなかった。それゆえ、各種預金（表1-3）は、この時期に常に財政収入（表1-4）、つまり財政資金を上回るようになった。

　また銀行貸付は運転資金需要の高い流通業企業への割合が非常に高く、企業への長期資金供給は極めて少なかった。すなわち、銀行の資金供給は社会資本の形成にほとんど寄与していなかったことを意味する。銀行の仲介機能は極めて低位な水準であったといえるであろう。

　家計部門では貯蓄預金が極めて少なかった。計画経済の統一買付、統一販売制度では、1類の穀物（米、小麦など）、食用油、2類の肉・卵などの副食品及び衣服、酒などの日常生活用品だけではなく、原料から製品までの生産要素は完全に国の流通・販売制度にコントロールされていた。都市部住民は、基本的に配給制度で家族数に応じて配給券が配られ、日常的に必要とする生活用品をこの配給券とともに安価で購入することができたが、配給券がない商品は非常に高い価格が設定され、消費が抑制された。賃金は非常に低く抑えられる一方、住宅、医療、年金、教育などといった社会福利は、無料で提供されていた。農村は、人民公社制度の下で、多くの人々の生活は非常に苦

表1-3 単一銀行制度の下での預金と貸付構成

資産負債／年度	負債									3.銀行資本
	1. 各種預金							2. 現金	
	企業預金	財政預金	基本建設預金	機関団体預金	都市貯蓄預金	農戸預金	農村預金		
1952	93.30	33.00	19.50	4.10	28.10	8.60	—	—	27.50	11.0
1953	107.70	31.80	33.30	6.70	22.50	12.20	0.10	1.10	39.40	15.9
1954	154.10	34.40	61.30	7.50	30.70	14.30	1.60	4.30	41.20	21.0
1955	141.90	32.40	36.10	8.00	42.20	16.90	3.00	3.30	40.30	25.9
1956	136.80	45.00	16.40	3.20	39.10	22.40	4.30	6.40	57.30	38.1
1957	168.30	39.70	20.60	10.10	49.30	27.90	7.30	13.40	52.80	54.3
1958	304.00	77.60	49.90	20.10	84.80	35.10	20.10	16.40	67.80	96.9
1959	407.50	70.00	82.10	40.10	111.00	47.30	21.00	36.00	75.10	293.8
1960	468.50	86.00	146.60	29.60	96.60	51.10	15.20	43.40	95.90	369.9
1961	491.10	116.10	174.60	30.30	72.30	39.20	16.20	42.40	125.70	183.3
1962	411.80	152.30	79.90	44.70	69.70	31.40	9.80	24.00	106.50	201.3
1963	414.90	176.80	67.30	43.00	56.70	35.60	10.10	25.40	89.90	229.7
1964	439.34	156.10	84.80	38.60	69.60	44.80	10.70	34.74	80.00	102.
1965	481.65	181.90	74.20	41.70	80.80	52.30	12.90	37.85	90.80	106.5
1966	554.75	185.00	95.80	51.60	100.60	57.70	14.60	49.45	108.50	124.
1967	582.46	199.40	67.30	49.30	130.00	59.80	14.00	62.66	121.90	145.
1968	621.62	211.80	92.30	31.70	143.70	62.30	16.00	63.82	134.10	166.
1969	641.19	215.50	119.60	16.20	151.00	61.90	14.90	62.99	137.10	193.
1970	702.40	226.10	176.80	12.20	141.40	64.50	15.00	66.40	123.60	220.
1971	770.24	226.80	188.90	24.00	161.10	73.30	17.00	79.14	136.20	152.
1972	781.60	239.00	172.60	34.30	153.90	85.10	20.10	76.60	151.20	138.
1973	869.05	279.00	160.80	51.30	172.50	94.10	27.10	84.25	166.10	183.
1974	903.09	324.80	137.30	53.80	152.40	105.80	30.60	98.39	176.60	222.
1975	982.50	362.70	140.20	63.20	157.50	114.60	35.10	109.20	182.60	258.
1976	993.16	389.80	97.90	65.80	166.10	122.50	36.90	114.46	204.00	303.
1977	1080.44	384.70	151.90	77.50	171.40	135.10	46.50	113.34	195.40	359.

出所：蘇寧『中国金融統計 1949-2005』(金融出版社、2007年)、21-46頁

第1章 中国金融体制改革の初期条件

単位：億元

負債		資産							
4.その他	負債合計	1. 貸付					2. 金	3. 外貨	資産合計
		工業生産企業貸付	物資貸付	商業企業貸付	集団企業貸付	農業貸付			
-13.00	118.80	108.00	9.50	―	93.80	0.50	4.20	4.80	6.00	118.80
-18.10	144.90	134.80	13.00	―	114.30	0.70	6.80	4.80	5.30	144.90
-16.30	200.00	185.80	14.60	―	161.80	0.60	8.80	4.80	9.40	200.00
13.00	221.10	206.60	18.10	―	175.30	0.80	12.40	4.80	9.70	221.10
15.30	247.50	239.20	27.90	―	172.60	3.20	35.50	4.80	3.50	247.50
15.70	291.10	283.00	30.30	―	216.40	3.10	33.20	4.80	3.30	291.10
36.95	505.65	498.15	89.20	―	342.40	2.70	63.85	4.80	2.70	505.65
39.90	816.30	814.70	254.80	―	495.30	3.50	61.10	3.80	-2.20	816.30
41.10	975.40	983.90	362.80	30.80	506.30	6.50	77.50	3.80	-12.30	975.40
8.30	808.40	814.80	167.10	25.30	537.50	9.90	75.00	3.80	-10.20	808.40
-30.00	689.60	691.70	119.80	27.00	459.00	9.60	76.30	3.80	-5.90	689.60
-151.80	582.70	576.50	76.90	31.50	384.40	4.40	79.30	3.80	2.40	582.70
-18.59	603.45	588.75	76.00	31.60	396.60	3.20	81.35	3.80	10.90	603.45
-7.50	671.45	656.65	93.20	41.30	431.30	3.40	87.45	4.80	10.00	671.45
-6.10	781.45	766.85	122.30	52.20	498.60	5.10	88.65	4.80	9.80	781.45
-28.81	820.95	806.95	173.60	51.80	483.00	6.80	91.75	4.80	9.20	820.95
-5.07	917.25	902.55	213.10	62.50	525.00	8.50	93.45	6.70	8.00	917.25
10.66	982.05	959.05	234.00	69.10	547.50	10.90	97.55	6.70	16.30	982.05
14.85	1061.15	1047.95	241.40	67.40	626.60	12.90	99.65	6.70	6.50	1061.15
85.52	1144.26	1130.76	251.90	126.00	667.20	17.20	68.46	8.60	4.90	1144.26
109.36	1181.06	1163.76	224.30	151.30	693.80	19.60	74.76	8.60	8.70	1181.06
83.31	1301.56	1287.06	231.10	179.60	776.90	22.60	76.86	8.60	5.90	1301.56
93.37	1395.66	1373.26	266.70	179.60	815.00	28.20	83.76	12.20	10.20	1395.66
85.78	1508.98	1486.98	293.50	179.10	884.70	33.00	96.68	12.20	9.80	1508.98
98.48	1598.64	1574.14	329.40	173.30	908.00	40.70	122.74	12.20	12.30	1598.64
99.80	1735.54	1699.54	334.20	187.90	996.90	46.00	134.54	12.20	23.80	1735.54

17

表 1-4　計画経済(1952-1978 年)における家計預金財政収支及び GDP

単位：億元

年度	家計預金[1]	財政収入	財政支出	GDP
1952	8.6	173.9	172.1	679.0
1953	12.3	213.2	219.2	824.0
1954	15.9	245.2	244.1	859.0
1955	19.9	249.3	262.7	910.0
1956	26.7	280.2	298.5	1028.0
1957	35.2	303.2	296.0	1068.0
1958	55.2	379.6	400.4	1307.0
1959	68.3	487.1	543.2	1439.0
1960	66.3	572.3	643.7	1457.0
1961	55.4	356.1	356.1	1220.0
1962	41.2	313.6	294.9	1149.3
1963	45.7	342.3	332.1	1233.3
1964	55.5	399.5	393.8	1454.0
1965	65.2	473.3	460.0	1716.1
1966	72.3	558.7	537.7	1868.0
1967	73.8	419.4	439.8	1773.9
1968	78.3	361.3	357.8	1723.1
1969	75.9	526.8	525.9	1937.9
1970	79.5	662.9	649.4	2252.7
1971	90.3	744.7	732.2	2426.4
1972	105.2	766.6	765.9	2518.1
1973	121.2	809.7	808.8	2720.9
1974	136.4	783.1	790.3	2789.9
1975	149.7	815.6	820.9	2997.3
1976	159.1	776.6	806.2	2943.7
1977	181.6	874.5	843.5	3201.9

注：家計預金は都市貯蓄預金と農戸預金の合計である。
出所：蘇寧『中国金融統計 1949- 2005』(金融出版社、2007 年) 21-46 頁、中国国家統計局 HP：http://www.stats.gov.cn/

しく、最低限の日常生活用品すら十分ではない状態が続いていた。

　表 1-3 のように家計部門貯蓄は非常に低水準にとどまっていた。配給制など経済統制を通じて民間の消費を抑制されていた。したがって、社会の貯蓄は国家部門に吸収され、財政・金融機構を通じて資本蓄積に転化され、70 年代以降になると、30％を超える蓄積率の増大となる。

3. その他の金融機関について

　地域間における経済格差や都市と農村の経済構造の差異などから、単一銀行制度の業務管理では経済構造の多様化に対応しきれなくなることが多く見られた。社会主義計画経済による経済統制強化と硬化した財政による資金配分メカニズムが機能しなくなると、そのつどいわゆる経済調整が行われた。農業農村建設支援や基本建設管理の目的から農業銀行と人民建設銀行は復活されたが、政治運動などが強まると経済統制が再び強化され、これら銀行はまた閉鎖され、人民銀行に統合されるというようなことが繰り返えされた。

3.1　中国人民建設銀行

　1954年10月、民国時代の交通銀行を基礎に、国家の基本建設資金を効率的に管理するため、中央政府政務院（現国務院）の決定により、新たに中国人民建設銀行が設立された。中国人民建設銀行は、国家計画委員会の計画に基づいて、国家予算内の国家基本建設と大規模なプロジェクトの財政資金と予算外の各部門、単位の自己建設資金を管理・監督し、またそれに対しての資金の調達、融資などを中心業務としていた。資金源は、国家基本建設のプロジェクト及び大規模な建設などの財政資金と人民銀行からの信用であった。基本建設資金の対象となる国有企業のみに対して業務が行われ、個人あるいは一般企業の預金、貸出などの銀行基本業務をしないため、銀行といっても実際は国家経済委員会の執行部門の1つであった。

　1957年、中国人民建設銀行はすべての業務を人民銀行と財政部に引継がせ、廃止された。1962年に復活されたが、6年後の1968年また廃止された。そして、1972年に当時崩壊寸前の経済を立て直すために、政策の一環として再び復活され、国家基本建設の財政資金の配分・管理を担当するため財政部に置かれた。

3.2 中国銀行

1952年、民国時代の中国銀行は中国人民銀行国外業務局に統合された。同時に、各分行が中国人民銀行の各分行に吸収されたが、中国銀行の外国支店業務を管理するため、中国銀行の商号はそのままずっと保留されていた。人民銀行の下にあった中国銀行総管理処は、中国銀行及びその他銀行の外国支店の管理、対外貿易の金融業務、外貨管理と為替市場管理を担当していた。実際には、人民銀行の外為業務管理部門であった。外為業務は他の国内金融業務と関わりがないため、人民銀行の一部門であったが、かなり独立した部門として存在していた。後にいち早く人民銀行から為替業務などを担当する専業銀行として独立し業務再開したのも、このような業務的な専業性があったからであろう。

3.3 中国農業銀行

1955年、農村の信用合作社をベースに、農村農業生産活動への金融支援を目的として中国農業銀行が設立された。しかし、人民銀行の農業金融業務と明確に区別されていないままで、業務展開していた。後に人民銀行から業務重複、管理上の混乱などが指摘され、1957年に農業銀行は廃止された。中国人民銀行は内部に農村金融管理局を設置して、農村金融支援業務を総括していた。1963年、国務院は農村経済の建て直しをするために農業銀行を復活させ、従来と同じく農村金融支援業務を中心に業務再開したが、文化大革命中の1968年に、農業銀行は再び停止され、人民銀行に統合された。

4. 金融の未発達と高蓄積率

社会主義国家においては、原則として市場メカニズムによる資本家階級の生産剰余（利益）搾取があってはならない。この原則を実現するために、市場での交換を前提にした「商品」ないし「貨幣」の存在は最終的に社会から

追放されなければならない。中国は1950年代初期、金融資本の社会主義改造によってすべての金融業務を人民銀行に集中した。経済統制は、企業に対して、利益を財政に上納し、手元資金を銀行に預け、決済は銀行で行うことが義務づけられ、さらに企業間の手形発行などの信用も禁止した。家計部門では、都市住民の給与が生活維持できるレベルの低い水準に抑えられ、農村住民は経済の自給自足で現金収入はきわめて少なかった。こうして意図的に低賃金、消費制限を計り、成長部分は資本蓄積の拡大に向けられた。債券や株式など金融商品だけではなく、銀行信用など金融信用は厳しく制限されため、家計貯蓄預金の対GDP比率は財政資金（財政収入）と比較してきわめて低かった（図1-1）。

社会主義計画経済は、物に対して「購入販売」、資金に対して「収入支出」、消費に対して「配給制」という社会主義計画経済統制制度の下で、企業は自立的に資金調達活動が基本的になく、もっぱら財政の資金分配に依存していた。そのため社会の資金需給システムは、財政資金が支配的な位置を占めてい

図1-1　住民預金及び財政収入の対GDP比率の推移（1952-1977）

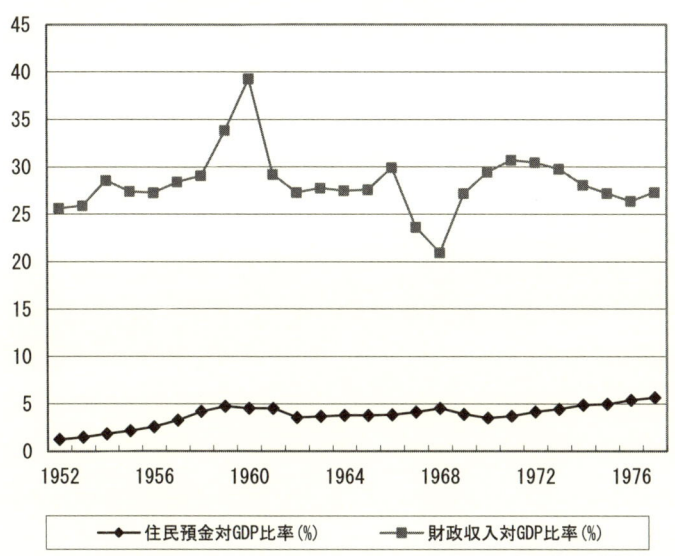

出所：中国国家統計局HP：http://www.stats.gov.cn/tjsj/

た。基本的に毎年の財政予算と執行による財政資金の再分配で、設備投資などの社会資本の形成、生産、販売などの生産活動に資金が交付されていた。政府は住宅、医療、年金、教育など社会福利を無償に近い形で提供していたが、賃金は意図的に低く設定されていた。それは、国家権力を総動員して資本を国家に集中し、重工業優先発展戦略のもとで基幹産業に優先度に応じて再配分する体制が必要であったからだ。金融は明らかに単なる財政資金の仲介機関に過ぎなかった。

「一窮二白」といわれた経済状態の下でスタートした中国は、改革開放までの約30年にわたる社会主義計画経済時期において、大量の労働力投入、高度の固定資産投資率の牽引により GDP 年間成長率は平均 6.8％、70 年代（1977年までに）でも 6.6％の成長率を達成した。国家による資本集中動員体制によって政府貯蓄を中心として国民蓄積率が 1970 年に 33.8％に達し、70 年代にもずっと 30％以上を維持し、経済の高成長への要件である「蓄積率 30％超」を大きく上回わった。

さらに三線建設期、既存工場のコピー工場を数多くつくることを通じて、いわば外延的経済成長を達成した。アンガス・マディソン（Angus Madison）は OECD のデータなどを利用して、中国の社会主義計画経済時期（1952～77 年）の労働力、非民間資本ストックの増加率がそれぞれ 2.57％、7.72％であり、教育水準の向上などの要素を加えた労働力投入増加率が実に 4.87％で非常に高い成長率であると推定した。しかし、資本の生産性はそれを大きく下回り、同じ時期ではマイナス 3.09％であった。その結果同時期の全要素生産性の増加率はマイナス 1.37％となった。これは、財政メカニズムによる資本配分の制度が非効率な経済発展を助長し、社会主義的計画経済の制度疲労が顕著となったといえるのであろう。改革開放後も政府部門を中心とした貯蓄から家計部門貯蓄へと転換したとはいえ、一貫して高貯蓄率を維持した。

1970 年代にはもう 1 つの成長の芽が形成されていたにも注目すべきである。それは社隊企業の激増である。その従業員総数は 1978 年に 2827 万人に達するほど成長していた。これは 80 年代以降の高成長を主導した郷鎮企業など

図1-2　計画経済時期のGDPと成長率の推移（1952-1977）

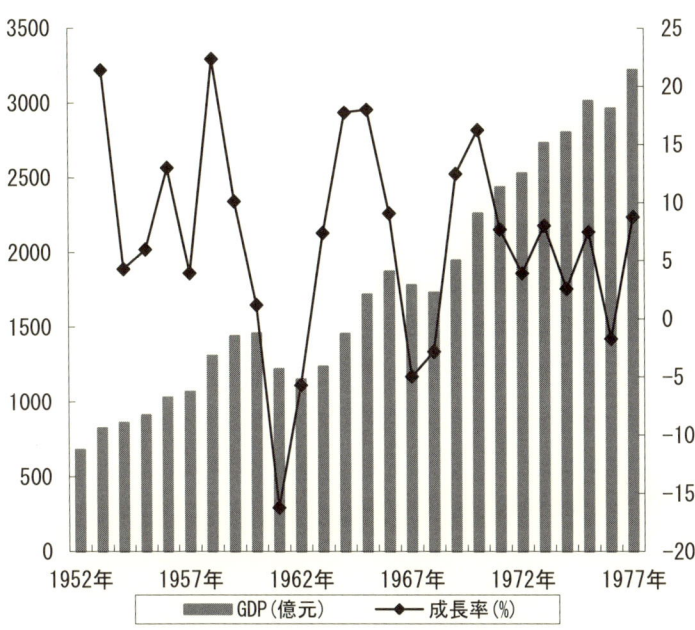

出所：中国国家統計局 HP：http://www.stats.gov.cn/tjsj/

の非国有企業の発展の基礎となった。こうした意味で中国の社会主義計画経済期は事実上改革開放以降の市場経済への移行期における高成長の基盤を形成しつつあったのである。（図1-2）

注
1) 林毅夫・蔡昉・李周『中国的奇跡：発展戦略与経済改革』（上海三聯書店・上海人民出版社、1999）、第2章。
2) 運転資金の提供については、何度の調整があったが、基本的に人民銀行が定額運転資金を超えた部分を提供する。劉彪『企業融資機制分析』（中国人民出版社、1995）、29-30頁。
3) 今井健一・渡邉真理子『企業の成長と金融制度』（シリーズ現代中国経済4）（名古屋大学出版会、2006）、13頁。
4) 巴図『民国金融帝国』（群衆出版社、2001年）、2-4頁。

5) 上海金融史話編写組『上海金融史話』(上海人民出版社、1978年)、158頁。
6) 中国人民銀行 HP：http://www.pbc.gov.cn/renhangjianjie/lishiyange.asp
7) 中国人民銀行：http://www.pbc.gov.cn "中国人民銀行大事記"、1955年2月21日付の「新人民元の発行と旧人民元の回収についての命令」によって、同年3月1日から旧人民元 10000 元を新人民元 1 元に切り替わった。
8) YOUNG, A. N. (1965), China's Wartime Finance and Inflation, Harvard UP. Cambridge, MA. USA.
9) 劉少奇(1956年) 中国共産党第8回大会の「劉少奇政治報告」の第二部分:社会主義改造。
10) Angus Madison 『Chinese Economic Performance in the Long Run: 960-2030 Ad』(Organization for Economic, 2007), 64-67page.
11) この時期は中国の国際収支バランスはほぼ均衡していたため、この時期の貯蓄率は投資率と同一と想定する。
12) 国務院農業部郷鎮企業局篇『中国郷鎮企業統計資料 (1978～2002)』(北京、中国農業出版社 2003 年 8 月)、5～6 頁。

第2章　金融の「市場化」(1978〜1992)
―― 金融制度改革の初期段階 ――

　中国の改革開放政策は1978年から始まった。社会主義計画制度がしだいに制度疲労を起こし、生産部門間の不均衡が激化した。国営各企業は原材料の供給不足をおそれ、過剰に企業内在庫を積立てた。こうした非効率な経済状態を打破するために、経済の市場化を通じて全要素生産性向上型の高成長を促がす方針に転換せざるをえなくなった。従来の財政主導型の資金配分メカニズムから、金融制度を資金配分システムを中心にする金融制度改革・財政制度改革が要請されたのである。

　金融改革は改革開放政策決定の1978年末以前にすでに始まっていた。すなわち1969年7月から実質的に財政部に統合された中国人民銀行は1978年初、財政部から正式に分離し、国務院に直属する部委一級単位になった。全国各省・市・自治区における分支行はそれと同時に同級の財政部門などから金融機関として独立した。70年代末からの金融改革は、財政金融一体からの金融自立化であった。

　独立した人民銀行は、直ちに"文化大革命"の政治運動中に混乱した金融秩序を回復し、通貨発行権や信用制度など金融業務の整理作業に入った。この財政から金融の自立化こそは中国金融制度改革のスタートラインである。同年にモデル地域で、これまでに財政による国有企業の資金供給方式を返済の前提とする銀行貸出方式にあらためるという実験が始まった。いわゆる"拔改貸（交付から貸付へ）"の試行であった[1]。この試行の経験を総括し、この方式はそのモデルに従って順次全国に拡大され、1985年には全面的に導

入された。資金供給システムのメカニズムが、国家財政による計画配分から、社会的貯蓄が銀行を通じて金融的方法で企業に供給されるシステムへと変換したのである。

1985年から4大専業銀行が相次いで復活あるいは新設された。中国人民銀行は、商業金融業務を新設された工商銀行に引き継がせ、長期資金の供給は人民建設銀行を復活させて移行し、外国為替や貿易信用など国際金融部門は中国銀行に特化し、農村や農業に対する金融は農業銀行に集中し、人民銀行は段階的に中央銀行機能に特化させた。こうして市場経済化に適応した二層銀行システムに移行した。

この資金配分の方式転換は、財政を通じての企業への資金交付が銀行による資金融資方式に変わったことを意味し、財政は本来の政府の政策や行政に必要な国家経費を賄うものへと変化した。銀行はもはや財政から資金を得るのではなく、自ら国民貯蓄から預金を集め、自己の融資資金を集める自立金融機関として生成しなければならなくなった。

改革開放政策以前の人民銀行は預金を多く集めてはいなかった。特に住民の家計部門からの銀行預金は極めて低い水準だった。しかし、改革開放後の非国有部門を中心とした経済発展は民間・家計部門の預金を激増させた（図2-1）。1978年から88年の10年間で3倍に増加し、GDP比では78年の9%から92年には52%と激増している。他方図2-2のように、政府預金は対照的に急速にそのシェアを低下させている。こうした家計部門の貯蓄やまた非国有企業部門の貯蓄の伸びも合わさって増加した貯蓄を4大専業銀行がその貯蓄の大部分を吸収し、企業融資面でも圧倒的なシェアを得ることになった。

4大銀行の分行・支行などの支店網は特に政策的に優遇され全国にわたって形成された。ほぼ大都市は言うに及ばず、全国2300以上ある県市レベルまでくまなく支店が形成され、4大銀行の国民貯蓄の集中が意図的に進められた。この国民貯蓄を銀行に集中するシステムは制度移行に伴うインフレ・リスクを大いに軽減する機能を果たしたといえよう。財政赤字によるインフレ・リスクと不良債権処理におけるリスク軽減という2つの経路を通じるリ

図 2-1　改革以降住民預金残高と対 GDP 比率の推移（1978-1992）

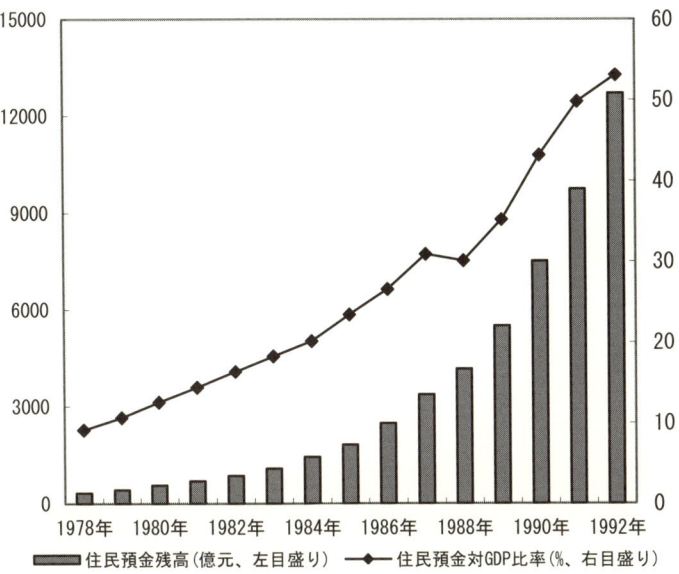

出所：蘇寧主編『中国金融統計（1949-2005）』（中国金融出版社、2007 年）、1063-1069 頁；
　　　中国国家統計局 HP：http://www.stats.gov.cn/tjsj/

図 2-2　改革以降各種預金のシェアの推移（1978-1992）

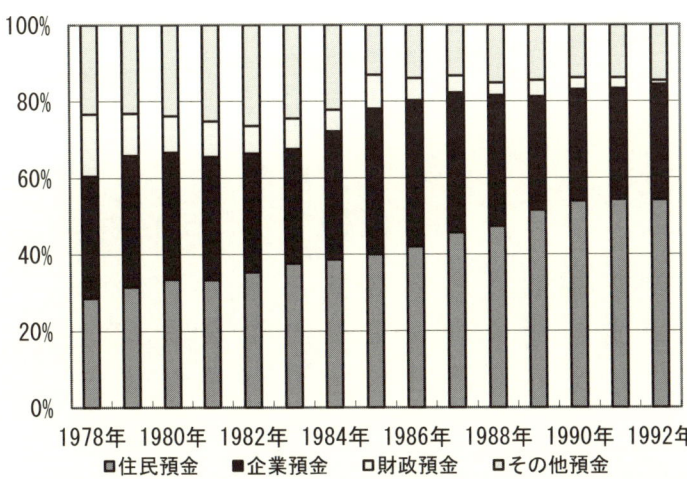

出所：蘇寧主編『中国金融統計（1949-2005）』（中国金融出版社、2007 年）、1063-1069 頁

スクを緩和した機能と見てよい。

　他方、金融制度の自立化に対して、財政は社会的資金の配分の主役から脇役へと変わった。その流れは図 2-3 のようである。中央財政収入の対 GDP 比率は 1978 年の約 30％から次第に低下し、92 年には 12.9％まで下がった。この低下の要因は国営企業の利潤上納制を廃止し、利改税という利潤に対する課税方式に変えたための減収と、企業が減価償却金の企業留保を行ったことによる減収のためである。またこの中央財政の比率の低下は中央と地方の財政関係の改革によって、中央の取り分が減り、地方が増えた結果でもある。

　これは 1980 年代の改革が「放権譲利」改革と呼ばれるように、企業の利潤留保を優先させた各種政策のために財政収入が減少し（譲利）、中央財政は地方に対して「権限の下放」を行った（放権）。表 2-1 のように、中央の財政支出は 1978 年の 47％から 92 年の 31％まで一貫して低下し、それに応じて地方財政支出の比率はそれぞれ 53％から 69％に顕著に増加した。地方政府の投資権限の拡大とともに、資金の増大によって地方の経済の活性化が進行するようになった。

図 2-3　改革開放以降中央財政収入及び対 GDP 比率の推移（1978-1992）

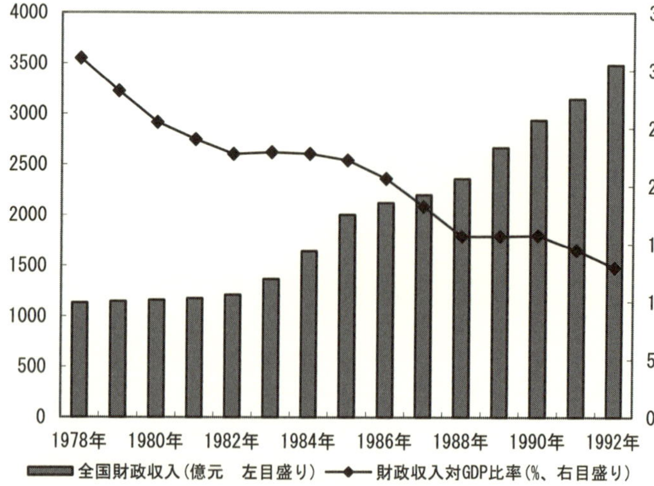

出所：中国国家統計局 HP：http://www.stats.gov.cn/tjsj/

中央財政と地方財政の関係は1978年では、収入面では中央が16％、地方が84％で主に地方で収税し、支出面では中央が47％、地方が53％とほぼ同じくらいの支出をして

表2-1　中央と地方の財政比率の推移　　単位：％

年度	財政収入 中央	財政収入 地方	財政支出 中央	財政支出 地方
1978	16	84	47	53
1980	25	75	54	46
1985	38	62	40	60
1990	34	66	33	67
1992	28	72	32	68

出所：『中国統計年鑑2009』263ページ。

いた。ところが1992年では特に支出面で地方が中央の2倍占めるほどに変化していった。この地方政府への分権は地方の自主権を高め、一面では中央の地方へのコントロールを困難にし、後に地方に「諸侯経済」の弊をもたらすことになる[2]。

　また、金融政策運営の改革や金融機関の監督管理の強化などの金融制度改革は、計画経済から市場経済への移行期における物価安定、資金供給の円滑化によるマクロ経済の安定に寄与した。1978年以降1992年のこの時期の中国の経済成長は、その後30年に渉る高成長の第1期をなすものである。1979年のGDP成長率7.6％から84年の15.2％を頂点に88年の11.3％まで高い成長が続いた。89年には経済過熱が崩壊し、天安門事件もあって4.1％、90年3.8％の景気の谷をなしている。しかし、この好循環においても88～89年は中国の改革開放期で最初のインフレにぶつかった。1978～95年の消費者物価指数とGDP成長率の推移は図2-4のとおりである。同図に見られるように、中国のインフレは89年の18％、94年の24％の上昇率に示され、この2つの時期に、ハイパーインフレの危機があったといえる。ここでは88～89年のインフレについて考察する。

　ロシア・東欧諸国や中央アジア諸国の社会主義経済から市場経済への移行に際して、とりわけ、ロシアは政治的混乱も手伝って数千倍にも及ぶハイパーインフレが発生したし、その他の国々も高いインフレ率のため、市場経済への移行には相当困難な過程を経験することになった。いずれも急進改革の一貫としての急激な価格自由化政策の導入を契機としていた。

図2-4　改革以降の消費者物価指数とGDP成長率の推移（1978-1995）

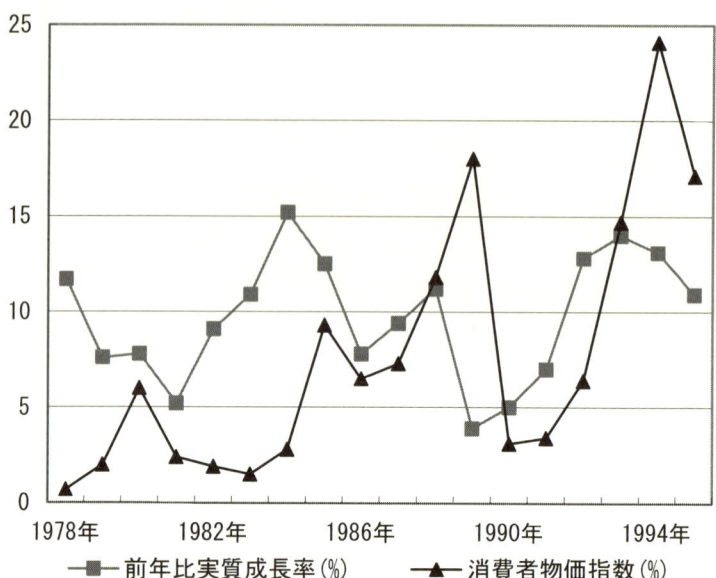

注　：1978-1984年の消費者物価指数は小売価格指数を代替している
出所：中国国家統計局 HP：http://www.stats.gov.cn/tjsj/

　同じような事態がこの時期の中国にもあった。中国の計画生産や国家定価の制度は1985年からまず一部の生産を自由生産とし、その部分は自由市場で販売することができる「生産と価格の双軌制」（Double Truck System）を採った。したがって、計画価格と市場価格の二重価格が並存していた。そして当時市場価格の方が計画価格より2～3倍高いのが普通だった。そこで1988年5月改革を加速するという鄧小平の方針ですべての商品を5年以内に自由化する「価格・賃金法案」が提起された。しかしそのころは経済過熱がピークに達しつつあり、物価上昇率も拡大しつつあった。この間実際に主要商品の価格引き上げが行われたため、「法案」が提出されただけで、物価上昇が急上昇した。88年8月には小売物価指数の上昇率は23％に及び、全国の主要都市では、銀行預金を下ろして、耐久消費財などへの換物運動が起こり、人民元の信認が問われる事態となった。8月30日当時の李鵬総理は異例のテレビ演

説で、「価格自由化の停止、固定資産投資の3割削減、預金金利の10％への引き上げ」を主な内容とする緊急措置を発表せざるをえなかった[3]。

価格の双軌制は引き続き1992年ころまで続く。したがって、もしこの時点で中国が全面的な価格自由化を行っていたら、ロシア・東欧、ラテン・アメリカ諸国と同様のハイパーインフレに見舞われたかも知れない。つまり、中国は市場経済への移行時期に直面するハイパーインフレのリスクをまず乗り切ったといえる。

地方政府は「放権譲利」政策により地方における開発と資金の権限を掌中にし、金融面にも相当の影響を与えることになった。中央の金融引締めも浸透せず、資金の自己調達が拡大した。

4大国有専業銀行の成立のほか、株式制銀行や信託投資会社、保険会社などの各種金融機関が次々と形成され、社会的な資金仲介機関が多様化していった。

まず1979年に中国国際信託投資公司CITICが設立された。これは初めてのノンバンク金融機関である。同じく1979年中国人民保険公司が業務を再開した。信託投資公司、金融リース会社などのノンバンク金融機関が続々誕生した。特に信託投資公司は銀行のように信用総額の制限がなく、急激な増加が見られた。中国国際信託投資公司は国家レベルの唯一の投資信託会社であったが、特に省級の信託投資公司が地方政府によって続々設立され、投資過熱を助長することになった。さらに、銀行間の競争を促し、効率的な銀行システムを形成するために、1988年以降、いわゆる株式制銀行が次々に設立され、全部で12のいわゆる区域性銀行となった。

金融市場は計画経済時代にはまったくなかったが、各銀行間の資金調達の場としてのインターバンク市場をはじめ、手形割引市場などの金融市場が飛躍的に発展した。80年代末には国債の取引が認可され、国債取引市場が形成された。

1991年には上海証券取引所、続いて深圳証券取引所が開設され、本格的な資本市場の基礎が据えられた。ここを起点に、銀行を中心とする間接金融制

度に直接金融形式の資本市場の発展が始まった。

　1990年代前半までには、4大国有専業銀行を中心とし、株式制銀行12行や都市信用社・農村信用社などで構成された銀行体系が一通り整備され、これとCITICを頂点とする数百にのぼる投資信託公司が特に地方に群生した。生命保険や損保会社などの保険業も再スタートを切った。しかし、この時期は金融制度は正常化が始まったばかりで、金融制度革新はなお1993年以降の本格的な改革を待たねばならなかった。

　1988年のインフレの昂進は同時に全国各地に投資ブームを巻き起こし、特に信託投資会社を経由した投資が不動産バブルを助長して、その崩壊によって、広東国際投資信託公司が破産し、大連国際投信公司も経営危機に陥った。その他の地方投信公司も数多く整理統合される事態となった。

1. 単一銀行制度から二層銀行システムへの移行

　1979年以降、中国農業銀行、中国銀行、中国人民建設銀行が相次いで復活し、1984年には人民銀行の業務を引き継いだ中国工商銀行が新設された。この4大専業銀行と中央銀行業務に特化した人民銀行は、商業銀行と中央銀行という二層銀行システムを構成した。すなわち、中国の金融制度は計画経済時代の単一銀行制度から現代金融制度の二層銀行システムに移行した。

1.1 4大専業銀行の設立

　経済改革は実際には農村からスタートした。農村経営請負制の普及、郷鎮企業の成長などは農村経済の急速な発展（1984年農業GDPは1978年の約1.53倍）をもたらしていた。1978年の中国共産党11期3中全会においては「農業発展の若干の問題についての中央決定（草案）」が原則的に通過しただけであったが、79年9月の同4中全会で正式に決議された。1979年2月、国務院の「中国農業銀行の復活についての通知」によって中国農業銀行が復活した。

農業支援の公的資金管理や農業部門への融資など農業向けの金融を中心とし、農村信用社と農村営業所の管理など業務を行う農業銀行として復活した。

同年3月、これまでに中国人民銀行の外為業務部門として存在してきた中国銀行総行管理処を中国銀行として独立させた。対外開放政策による外資資金の受入、国際貿易の拡大及び国際金融機関との交流などによる国際決済が増えきたため、国際金融業務、国家外貨管理など為替業務を中心とする独立した金融機関が必要となったからである。

また同年8月には、"拔改貸（交付から貸付へ）"の実施を推進するために、これまでに長い間に財政部に所属した中国人民建設銀行を国務院の直属機構に昇格させ、国家基本建設資金の管理、設備投資などの長期資金提供に専念する銀行として復活させた。それ以降、財政部の付属的な地位から段階的に分離し、1983年に中央政府は正式に人民建設銀行を独立経営、独立決算と国家基本建設投資管理や固定資産投資の国家専業銀行であることを明確にした。1985年に建設銀行の信用計画が初めて全国信用計画に入り、人民銀行の監督管理を受けると規定された。しかし、中国人民建設銀行は、農業銀行や中国銀行の後に新設された工商銀行と違って財政部と人民銀行からの二重管理を受け、銀行と財政両方の機能があった[4]。建設銀行は、実際に1994年の国家開発銀行の設立まで、財政部の委託で国家プロジェクト投資、社会インフラ投資などの財政資金管理または資金供給といった準財政機能も担った。

1983年9月、国務院は人民銀行が中央銀行に特化し、同時に人民銀行の商業業務を引継がせるために中国工商銀行を新設することを決定した。1984年1月、中国工商銀行が新設され、人民銀行の商業銀行業務（主に工業商業運転資金融資及び個人業務など）を引き受け、新たな国家専業銀行と

表2-2　四大専業銀行の設立時期と中心業務

銀行	設立時期	中心業務*
農業銀行	1979.2	農業農村経済向け信用、農村信用社などの管理
中国銀行	1979.3	外為業務や国際金融業務など、国家外貨管理
建設銀行	1979.8	固定産定投資など長期信用の提供、国家基本建設資金管理など財政資金管理
工商銀行	1984.1	運転資金など短期信用の提供

注：1985年以降、各専業銀行の業務制限が実質的になくなった。

して営業がスタートした[5]。

1.2　人民銀行体制の確立と金融政策運営の模索

1979年以降、中国人民銀行は徐々に中央銀行業務への特化を始め、1983年の国務院の「中国人民銀行が中央銀行機能に特化するについての決定」(以下「決定」)によって中央銀行機能を強化した。人民銀行は従来の厳格な信用計画から預貸差額管理制度や預金準備制度など金融政策運営手段を導入し、経済安定成長と金融業の成長を促しながら、金融運営政策の「市場化」に向け試行を進めた。この時期の金融政策運営はおおむね成功したが、1988～89年にかけてのインフレ発生は金融政策が機能しなかったことを意味する。こうして金融市場の変革に向けて政策運営の経験を積み重ね、人民銀行は直接企業に融資する商業金融業務を順次に分離し、独立性を強めていった。

1.2.1　中国人民銀行体制

1983年の国務院の「決定」は、人民銀行は中央銀行であり、金融政策運営や金融業管理監督など10項の責務を担当することを明記し、通貨政策の決定機関として人民銀行理事会を設立した。さらに預金準備制度と専業銀行への貸出制度を導入し、国務院の決定という形ではじめ中央銀行制度の確立へ向けて制度整備を進めた。同「決定」は人民銀行の地方組織設置について、行政地域ではなく経済発展に応じて各分・支行を設置すると規定した。また、信用集中管理強化の一環として、人民銀行は国家資金計画の資金収支バランスの維持のために銀行資金の40～50％を集中し、専業銀行の預金の一部(一定の比率で)を人民銀行に上納すると定められていた[6]。

また「決定」は、人民銀行の地方組織設置が原則的に行政地域ではなく経済発展に応じて各分・支行を設置すると規定したが、地方政府の要望から結局行政区域ごとに省・市・県レベルに分行・支行が設置された。後に地方の党・政府による人民銀行融資への恣意的介入や強要などが頻発し、ひいてはそれが国有銀行の不良債務発生の一因となった[7]。

1986年、国務院は「銀行管理暫定条例」を公布した。同条例では人民銀行は中央銀行であり、金融政策運営や金融業管理監督など13項目の責務を担当すると明記し、法規の形で中央銀行制度を明確にした。

1.2.2 金融政策運営の模索

人民銀行は段階的に中央銀行機能に特化していったが、計画経済における国家資金計画（1983年の「決定」）を残したままで国有専業銀行の貸出業務にも厳格な計画を課し、4大専業銀行は経営自主性が乏しく、市場経済の発展による資金需要の多様化の対応に遅れが目立った。そこで人民銀行は、銀行の資金調達のインセンティブ向上させるために効率的な金融制度の形成に向けての取り組みをはじめた。

1979年の試行を経て翌80年から、従来の各専業銀行に対する厳格な資金計画制度を預貸差額管理制度に変更した。この預貸差額管理制度の中心的な内容は、人民銀行が各専業銀行に対して年度ごとの預金と貸出の差額を決めて、実際に生じた預金超過を人民銀行総行に預け、運用不足部分を人民銀行総行から借り入れた。なおこれらの資金には利子がつけられた。各専業銀行はこの差額を維持した上で互いに資金調達が可能で、超過預金の自主運用が認められたのである。各専業銀行にとっては自主運営部分の拡大は、経営収入の増加に直接につながるため、各専業銀行は預金獲得のインセンティブが高まっていた。しかし、この制度の最大の欠点は、預金と貸出の限度額がなく、貸出を拡大しても借入れの後預金をしてもらえれば差額維持ができるため、信用創造によって貸出を無制限に拡大することが可能になることであった。各銀行は、貸出の拡大による預金獲得に走りがちであり、信用総額規制には欠けることになり、次第に各地域で、投資ブームを捲き起こす恐れがでてきた。

1984年中央銀行機能に特化する人民銀行は、これまでの差額管理を実預実貸差額管理に修正した。この管理政策は、①財政資金や機関団体預金はすべて人民銀行の信用資金に当てる；各専業銀行獲得預金についても、一定比率

の部分を人民銀行に上納する。②各専業銀行に対する年度資金計画は、指令性資金計画と指導性資金計画に分類し、指令性資金計画が預金貸出差額、固定資産貸出年度計画などを指し、厳格に実施を義務付けられた部分であり、指導性資金計画は預金貸出の差額を計画差額以上に維持すれば資金自主運用が可能となる、という内容であった。

　各専業銀行にとって自主運営部分の拡大は経営収入の増加に直接につながるため、何とかこの預貸差額基準値を大きく設定しようとした。この改革案は同年10月に公布されたため、年末にかけて各専業銀行はあらゆる方法を使って貸出の拡大に走った。加えて、中国共産党12期3中全会で「経済体制改革に関する中共中央の決定」という綱領的文書が発表され、中国都市部の改革がスタートした。各地方政府は、公共投資を拡大し、投資ブームが発生し、銀行の貸出に拍車をかけた。結果的に、図2-5のように1984年末の銀行貸出残高は4746.8億元となり、前年比1180.2億元増となり、年率で33.1％の増加であった。年度貸出計画増加額の423億元より約3倍に膨らみ、流通貨幣量は、262.3億元と跳ね上がり、年度計画の80億元の3倍以上も多かった。このように銀行貸出の急増は、市場の過剰流動性をもたらし、同年からの都市部経済改革の開始と重なって、各地に投資ブームが広がり、1984〜85年の全国固定資産投資額は前年比で28％、38.7％％と増加し、投資過熱が発生した。翌年（1985年）の消費物価指数は9.3％に上昇した。金融改革の過程における負の影響と言えるであろう。

　1984年の9％台の物価上昇は、改革以降からそれまでの物価上昇率の中で最高であり（図2-4）、翌年初は金融引締め政策として国家貸出計画と固定資産投資計画の規模を大幅に圧縮し、同時に価格管理など行政手段による強力な経済金融対策が採られ、85年前半にも経済が冷え込んだが、年末にかけて再び銀行貸出や固定資産投資は再拡大していった（図2-5）。1986年までに銀行貸出は30％前後の増加率で再び急速に拡大した。

　この時期にはノンバンク金融機構、特に投資信託会社の投資急増が注目された。1979年の中国国際信託投資会社の成立以降、信託投資会社は、投資規

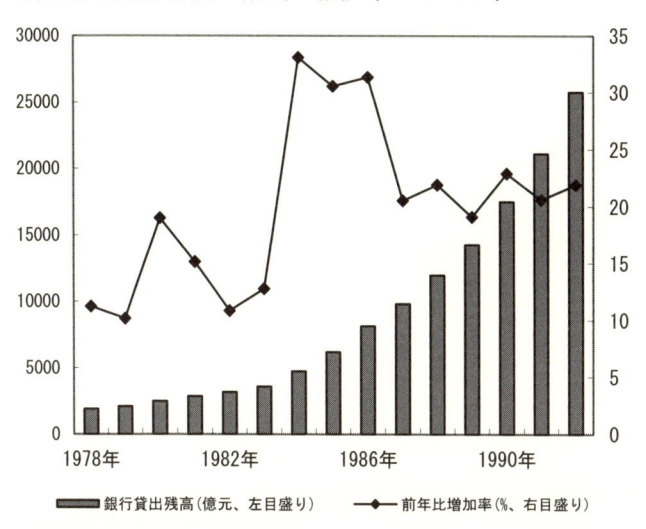

図 2-5　改革以降銀行貸出残高と増加率の推移（1978-1992）

銀行貸出残高（億元、左目盛り）　　前年比増加率(%、右目盛り)

出所：中国国家統計局 HP：http://www.stats.gov.cn/tjsj/

模が国家貸出総額の規制外であり投資対象にも制限がなく、金融の「百貨店」とも呼ばれた。地方政府は、信託投資会社を融資窓口として利用して、インフラ整備や不動産投資など幅広い分野に進出した。また、地方政府は人民銀行の分・支行に融資を強要し、本来の銀行貸出では総額制限があったため、まず銀行貸出の資金を信託投資会社に委託させ、信託投資会社を経由して地方政府プロジェクトや不動産などに投資した。このように銀行貸出総量規制外の信託投資は当時の投資ブームを助長した。1988～89年のインフレと経済過熱はまさにその例である。図2-5から見て、1986～92年の銀行貸出増加率は20％前後で非常に安定していたが、実際には図2-6のように固定資産投資額と増加率は上向いていた。その背景に信託投資会社の急激な成長があった。人民銀行の貸出総量規制外の信託会社投資の多くは固定資産投資に投じられた。1988年の信託投資会社の資産規模は、1986年の2.96倍と増え、そのうち委託貸出の中の固定資産投資貸出が3.24倍増、信託貸出の中の固定資産投資が9％増となり、また全国各地の信託投資会社は1986年の575社か

ら 1988 年半ばの 745 社まで増加した[8]。

　信託投資会社による固定資産投資貸出は急増していたが、人民銀行の貸出総量規制外のため、金融引締め政策は機能しなくなった。1988 年消費者物価は前年より 18.5％上昇し、特に 12 月前年同期より 26.7％上昇した。値上げが値上げを呼ぶことで、各商品が品切れになり、国民の間に不安が拡がり、銀行預金を下ろして物品の買い占めに走った。都市信用社などの銀行の一部は、引出金限度額を導入したことで、銀行に対する信用危機までには到らなかったが、人民元の信認が問われたことは事実である。こうした狂乱物価は、官僚の汚職腐敗の問題が加わり、天安門事件発生の背景をなしたのであった。

　1988〜89 年にかけての激しいインフレは、急激な銀行貸出増加による過剰流動性が物価上昇を引き起こしたものである。すなわち、銀行貸出の急速な拡大や前述のように金融政策が機能しなかったため、インフレをもたらされたといえる。こうした金融秩序の混乱を受け、1988 年 9 月中央工作会議で

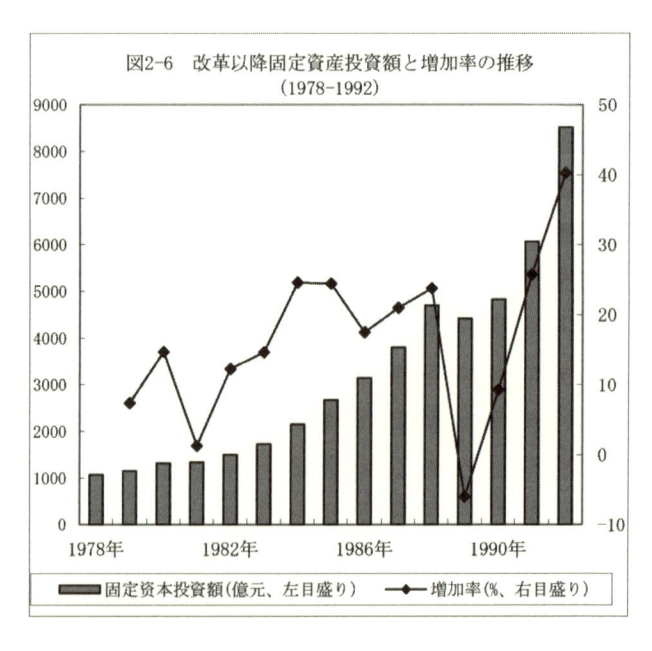

図2-6　改革以降固定資産投資額と増加率の推移
（1978-1992）

出所：中国国家統計局 HP：http://www.stats.gov.cn/tjsj/

は「経済環境を向上させ、経済秩序を回復させる方針」が決められ、インフレ抑制政策をまず実施することを決定した。それ以降、人民銀行は、株式制銀行・地方都市銀行など銀行とノンバンク金融機関の設立審査を停止した。

また政府は信託投資会社による信託貸付・委託投資など投資業務を一律に停止し、15社の全国性信託投資会社に対する検査整理をはじめとする信託投資業の整理整頓による金融引締め政策を打ち出した。1989年にはノンバンク金融機関の検査整理作業を中心とした金融引締めであった。また、これまでに人民銀行各分・支行は出資した信託投資会社や証券会社などの金融機関をすべて人民銀行から分離し、約302社が廃止された。信託投資会社は貸出規模や固定資産投資比など項目ごとに厳しく検査され、一部の不正行為があった信託投資会社が廃止され、または免許保留などなどの処分が行われた。1990年までの整理整頓作業では、1988年に約1000あまりのノンバンク金融機関が792社（65％）廃止され、150社が免許保留、285社しか営業継続として認められなかった。金融引締め政策と行政による強力な物価管理によって消費者物価は急速に低下し、90年の2.1％まで下落した。この緊縮的な金融政策と89年の天安門事件で景気は一気に冷え込み、固定資産投資の増加率は改革以降唯一のマイナスとなった（図2-6）。

1.2.3　現金需要の急増と預金準備制度の導入

計画経済においては、社会主義経済統制の一環としてすべての企業間決済が人民銀行で行われることが義務付けられていたため、企業生産活動における現金収支の発生は非常に少なかった。都市住民は配給制のもとで給与現金収入が非常に低くて抑えられ、農村住民はほぼ自給自足の生活を送り、ごくわずかの生活必需品である塩、灯油など以外ほとんど売買がなかった。改革直前の1977年に農民は集団生産のもとで平均年間現金収入はたった13元でしかなかった[9]。そのため、人民銀行の通貨発行量は極めて低水準であった。改革以降、経済の市場化によって、企業と家計及び企業間の取引が増えたにもかかわらず、銀行は信用決済手段をほとんど提供することがなく、取引に

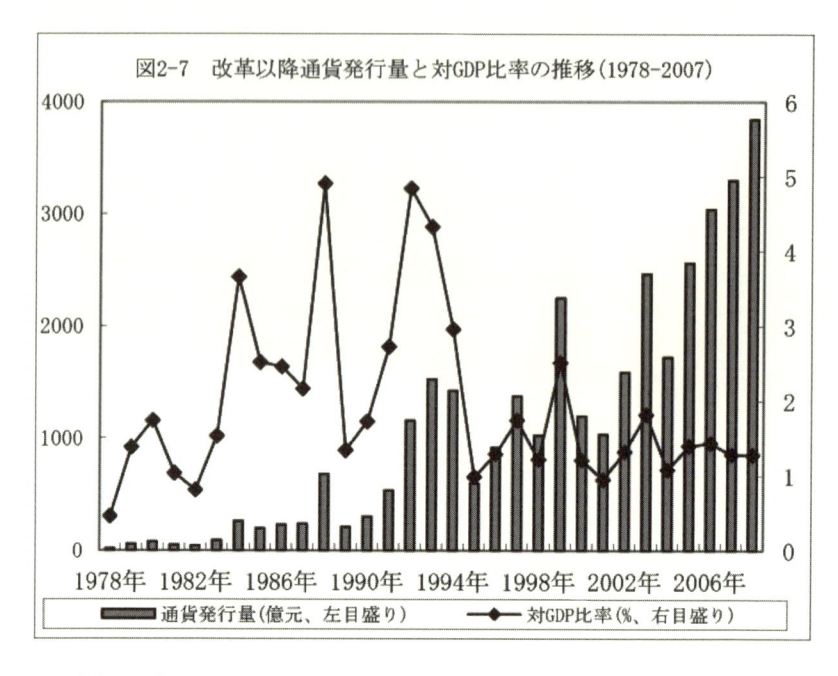

図2-7 改革以降通貨発行量と対GDP比率の推移（1978-2007）

出所：蘇寧主編『中国金融統計（1949-2005）』（中国金融出版社、2007年）、1063-1095頁；
中国人民銀行:http://www.pbc.gov.cn/diaochatongji/tongjishuju/

おける現金需要が高まり、人民銀行の通貨発行量は急速に増加していった（図2-7）。1980年の通貨発行量は対GDP比率1.7％であったが、1978年の同比率0.5％の3倍以上に増えた。1978～92年の通貨発行量の対GDP比率は平均で2.2％であった。人民銀行はこうした通貨需要に応じて専業銀行ローンを通じて通貨発行量を拡大し、多大の通貨発行益が発生した。人民銀行の通貨発行益は財政収入の増加につながった。すなわち、経済の市場化やインフレによる現金需要は結果的にGDPの約2.2％の財政収入を生じさせた。この通貨発行益がなければ改革初期には財政支出の縮小か財政赤字の拡大になりかねないところであった。財政赤字は人民銀行からの貸出拡大につながり、図2-4のような消費者物価指数以上の物価上昇をもたらした。

預金準備制度は、民間金融機関に対して預金などの債務の一定割合相当額を中央銀行に強制的に預け入れさせるという制度である。それは、金融機関

に一定額の支払い準備を保有させることによって、流動性危機をあらかじめ予防し、預金者を保護するという目的である。また、準備預金の積立比率操作によって金融調節の有効性を高め、準備率により金融機関の信用創造能力を規制し、マネーサプライをコントロールするという目的でもある。中国ではこの調節手段がよく用いられるが、先進国の中央銀行では、この通貨規制方法はほとんど使用されない。

　単一銀行制度のもとでは、人民銀行は貸出しなどすべての金融業務を担当したため、人民銀行自身の業務を通じて金融政策を実施できたが、改革以降、二層銀行システムに移行したことにより、市中銀行に対する金融調整手段が必要となった。1984年、人民銀行は、工商銀行の新設と同時に4大国家専業銀行に対して預金準備制度を導入した。預金準備率は、預金の種類に応じて、貯蓄預金、農村預金、企業預金に対してそれぞれ40％、25％、20％に設定した。翌年に各銀行のバランスの取れた資金運用を促すために、預金種類を問わずに10％に変更した。

　当時の預金準備制度は先進諸国の制度と同じだったが、機能は明らかな差異があった。それは各銀行が人民銀行に預け入れた準備金は、支払いや決済に利用できないことであった。人民銀行は預金準備金を集めて各銀行への貸出や政策性的なインフラ投資などに当てたからである。すなわち、当時の預金準備制度は、信用創造機能の調整を通じて金融政策を実施する手段というより、中央銀行が資金を集中する政策ツールであった（中国の預金準備制度の特徴については第5章で詳述する）。

　その後、1987～88年に発生したインフレ対策としてはじめて金融政策として預金準備率を10％から12％、のちに13％に引き上げたが、インフレ対策としてあまり機能しなかった。そこで人民銀行は各銀行に対して、預金準備口座のほかに銀行間の決済などに利用するための普通口座を開設させることにした。普通口座には預金の5～7％の支払予備金が求められた。つまり、銀行は預金の約20％を人民銀行の口座に預けなければならなかった。そのため、銀行は常に人民銀行に大量資金を保持せざるを得ず、預金準備率によ

表 2-3　預金準備率の推移(1984 ～ 1992)　　　単位：%

時期	調整前	調整後	調整幅
1988/9/1	12	13	1
1987	10	12	2
1985	預金種類を問わずに一律 10% に調整		
1984	企業預金 20%、農村預金 25%、貯蓄預金 40%		

出所：中国人民銀行 HP：http://www.pbc.gov.cn/diaochatongji/

る調整の効果はきわめて限定的であったといえるであろう。それ以降、このシステムは1998年の預金準備金口座改革まで変更されなかった。

　また、民間銀行ではなく国家信用をバックとする4大国家専業銀行には、預金準備制度を導入する必要性がそもそも乏しい。さらに預金者から見れば、4大銀行は国が所有しているため、万が一に預金者が一斉に預金を下ろすという流動性危機に陥った場合は、政府の保証と救済が暗黙裡に前提とされていた。それゆえ、中国における預金準備制度は、預金準備率の操作によって金融機関の信用創造能力を調整し、マネーサプライをコントロールすることで、金融政策運営手段として使用されている。特に近年、預金準備率の調整によって市場の過剰流動性を吸収するという政策がよく使われている。これは金融政策運営の手段が不十分なことや金融市場の未発達などにかかわっている。先進国では預金準備率の操作による通貨調節政策が取られるとことはほとんどない[10]。

2. 4大国有専業銀行と株式制商業銀行

2.1　4大国有専業銀行の業務展開

　1984年までに農業、建設、中国、工商の4大専業銀行体制は出来上がり、それぞれに割り当てられた農業、長期信用、外為、短期信用の分野で業務を展開していた。しかし、各銀行は互いに業務上の競争がほとんどなく、効率的な資金供給システムの構築という改革の目標にまだ遠かった。それゆえ、政府と人民銀行は1985年より各専業銀行の業務制限を段階的に廃止し、農業支

援資金管理など特殊の分野を除いて、各銀行が互いに業務参入できるようになった。同年、各専業銀行は業務縦割りから新たな業務へ参入が相次ぎ、中国金融市場においては、これまでにない銀行間業務競争が始まり、農業銀行の都市業務参入、中国銀行の国内業務展開、建設銀行の企業短期資金提供業務参加、工商銀行の長期信用や農村の進出などによって銀行間における業務競争が、各銀行間に見られるようになった。

　このことは、企業個人が各銀行のサービスや利便性を比べて銀行を選べるという意味でもあった。預金獲得などの業務拡大のためには、これまでの官僚的な経営方式から、金融企業として業務サービス向上、顧客至上の経営方針に転換することになった。なお、4大銀行は金融市場に圧倒的なシェアを持ち、全国的なネットワークなどからの利便性や政府信用からも有利な立場にあった。より競争的な金融市場の形成には、新たな参入者（新銀行）の設立が求められ、後に株式制銀行の設立の背景となった。

　1980年代の金融改革では、銀行に対して業界投資制限が設けられなかったため、4大専業銀行は、規模拡大の傾向や利益追求の目的からノンバンクや不動産などあらゆる産業に参入した。その投資は、信託投資会社や証券会社などの金融機関だけではなく、不動産やホテルなどの非金融業に対しても積極的に行われた。特に信託投資会社の設立ブームのなかで、各専業銀行の分・支行は、投資拡大や地方政府の要望などから各地に信託投資会社を設立した。さらにそれら信託投資会社を通じて証券会社や非金融企業が出資したことはよく見られる。当時の4大専業銀行は、事実上にいわゆる金融コングロマリット（複合金融企業）であった。金融コングロマリットとは、銀行、証券及び保険の少なくとも2つを包括するような広範囲の金融サービスを提供する企業グループである。複合金融企業においては複雑な組織や業務間の利益相反などのため、高度の監督管理水準や金融市場におけるインフラ整備が求められたが、改革初期の法律や会計制度のインフラの未整備や人民銀行の監督管理経験不足は明らかであり、本格的な金融コングロマリットとはとてもいえるものではなかった。

各専業銀行の貸出など業務は年度資金計画や預金規模に制限されたが、信託投資子会社はこの資金計画制限に規制されることはないため、委託貸出や信託貸出ルートを通じて証券会社や不動産などに投資したり、地方政府融資窓口会社に融資したりして信託会社の規模が急拡大した。1988年の投資加熱の背景には、まさにこうした信託投資会社を経由した固定資産投資の急増があった。信託投資会社は地方政府融資窓口会社への融資拡大や不動産などの高リスク産業への参入によって次第に高リスク体質になった。翌年からの金融引締めはこの信託投資会社の整理整頓を真っ先に行った。1992年の金融秩序の混乱は、こうした銀行子会社である信託投資会社が大量な不良債権を抱え、銀行システムの健全性を脅かしたからである。1993年からの本格的な金融体制改革において銀行本体から各付属企業を分離し、金融業における銀行・証券・保険分業管理体制に移行するのはこうした背景からである。

2.2　株式制商業銀行の発展

　銀行間の競争を促すために、国務院は1984年新たに総合的な全国性銀行の設立についての提案に同意し、翌年7月に交通銀行設立準備チームを立ち上げた。人民銀行と上海市の支持を得て、他銀行の反対を抑えて1986年7月国務院の「交通銀行の復活についての通知」の発表によって、交

表2-4　株式制商業銀行

銀行	設立時期	本店	主要株主
交通銀行	1986年7月	上海	財政部
招商銀行	1986年8月	深圳	招商集団
中信実業銀行	1987年2月	北京	中国国際信託
深圳発展銀行	1987年6月	深圳	深圳市政府
広東発展銀行	1988年6月	広州	広東省政府
福建興業銀行	1988年8月	福州	福建省政府
中国光大銀行	1992年8月	北京	光大集団
上海浦東発展銀行	1993年1月	上海	上海市政府
華夏銀行	1993年1月	北京	首都鋼鉄集団
中国民生銀行	1995年12月	北京	新希望等民営企業中心
蚌埠住宅貯蓄銀行	1987年12月	蚌埠	蚌埠市政府
恒豊銀行*	2003年11月	煙台	煙台市政府

注　：恒豊銀行は、2003年従来の煙台住宅貯蓄銀行を改称したものである。
　　　煙台住宅貯蓄銀行は1986年に設立された
出所：各銀行の公表資料よりまとめる

通銀行は初の株式制銀行として復活を果した。交通銀行は総合的な全国性銀行として翌年4月に正式に営業開始した。資本金は20億元で、そのうち10億元は中国人民銀行が国務院を代表して出資したもの、その他が地方政府、国有企業が出資した。設立当初から、交通銀行は銀行以外、保険や証券などの金融業務を展開できる総合金融機構として認められた。

同年4月、同じく株式制銀行である中信実業銀行と招商銀行が相次ぎ設立された。中信実業銀行と招商銀行は、それぞれ大手国有企業である中信集団、招商局の100％子会社である。特に中信実業銀行（後に中信銀行に変更）は上場するまで中信集団は唯一の株主だったため、株式制銀行より、国有独資銀行といったほうがふさわしかった。招商銀行は、後に増資によって招商局の持ち株が下がって、株主がすべて企業法人で初の実質的な株式制銀行となった。

中信実業銀行は営業開始後まもなく外国で約9.2億ドルの融資に成功し、急速な成長を見せた。資産規模は88億元から1992年335億元に年率約31％で増し、利益は0.5億元から2億元と4倍に成長した。

1987年12月、国内初の公開発行で設立した深圳発展銀行が正式に開設された。煙台住宅貯蓄銀行も成立した。その後、地方政府及び大規模の国有企業が株式制度の導入を試み、株式銀行が続々と設立された（表2-4）。

これらの株式銀行は営業分野、立地などの規制がないため、いわゆる「総合銀行」（日本の地方都市銀行に相当する）として営業している。これらの銀行の営業内容、所有形態は国有商業銀行と比べてより市場経済にふさわしいといえよう。株式銀行の財務が国有銀行より健全性が高く、また不良債権率も低いなどからみて、市場に適応できる一面ももっていた。だが、4大専業銀行に比べて、規模が小さく、金融制度の競争を促す役割を果たしたとは言いがたかった。

3. 信託投資会社、証券会社なとノンバンク金融機構の発展

　信託投資会社、証券会社、保険会社などのノンバンク金融機関は単一銀行制度の下ではまったく存在しなかったが、改革以降、金融体制改革の一環として金融機関多様化の方針から急速に成長した。規模としては、銀行部門と比べて明らかに小さいが、改革によって社会の金融需要の多様化の流れから、それら部門の発展は、潜在的な成長可能性が非常に大きい。当時、特に信託投資会社が成長したかとおもうと、破産・整理がくり返され、世間の注目を集めた。

《証券会社》

　当時の中国では、証券業務を取り扱うことができるのは、証券会社と信託投資会社だけであった。株式取引がスタートしたばかりで、上場会社が少なく、証券部門は全体的規模がまだ小さく、資金仲介に占める重要性は銀行部門と比べてまだ限定的であった。1996年末現在、証券会社全体の資産合計額は、1590億円程度であり、国有商業銀行の一番小さい中国農業銀行の10分の1程度にすぎなかった。しかし、近年の発展はめざましい。例えば1995年から96年にかけての1年間で、証券会社の資産増加率は91％にも達した。潜在的成長可能性に関しては、銀行部門よりもはるかに高いといえる。

《財務会社》

　財務会社は、銀行の子会社あるいは企業内部に設置されたノンバンク金融機関である。企業グループの資金のプーリングやキャッシュマネジメントシステムを通じて、有利子負債の圧縮や外部支払利子の低減などで資金効率を向上させ、企業の事業拡大、新商品の開発及び新市場の開拓などに貢献することを目的とする。欧米など先進国では、ほとんど銀行の子会社として存在しているが、中国の財務会社は大規模な国有企業グループしか設立できない。大規模企業グループが子会社の資金調達、設備投資などに金融的な支援をしようとしても、当時の金融制度の限界があった。そこで企業内部に財務会社

第2章、金融の「市場化」(1978〜1992)

を設立し、企業間の資金決済、販売資金の回収などを通じて余った資金で子会社をサポートするものと期待された。1987年、東風汽車集団会社は最初の財務会社を設立した。それ以降、第一汽車、中国石化など国有大手集団会社は、相次ぎに財務会社を設立した。1996年末、全国に財務会社は65社で、総資産約1173億元であり、急激的な成長を見せた。

　この発展過程で、財務会社は従来の企業サポートの目的を超えてほかの会社への融資及び不動産、証券への投資に走り、93〜94年の投資ブームを助長した。このような投資行動を防ぐために、90年代初めから2回にわたって財務会社に関する法的な整備を行った。「国家試行企業集団が設立する財務会社に関する実施方法」「企業集団財務会社管理に関する暫定試行方法」である。財務会社は企業集団の内部メンバーとして、金融業務を営むノンバンク機構であると位置づけられ、その業務内容はもっぱら当該企業集団を金融面からサポーすることに限定されている。1996年の法改正はさらに財務会社の不動産、証券投資活動を制限し、業務範囲を企業集団内とすることが強調された。

4. 郵便貯金事業

　中国の郵政貯蓄事業は中華民国時代の1919年にスタートし、1930年に郵政貯蓄事業を統括する郵政貯蓄匯業局が上海に設立されたが、建国後郵政貯蓄事業は、人民銀行の貯蓄代理機関として統合され、1953年に郵政貯蓄事業が停止された[10]。

　改革以降、各地の建設プロジェクトは多く、資金不足が金融最大のボトルネックとなった。しかし、当時の4大専業銀行は支店がまだ少なく、利便性に欠けていた。全国各地の支店があることと通信ネットワークのメリットから、1986年人民銀行と中国郵政部は郵政貯蓄事業の再開について合意し、郵政貯蓄事業は本格的にスタートした。

当初の合意によれば、郵政貯蓄は預金・振込みなど個人金融のみにかぎり、資金貸付・企業間資金決済など金融事業を行わず、住民から集めた資金を人民銀行の専用口座に預託するだけだった。人民銀行は、郵政貯蓄預託資金に対して市場預金利子より高い金利を手数料として支払うという仕組みである。郵便局の本業である郵政事業は連続赤字であっても郵政貯蓄はリスクなく、単なる集めた預金を預託して置けば利ざやを簡単に得られるため、郵政局は全国ほとんどすべての窓口ネットワークごとに郵政貯蓄営業点を速やかに設置して積極的に住民の零細資金を集めてきた。

5. 国際金融機関との交流と外資銀行の中国への進出

1981年4月、中国がIMFに加盟し、理事国になり、同5月正式に世界銀行のメンバーになった。1981年、IMFは中国に特別引出権（Special Drawing Rights）1.22億人民元を割り当てた。同年、IMFから約9.3億ドル、世界銀行から2億ドルをそれぞれ借り入れた。それから、2007年まで世界銀行から約400億ドルを借入し、中国の交通・都市発展・農村発展・エネルギーなどの社会資本投資に大きく貢献した。

1981年年末、中国投資銀行が設立され、国際金融機関からの借金、及びその他のルートで海外から資金調達し、国内企業へ外貨提供と投資などを中心に業務を展開していた。1982年、世界銀行による初めの融資を受けてから、各業務を展開してきた。但し、中国金融体制における中国投資銀行の位置づけはなかなか決定されなかった。1994年、中国投資銀行は建設銀行の傘下に入り、全国制商業銀行に変身した。1998年末、総資産は800億人民元を超え、北京、上海などの大都市に29の支店を持つ銀行に発展した。しかし、他の商業銀行と比べ体制、管理上の問題が多く、大量の不良債権を抱え、資産状況が極めて悪化した。1998年12月、人民銀行の認可を経て、最大の政策性銀行である国家開発銀行に合併された。

第2章、金融の「市場化」(1978～1992)

　1979年、日本輸出入銀行は北京事務所を設置した。改革開放以降、外資銀行による中国への進出の第1号だった。1982年、香港南洋銀行深圳支店が開業した。翌年、中国人民銀行は初めての外資銀行管理についての条例「外資金融機構における中国代表機構の設置の管理方法について」を発表した。

　このように、1978年以降の改革開放政策の加速による計画経済から市場経済への移行に伴って、中国の資金配分システムも国家財政資金配分システムから金融市場システムへと徐々に改革・移行していった。中国の改革開放政策がいわゆる漸進改革の過程をとったため、金融制度改革も極めて漸進的性格をもっていた。1978年から92年までの移行期では、ロシア・東欧のように急進的に市場化政策を導入せず、計画と市場の二重体制がとられ、徐々に市場化を増量していった。金融制度と同様、金融市場の制度創出も徐々にすすんだ。金融市場の制度改革を進めるに際し、最も留意されたのはインフレを激化させることなく、金融市場化を達成することであった。これはロシア・東欧などのいわゆる移行経済がいずれの国でもインフレを激化させ、経済全体を大混乱させたことと対比するとき、中国はたびたび発生したインフレを激化させることなく、一応軟着陸させることに成功したといえよう。

　金融制度の改革は1979年の財政と金融の分離から始まり、中国人民銀行の中央銀行と4大専業銀行の分離、株式制銀行の設立による二層銀行システムの形成へと進展した。また同時に、その他の金融機関、投資信託会社、保険会社、証券会社など市場経済化の進展に伴い、金融市場のプレイヤー群が形成され、金融市場の多様化が進んだ。資本市場についても1990年の深圳証券取引所と1991年の上海証券取引所の開設によって企業の直接資金調達の場として正式にスタートした。

　このように全体として金融制度の市場化システムの形成は一面では順調に進んだが、他面ではその移行過程が漸進的であったため、計画経済制度の骨格がなお大きく存在し、そのため金融制度自体もなお多くの欠陥を持ち、更なる制度革新が要請された。つまり、計画に基づく資金配分がなお専業銀行を通じて行われているために、銀行も行政機関的性格を残していた。

表 2-5　全社会固定資産投資資金の構成（1981-1992）

年度	国家予算 金額	比率	国内融資 金額	比率	外資 金額	比率	内部資金 金額	比率	その他 金額	比率	合計 金額	比率
1981	169.8	28.1	122.0	12.7	36.4	3.8	532.9	55.4	-	-	961.1	100.0
1982	279.3	22.7	176.1	14.3	60.5	4.9	714.5	58.1	-	-	1230.4	100.0
1983	339.7	23.8	175.5	12.3	66.6	4.7	848.3	59.3	-	-	1430.1	100.0
1984	421.0	23.0	258.5	14.1	70.7	3.9	1082.7	59.1	-	-	1832.9	100.0
1985	407.8	16.0	510.3	20.1	91.5	3.6	1533.6	60.3	-	-	2543.2	100.0
1986	455.6	14.6	658.5	21.1	137.3	4.4	1869.2	59.9	-	-	3120.6	100.0
1987	496.6	13.1	872.0	23.0	182.0	4.8	2241.1	59.1	-	-	3791.7	100.0
1988	432.0	9.3	977.8	21.0	275.3	5.9	2968.7	63.8	-	-	4653.8	100.0
1989	336.1	8.3	763.0	17.3	291.1	6.6	2355.5	53.4	634.8	14.4	4410.5	100.0
1990	393.0	8.7	885.5	193.6	284.6	6.3	2329.5	51.6	624.9	13.8	4517.5	100.0
1991	380.4	6.8	1314.7	23.5	318.9	5.7	2878.6	51.5	701.8	12.5	5594.4	100.0
1992	347.5	4.3	2214.0	27.4	468.7	5.8	4024.6	49.8	1025.3	12.7	8080.1	100.0

出所：『中国統計年鑑 2009』、176 頁

　また人民銀行は自立的な通貨政策が行えず、特に地方の分行段階で地方党政機関の介入が激しく、しばしばオーバーローンに陥り、通貨コントロールができなかった。金融面での党政分離が制度的に確保されていなかったからである。これは中国の改革が価格改革、企業経営改革の面を先行的に進め、所有制の改革は並行して行わず、90 年代後半まで先送りしたことを反映したものである。つまり中国型漸進改革の歪みが金融制度の歪みをもたらすことになったのである。

　最後に、この時期の社会的資金配分の流れについてみておこう。表 2-5 は全社会固定資産投資の資金源泉構成の推移を示すものである。これはこの時期の社会投資資金の動きを如実に示している。

　1. 自己調達が 90 年代初めには全体の 65% 前後をしめ、国内融資についで伸びが大きい。これは企業の自主権の拡大によって、留保利潤や原価償却金が全額企業に留保されるようになったからであるが、この部分は自己調達なので、株式発行による部分や銀行融資ではない機関からの調達も含まれるので、純粋の自己資金はずっと低いとおもわれる。しかし、企業の自己資金部分が新たに生まれたのは、改革後の資金配分が市場メカニズムによってなさ

第 2 章、金融の「市場化」（1978～1992）

れるようになったことを具体的に示すものといえる。

2. 明らかに、計画資金による部分は双軌制が解消される90年代初期には4%ときわめて小部分となった。代わって最大の伸びを示したのが国内融資の部分であり、3割近いシェアを持つようになった。これは資金配分が財政から金融へと変化したことを明示するものである。

3. 外資の割合はまだ90年代初めで6%程度であり、それほど多くない。しかもこの時期は円借款などの外資導入が主であったと考えられる。

注
1)「発改貸」は、企業資金が従来の財政交付から返済を前提とする銀行融資への転換である。1979年の実験を経て、1984年に全国に展開した。
2) 諸侯経済とは地方政府が他地域の物資の流入などを阻止する制度や規則をつくり、地区内の封鎖経済をつくること。
3) 髙橋満『中華新経済システムの形成』（創土社、2004年）171-178頁。この間の経緯についての分析4が詳しい。
4) 劉詩平『三十而立―中国銀行業改革開放征程回放』（経済科学出版社、2009年）、22頁。
5) 人民銀行および中国工商銀行の各公開資料によると、中国工商銀行は1984年1月に設立されたが、実際には1985年1月に正式に人民銀行から独立した。また、各地分支行は同級の人民銀行分支行との分離作業も順次に展開され、最も遅れた青海省分行が実際に1987年5月に正式成立された。
6) 呉暁霊『中国金融体制改革30年回顧与展望』（人民出版社、2008）、3-4頁
7) 人民銀行行長（総裁）周小川「国有商業銀行改革を巡るいくつかの問題」（『金融時報』、2004年5月31日）。
8) 劉詩平前掲、84-85頁。
9) Nicholas R. Lardy "Agriculture in China's Modern Economic Development"（Cambridge University Press, 1983）, p161,
10) 中国郵政貯蓄銀行 HP：http://www.psbc.com/show.jsp?id=101

第3章　社会主義市場経済の創出過程と金融改革（1993～2001）
―― 国有銀行の商業銀行化と第1次不良債権処理 ――

　1989年の天安門事件後、西側諸国から経済制裁が実施され、中国の孤立化が懸念された。共産党内部では、"和平演変"（西側が平和裏に中国の体制を覆すこと）を危惧する保守系左派の発言力が強まった。経済改革を1つのきっかけに東欧・ソ連の崩壊が進行していたからだ。インフレの激化、1989～91年の3年にわたる景気後退を市場改革の失敗によるものとし、計画経済への回帰を主張する意見も強くなった。「姓 "社" 姓 "資"」（社会主義か資本主義か」の議論が広がった。この論争に決着をつけたのが鄧小平であった。

　1992年1～2月（旧暦の正月）、鄧小平は深圳や上海などいわゆる改革の代表格の各地を視察し、「南巡講話」を発表した。この講話は経済加速の重要性を主張するとともに、保守派を厳しく批判し、党内の路線対立を収束させ、改革開放路線を推進する上で決定的な役割を果たした[1]。

　1992年11月の中国共産党14回大会では、「社会主義市場経済体制を目標モデルとする」ことが提起された。そして、翌年11月の中国共産党第14期3中全会において、「社会主義市場経済体制建設の若干の問題に関する中共中央の決定」を採択した。会議では、社会主義市場経済体制は公有制を主体とする現代企業制度を基礎とし、社会主義の基本制度と結び付いたものであることが示された。つまり、政治は社会主義、経済は市場経済で、という方針である。具体的には、国有企業改革、地方と中央の財政制度改革、金融体制改革などが検討された。

　金融体制改革は1993年12月に公布された「金融体制改革に関する決定」

第 3 章　社会主義市場経済の創出過程と金融改革（1993〜2001）

によりスタートした。政府（国務院）の指導の下に、以下の目標の達成を図った。(1) 独立的な金融政策運営の主体としての中央銀行改革、(2) 銀行・証券・保険・信託の分業経営・分業監督体制改革、(3) 政策的金融と商業的金融の分離による国有専業銀行の商業銀行化、(4) 為替改革と金融制度に関連する法的な整備、などである。

1995年の第8期全国人民代表大会第3回会議で「中国人民銀行法」が採択され、人民銀行が中央銀行機能に特化することを主眼とする法的な整備がなされた。4大専業銀行は、政策性金融業務を新たに設立された3つの政策性銀行に譲り渡して国有商業銀行に変身し、4大国有商業銀行となった。

1992年末から1995年にかけて、4大国有商業銀行はアメリカ当局に支店開設を申請したが、資本金が基準に満たないことや人民銀行の監督管理下にあるなどの理由で却下された。その後、人民銀行は国有商業銀行に対する監督管理を強化するようになった。1996年、中国銀行香港分行に対して監査を行った。それは人民銀行による中資銀行の海外分行に対する初の監査であった。そして、1996年にBIS（国際決済銀行）への正式加盟を契機に国際金融スタンダードに向け、自己資本率の改善（不良債権処理）を中心とする金融制度健全化の整備の意識が高まっていった。

為替政策はこれまでの二重為替レートを1994年1月1日から一本化して、実質上人民元の切下げを行った。そして1996年にはIMF第8条国に移行し、経常収支に関する為替取引を自由化した。

他方、国有企業改革の遅れや政府の介入によって発生した国有商業銀行の巨額な不良債権問題が注目されるようになった。1997年、アジア通貨危機が発生した。健全な金融制度が持続可能な経済成長の実現に不可欠であることが明確となった。政府は人民元為替を事実上ドルにペッグし、特別国債発行による国有商業銀行の資本充実や1.4兆元不良債権の切離しなどによって国有商業銀行の不良債権処理に本格的に取組むことになった。

本章では、1993年から始まった金融体制改革と1997年からの国有商業銀行の不良債権処理を中心とした金融制度の健全化と2段階を分けて考察する。

1. 金融体制改革（1993～1997）

　鄧小平の「南巡講話」は社会主義市場経済体制への移行を提起し、「改革の加速」を呼びかけ、改革の目標を明確にした。各部門の改革政策が具体化されるとともに、「成長の加速」の呼びかけも大きな影響を与えた。インフラ整備などの大規模な投資が全国に広がり、投資加熱や不動産バブルを発生させた。国有銀行は不動産に多額の資金を貸し込んで、大都市や開発区の不動産バブルを助長した。しかし、後に投資加熱及び不動産バブルが崩壊すると、国有銀行には多額の不良債権を残すことになる。1993年には銀行貸出が28％と最大の増加率を示し（図3-1）、そして1992～94年のマネー・サプライは年率30％以上増えていた（図3-2）。

　これに加えて、1992年は外資の直接投資が急増した年であった。国際経済制裁が解除され、中韓国交樹立、台湾の大陸投資の拡大があって、まさに記録的な直接投資の契約高に達した。92年の契約額は1114億ドルにのぼり、実際契約額も初めて3桁の110億ドルに達し、93年には275億ドル、94年には338億ドルに及んだ（『中国統計年鑑2009』745頁）。流入したドルは人民銀行に集中され、そのためドルと交換される人民元の流通量はそれだけ多く拡大した。

　この金融秩序の混乱の対策とも関連して、1993年12月25日、国務院は「金融体制改革に関する決定」を発表し、本格的な金融制度改革の段階に入った。1994年、朱鎔基副総理（当時）は自ら中国人民銀行の総裁を兼務し、金融制度改革を断行した。具体的には①人民銀行における金融政策運営機能の独立性の向上や金融業監督管理の強化、そして金融監督管理分業体制の確立、②政策性融資と商業性融資の分離することによる国有専業銀行の商業銀行化、③金融市場の多様化および金融制度に関連するインフラ整備、④単一為替レート制を主とする為替制度改革、の4項目であった。

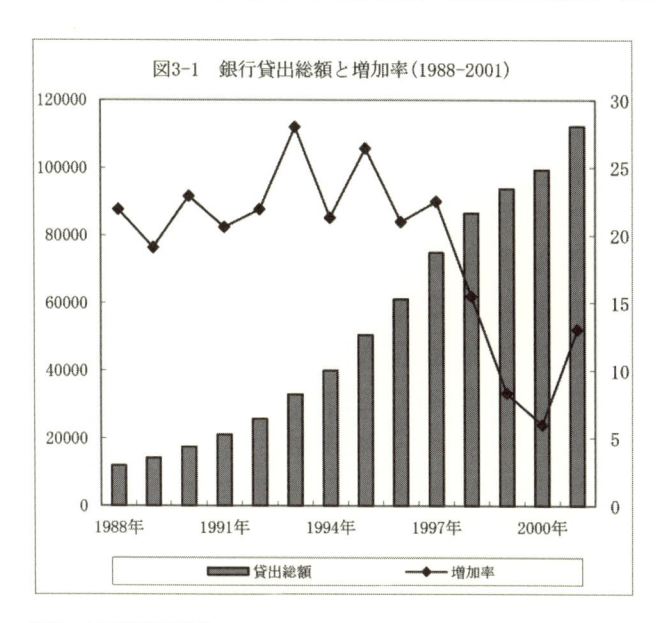

第 3 章　社会主義市場経済の創出過程と金融改革 (1993 ～ 2001)

図3-1　銀行貸出総額と増加率(1988-2001)

出所：中国国家統計局 HP：http://www.stats.gov.cn/tjsj/

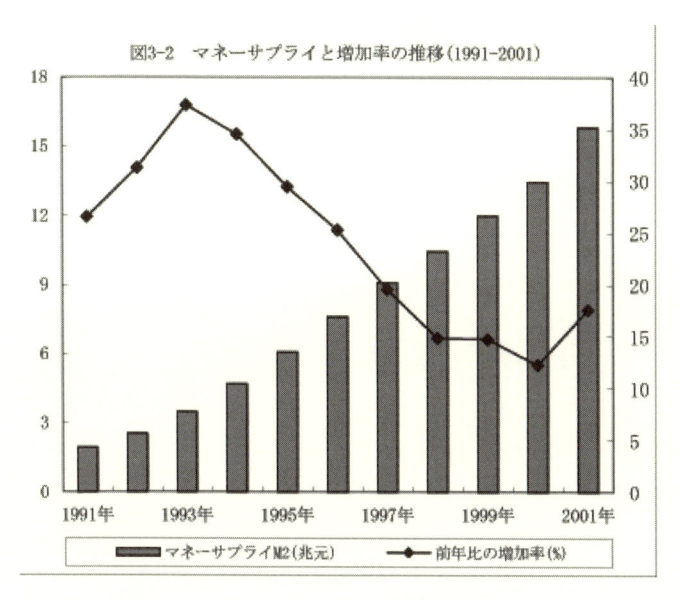

図3-2　マネーサプライと増加率の推移(1991-2001)

出所：中国国家統計局 HP：http://www.stats.gov.cn/tjsj/

1.1　人民銀行の中央銀行機能強化と市場化金融運営

　前述したように、人民銀行は1984年に市中銀行の業務を分離して中央銀行機能に特化するようになった。しかし、人民銀行の各分・支行、とりわけ各省レベルの分行が各専業銀行及びその他銀行に貸付することができ、直接、非金融企業に政策性的融資をすることができるため、統一的な金融調整が問題となった。国有専業銀行に対して、直接、行政指令によって銀行の日常業務にまで指示を出し、利子政策や公開市場操作などの通貨調節手段はほとんど導入されていなかった。また、1993年の金融秩序の混乱では、銀行部門の急速な発達のため、これまでの国有銀行だけの信用規制がすでに充分機能できなくなり、中央銀行としての人民銀行の組織や金融政策運営の改革が重要な課題と認識されるようになった。

1.1.1　人民銀行管理体制改革

　1984年に国務院が公布した「中国人民銀行が中央銀行機能に専念することの決定」は、中央銀行機能に特化する人民銀行の各分・支行設置について行政地域ではなく経済区域で設置すると明記していたが、各地方政府は人民銀行の設置による地元経済へのプラス効果を大きく期待していたから、人民銀行に分・支行の設置を強く要請した。結果的に行政地域とまったく同じ省・市・県まで人民銀行の分・支行は設置された。しかも省レベル分行の所在地には市レベル支行も設置されており、業務も重複していた。1996年末、中国人民銀行は全国の省・市・県の支店をあわせて2446店、職員18万9195人、世界で職員数が最も多い中央銀行となった[2]。

　1990年代初期から乱立した信託投資会社などのノンバンクは、不動産や地方プロジェクトへの融資を野放図に拡大させた。投資ブーム、物価騰貴が相次ぎ、金融秩序は混乱した。その最大の原因は金融を監督し管理するシステムが整っていなかったからである。経済市場化が急速に進むなかで、行政的手段に依存する人民銀行の金融政策運営は、金融マクロ調整の役割を果たすことはできなくなっていた。金融の監督管理を強化し、地方政府の介入を防

ぐこと、そのための中国人民銀行体制の改革が重要な課題として登場した。

　本来、人民銀行の各分・支行は総行のブランチとして総行の指針に従い、地域の銀行などの金融機関に対して金融マクロ調整目標の達成に努力すべきである。しかし、地方の分支・行長の任命権が基本的に各地方党政府に握られていること、また従業員の住宅やその子弟の進学等が地方政府に依存していることなどの事情から、地方政府からの経営困難に陥った地方国有企業や地方プロジェクトへの政策的な融資要請に応ぜざるをない状況がしばしば生じた。そこで政府は、人民銀行の組織体制を再編することが必須であると認識した。しかし、この組織再編が具体的に実施されたのは1998年以降であり、本章2.2「人民銀行体制再編」で詳しく考察する。

1.1.2「中国人民銀行法」の成立

　1995年全国人民代表大会常務委員会は「中国人民銀行法」を可決した。この法案の成立によって、人民銀行の中央銀行として法的な地位が確立した。人民銀行の通貨政策の制定及び執行並びに金融業の監督管理などの権限に法的根拠が与えられた。

　同法は、人民銀行が国務院の指導のもとに中央銀行として通貨政策の制定、執行並びに金融業に対する監督管理を行うという職責を規定している。通貨政策の目標は人民元の価値の安定を保ち、それを通じて経済成長を促進することであることを明確にした。また同法は、人民銀行が法律によって独立して通貨政策の制定及び執行の職責を実行し、いかなる政府部署、社会団体と個人の影響を受けないと明記した。財政への直接融資については、政府財政に対する当座貸越、国債など政府債券の直接買い取りなど財政と金融の直接的な金融関係を禁じるとされた。

　また、人民銀行総裁が当銀行を代表し、業務を総理し、人民銀行通貨委員会を設立すると規定されている。1997年4月、国務院は「中国人民銀行通貨政策委員会条例」を公布し、同年7月、人民銀行通貨政策委員会が成立した。当委員会は、定期的に会合を開き、金融経済情勢に関する検討を行い、独立

して金融市場調節方針を決定する。すなわち、人民銀行通貨政策委員会は独立した金融政策決定機関である。このように金融政策運営の独立性は、以前よりはるかに強化されたが、先進国の中央銀行のように金融政策運営を政府から独立した中央銀行という組織の中立的・専門的な機関という域までには至っていない。それは人民銀行が未だ国務院の構成部門であり、通貨政策など重要な金融政策運営は事実上国務院の指導の下で行われている。つまり国務院最高会議（首相・副首相）が重要事項を決定する。中国政府は常に経済成長を最優先する傾向が強いため、インフレ的な金融政策運営がよく見られたからである。

1.1.3　人民銀行の財務制度改革：財政との分離

1994年までは人民元発行による通貨発行益（シニョレッジ）は一定の割合で人民銀行総行と財政部にそれぞれ当てられ、各省レベルの分行にも通貨発行権限があったため、その通貨発行益が地方政府の財政収入となっていた。とりわけ各省レベルの分行は、地方政府の要請で地方国有企業への直接融資を通じて通貨発行量を拡大する傾向が強く、1988年と1993年の投資過熱やその後のインフレの発生を助長した。

今回の改革には、先進国の中央銀行財務制度をモデルに、人民銀行の支出を財政予算に編入し、通貨発行益を中央財政に上納するという現代的な中央銀行制度に移行した。それと同時に各省レベル分行の通貨発行権限を人民銀行総行に集中した。つまり、省レベル分行の通貨発行によるインフレの防止は制度化された。

もう1つ、財政への信用供与は1993年から禁止された。従来の単一銀行制度では、財政と人民銀行が一体化していたため、財政への信用供与があっても、それは流通通貨や銀行の自己資本に表わされていた。1979年人民銀行の財政からの分離によって財政への信用供与は禁止されるべきだったが、その後1994年まで1985年を除く連年の財政赤字を国債発行と人民銀行から直接融資で賄ったため、財政への融資が続いていた。1993年末にはすでに1582

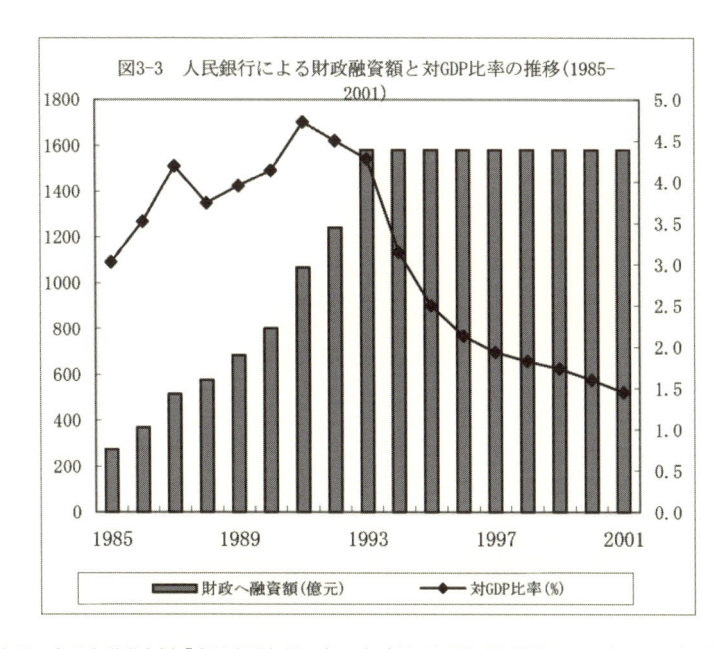

図3-3 人民銀行による財政融資額と対GDP比率の推移(1985-2001)

出所：中国金融学会編『中国金融年鑑』(1986)（中国金融年鑑編輯部、1997)、271 頁；中国金融学会編『中国金融年鑑』(1993)（中国金融年鑑編輯部、1994)、171 頁；中国金融学会編『中国金融年鑑』(1997)（中国金融年鑑編輯部、1998)、90 頁

億元で GDP の 4.3％にのぼり、財政赤字はインフレを助長するおそれがあった。同年から人民銀行の財政融資が禁止され、後の「中国人民銀行法」では財政への信用供与の禁止を明確にした。2003 年に財政部は転換国債の発行によってこれを解消した[3]。

1.1.4 金融政策運営：市場メカニズムの導入

1986 年以降、資金供給システムを効率化し競争的な金融市場を形成するために、株式制銀行や地方都市商業銀行などの預金型金融機関の設立が相次いで認められた。これらの新設金融機関は、経済主体の資金需要や金融サービスのニーズに応じて、営業時間の拡大や零細企業への貸付を通じて業務量を拡大していった。株式制銀行金融機関の総資産と総負債における市場シェアは、国有専業銀行を上回るペースで急ピッチに拡大してきた[4]。そのため、

これまで国有専業銀行だけ（株式制銀行は枠外）に対する貸付総量規制を中心とした金融政策運営は、徐々に機能効果が低下し、限界が見えつつあった。また、その他金融機関の発展、特に信託投資会社の発展は、金融政策運営に市場メカニズム手段の導入を求めるようになった。それは、1990年代初期、信託投資会社による不動産投資などへの融資急増が金融秩序混乱の重要原因であったからである[5]。

1993～94年の激しいインフレに対処する金融引締めのため、人民銀行は銀行貸出総量枠を厳しく制限したため、国有専業銀行の貸出総額はそれほど増えなかったにもかかわらず、消費者物価が急上昇し続けた。それは、社会資金調達が国有専業銀行以外に、株式制銀行及び信用社に加えて、信託会社、財務公司などのノンバンクという新しい資金調達チャネルが現れてきたからである。もはや貸出総量規制だけでは、金融政策運営が進まなくなった。人民銀行は1994年から四半期毎にマネー・サプライを公表するようになり、同時に市場メカニズムの金融政策運営手段として公開市場操作を導入した。

1.2 政策性銀行の設立、国有専業銀行の商業銀行化

中国における経済改革（計画経済から市場経済への移行）は、急激な私有化を避け、社会と政治の安定（安定団結）を保ちながら、漸進的な改革を進めてきた。1980年代国有企業改革は後回しにする一方、これまでなかった外資企業を積極的に受入れや民営企業の発展を促進することによって経済を拡大してきた。社会的安定の維持のために、国有専業銀行は国の政策に従い、多くの経営悪化で事実上倒産状態になった国有企業へ支援し、あるいは国家基本建設などの国家政策プロジェクトに融資してきた。また、図2-1のように、財政収入の対 GDP 比率が低下しつつあったから、本来政府財政が負担すべき国や地域の産業振興など国策上の必要となる事業に専業銀行は大幅に関与してきた。そのため専業銀行のコストや収益の経営効果ないし自己資本比率などの銀行の健全性に対する評価は困難になり、市場メカニズムによる効率的な資金供給システムの形成には商業銀行化が必要であるという認識にい

たった。そこで、1994年から国家専業銀行から本来、国がやるべき政策金融を分離し、商業銀行化にする措置が実施された。

具体的には、専業銀行の政策金融部門を新設した政策銀行に移管し、国有専業銀行を商業銀行に転換させ、企業法人として自主経営権の強化するたことであった。地方政府とのしがらみの切断などの措置を通じて、自己責任原則の徹底による市場メカニズムに対応する経営に変え、融資規律を高めることを狙った。

1.2.1　3大政策性銀行の設立

政策性金融とは、一般的に営利目的ではなく、国や地域の産業振興及び重要なインフラの整備などの国策上の必要性に基づき、国あるいは地域が全体として社会資本の充実向上につながる貸付、財政保証を行うことである。主に、鉄道や空港など社会インフラ整備のような大規模な投資かつ長期間の回収が必要となる長期資金、国策上の事業再生資金のような民間商業銀行だけではなかなか提供できないリスクが高い事業を対象に融資する。言ってみれば、国の産業政策を進めるための金融制度である。

日本の日本開発銀行、日本輸出入銀行及び農林中金（農林漁業金融公庫）の政策性銀行体制をモデルとして、政府は1994年に国家開発銀行、輸出入銀行、農業発展銀行の3つの政策性銀行を新設した。同時に4大専業銀行がこれまでに担当してきた政策融資機能をそれぞれに政策銀行に移行して、専業銀行は国有商業銀行として普通金融業務を展開するようになった。

1994年3月に設立された国家開発銀行は中国人民建設銀行の基本建設の政策融資を受け入れ、国家基本建設、社会インフラ整備、国家基幹産業及び重点産業の発展、企業の技術革新事業の政策性資金の提供を中心とする。

同6月に設立された輸出入銀行は、主に中国銀行の輸出入に関係する政策融資を継ぎ、輸出産業の促進や輸出信用担保等の政策性的な金融サービスを提供する。

また、同11月に設立された中国農業発展銀行は、主に中国農業銀行の農業

政策融資を引受け、農業科学技術開発、食糧供給及び農業副産品の購入ならびに国家政策農業支援などに関係する財政農業支援資金の交付や農業農村発展促進融資など政策金融業務を中心業務として展開する。なお、政策性銀行は基本的に預金業務を取り扱わず、主に金融機構向けの金融債（財政保証）で資金調達する。

これらの政策性銀行は、中国経済が市場経済への移行期に設立され、社会インフラ整備、輸出促進及び農業農村建設などの資金提供によって、交通運送などボトルネック産業の発展および経済産業政策の調整、輸出の拡大及び農業発展につながると期待された。

各専業銀行から引き受けた政策性金融資産には不良資産が多く含まれていた。当然、各政策性銀行は、国有商業銀行と同じく深刻な不良債権問題に直面した。国家開発銀行は1998年末の不良債権率が32.63％にのぼり[6]、99年の不良債権処理には国家開発銀行から簿価1000億元の不良債権が買い取られた[7]。財政的な融資観点から事業の採算性を考慮せずに資金供給だけ焦点に当て、リスク管理不足や業務機能の不完全であったため、農業開発銀行と輸出入銀行は、後に深刻な不良債権問題が発生した。

1994年「90年代国家産業政策綱要」が発表された。3つの政策性銀行の成立は「綱要」に盛り込まれた各個別産業政策の実施を金融面から支持するためでもあった[8]。それは、すでに80年代から導入された日本の産業政策の経験をより高次化するものであった。この面から中国の金融制度改革は日本の経験が強く影響を与えている。この時期、特に金融と財政制度面は日本の経験が多く受け入れられた。

もちろん日本の経験は1997年の金融ビッグバン以前の日本モデルの金融・財政制度である。金融制度や通貨政策における後進国モデルとしての日本の産業政策、財政政策、金融政策が1990年代の中国の市場経済構築過程で、1つの基準として参考とされ、金融面では制度と政策の両面で日本の経験が生かされた局面であった。

1.2.2　4大専業銀行の商業銀行化

　1993年の金融体制改革で、金融業における銀行・証券・保険・信託の分業経営体制は整った。国家専業銀行はすでに投資した証券、保険と信託など資産及び業務を再編し、本業である銀行から完全に分離した。政策性融資業務を新たに設立され政策性銀行に移管したことによって、国家専業銀行の商業銀行化は加速した。

　こうして、1995年7月「中華人民共和国商業銀行法」が施行され、法的に国有専業銀行は国有商業銀行に変身した。同法では、国有商業銀行は金融企業法人として、これまでの政策性金融をせずに商業ベースでの採算性や貸付の担保に基づき、自主経営、利益最大化、そして経営リスク自己負担という経営原則の下に営業しすると明記されている。

　さらに、1997年までに国有商業銀行は企業法人制度の強化、資産負債比例管理、組織調整、ガバナンスの向上など銀行商業化に向けて取り組んだ。しかし、政府の関与は依然として多く受けており、国有企業の経営不振とも重なり、次第に大量な不良債権が発生、金融制度の健全性が大きく傷つくことになった。

1.2.3　地方都市商業銀行の設立

　「金融体制改革に関する決定」のもう1つの課題は都市合作商業銀行の設立であった。各地にある都市信用社を合併させ、都市合作商業銀行を設立するということである。都市信用社の合併によってより規模が大きな都市合作商業銀行を設立する狙いは、所在地の経済発展を支えるため、当該地の企業への融資を拡大するためであった。日本の経済高度成長においては、大銀行は基本的に大企業への金融を選好し、中小企業融資には積極的でなかった。地域における中小企業に対する金融支援は、地域の事情を最もよく把握している地域金融機関が担当することが望ましいという日本の経験をモデルとして都市合作商業銀行の設立に踏み切ったのである。

　都市商業銀行とは地域に限定する事業免許を持つ地方銀行で、一般的に所

在地だけの営業が認められている銀行をいう。株主は主に地方政府及び地方国有企業である。1995年に全国各地に都市信用社は5000以上あったが、これらの都市信用社の多くは、大量の不良債権を抱えており、資産状況が非常に悪かった。政府はこれら信用社を合併させ、規模が大きい都市合作商業銀行に再編して、不良債権処理を通じて健全な地方銀行に成長することを期待した。同年に人民銀行は深圳など16の都市を試点として都市信用社の合併による都市合作商業銀行の設立の試験を始めた。その後、こうした経験を重ねて順次にモデル地域を全国に拡大した。1998年には都市合作商業銀行を都市商業銀行に変え、全国に100社以上に上った。これらの地方都市商業銀行、特に上海銀行、北京銀行を代表とする地方都市商業銀行大手は急速な成長を見せている[9]。しかし、これらの都市商業銀行の不良債権率は1995年に30％を超えており、実際に銀行資産の5級分類では50％超え、資本金がマイナスとなっていた[10]。地方政府の支持で、資本注入や不良債権の切離し等を通じて都市商業銀行の不良債権を処理してきた。なお、本格的な不良債権処理は2003年以降に持ち越された。

1.3　金融業における分業経営と分業監督管理体制

　1993年の金融体制改革のもう1つの重要な内容は、これまでの金融企業の多元化経営を銀行、証券、保険、信託という金融分業経営体制に転換し、さらにそれぞれに対応する分業監督管理体制を確立することであった。これまで銀行は信託投資会社への出資や保険子会社の設立などを兼営していた。しかし、1994年より金融機関は、銀行、証券、保険、信託のいずれか単一業種の経営に特化することが定められた。それに伴う金融分業経営と分業監督管理制度の確立を進められた。

　改革開放後、金融機関の数は少なく、多様な金融需要を満たすために、金融業経営制度はユニバーサル・バンキングという複合金融機関という形がとられた。すなわち、1つの金融機関で銀行、証券、保険など多種類の業務を取扱うことができる混合経営形態であった。80年以降、人民銀行を含む各銀行

機関は、本業以外に信託投資会社・証券会社・保険会社などを相次ぎ設立し、さらにこれらの会社を通じて、不動産や貿易など金融業以外にも参入し、ほとんどの投資分野に進出していた。それ以降、経済改革や経済発展などの名目で、4大国有専業銀行は、信託投資会社、証券会社、都市信用社、融資センターなどに次々に出資した。さらに、地方政府の関与と第三次産業を発展させるために、各地で不動産、貿易、ホテル、デパートなどあらゆる産業に参入した。経済発展に大きく寄与したものの、乱立した金融会社は、1987～88年及び1993～94年の投資ブーム、インフレの拡大などの経済混乱の原因の1つとなった。特に信託投資会社を経由した投資が監督の外に置かれ、全国各地の開発区ブームなどに拍車をかけた。激しいインフレが、銀行に対する信頼性を損ない、預金者は預金の取り付け事態までに発展した地域もあった。これら金融会社の多くが投資経験も管理人材も不足し、さらに投資規模の拡大を最優先の目標としたため、次第に経営不振に陥り、大量の不良債権を発生させた。

　金融管理監督当局の人民銀行は管理技術が未熟で、金融調節手段が少なく、経験もないなどが原因で、複雑化する金融制度に対する監督管理及び金融調整が円滑に行えなかった。こうした金融混乱の収束やインフレ対策として、1993年の金融体制改革は、銀行・証券・保険・信託の分業経営制度を確立し、各銀行による銀行本業以外の子会社や投資の整理作業に入った。1997年アジア通貨危機はその制度改革の導入を本格に促進した。

　こうした銀行、証券、保険、信託の分業経営及び分業監督管理体制は、ユニバーサルバンキング（複合金融グループ）が世界金融改革の流れになっているにもかかわらず、現在でも維持されている。中国金融制度の1つの特徴とも言えるであろう。

1.4　金融市場の整備

　市場メカニズムによる金融政策運営には発達した金融市場が必要である。金融市場の整備はもう1つの課題であった。1988年から国債取引が可能にな

り、1990～91年の上海証券取引所と深圳証券取引所の開設は資本市場の本格的なスタートであった。

1.4.1　インターバンク市場

中国の場合は、銀行の貸出を中心となる間接金融制度であるため、インターバンク市場は特別な存在である。以下では銀行間コール市場、銀行間現先債券市場などのインターバンク市場の発展過程を考察する。

《銀行間コール市場》

短期金融市場は改革開放後間もない80年代初頭に江蘇省、浙江省などで、現地の金融機関が相互に資金をやり取りする場として自然発生的に現れた。その後全国に広がり、コール融資センターと呼ばれ、地域の資金の供給と需要とをバランスする役割を担っていた。中国人民銀行も1986年こうした金融機関間のコール資金取引を認めた。だが、87年から投資ブームが発生し、資金の需要が膨らみ、そのため、広州、武漢、上海などでコール取引の仲介機関が次々に設立された。不動産投機業者たちは、コール市場を通じて資金を調達し、大量に不動産などに投機的に投入した。その結果は、コール市場は投機資金の調達手段の1つとなった。また、1992～94年の投資ブームの中でも、大量の資金が再び株価・不動産に回った。中国人民銀行が金融引き締めの政策を打ち出したにもかかわらず、コール市場が各地に分散し、地方と癒着していたことなどのため、引き締め効果が上がらなかった。

また、市場では取引規則違反、債務不履行が横行し、銀行側が大量の不良債権を抱え、金融市場に大きな損害を与えた。それへの対策として、中国人民銀行は96年1月、上海に全国統一の銀行間コール市場センターを設立した。それに伴って各地の融資センターはすべて廃止された。

表 3-1　国債発行状況（1992-2000）
単位：億元

年度	1992	1993	1994	1995	1996	1997	1998	1999	2000
発行額	461	381	1138	1511	1848	2412	3809	4015	4657
償還額		238	123	392	497	787	1264	2061	1239	2179
残高	1283	1541	2286	3300	4361	5509	7766	10542	13020

出所：中国銀行業監督委員会『中国銀行業監督委員会2008年報』により作成

第 3 章　社会主義市場経済の創出過程と金融改革（1993〜2001）

これにより、銀行間コール取引は上海コール市場センターに集中した。
《銀行間現先債権市場》
　1990年代前半には、1994年から財政赤字への人民銀行融資が禁止された。同年から国債の発行量は急速に増えために債権市場も拡大した（表3-1）。1988年、各地で債券取引センターが相次ぎに設立され、現物取引に限らず、先物も取引された。
　1993年、上海証券取引所は国債先物取引を始めた。当時、預金金利が頻繁に調整されたため、金利リスクをヘッジする需要は急速に拡大して、債券市場の取引量は急ピッチに増えた。だが、1995年5月18日、国債先物取引の不正な空売りにより価格が乱高下するなど市場が混乱した。これを受け、人民銀行は債券先物取引を廃止し、債券現物取引を上海・深圳証券取引所に集中することを決定した。銀行の資金が株式市場に大量流入することを防ぐため、銀行間債券市場を設立し、商業銀行は証券取引所から撤退し、銀行間現先債券市場でしか取引ができなくなった。
　こうして、インターバンク市場ができあがった。コール市場では無担保取引、債券市場は有担保取引である。取引は上海の取引センターを通じて行われ、取引に参加するためには中国人民銀行の認可が必要である。最初は商業銀行しか参加できなかったが、現在では、国有商業銀行、政策性銀行、外資銀行、証券会社、保険会社、財務公司なども参加できるようになった。債券現先市場の取引が最も活発である。
　中国人民銀行は公開市場オペレーションの1つとして週2回銀行間債券市場に積極的に参加している。最初は1996年4月から同年の12月まで51回の買いオペレーションを実行し、合計43億元の買いオペを実施した。その後、人民銀行が買いオペと売りオペを通じてベースマネーをコントロールするようになり、公開市場操作がマクロ経済を調整する最も重要な通貨調節手段になった。しかし、中国人民銀行は、事実上の人民元と米ドルの固定相場を維持する責任を負い、米ドル買いのベースマネー増加を抑制するため、オペは実際には市場の需給によって受動的に決まっている。

1.4.2　資本市場

株式市場及び債券市場など資本市場についての改革は、第4章で議論するが、ここでは国債発行と取引だけに限定する。1994年以降財政赤字の補填に人民銀行融資が禁止され、財政赤字には国債発行しかできなくなった。そのため、国債の発行方式及び取引市場の改革が求められた。

1994年までは、国債発行は国有銀行の一括引受の方式を採用していたが、同年から上海証券取引所の電子システムを通じて発行するようになった。また、1996年から入札方式を導入したことで、国債の発行市場化が急速に進んだ。また、1995年「中央国債登記決算有限責任公司」を設立して、国債取引の引渡しや決済などを集中管理して、取引の利便性が一層に高まった。

1.5　為替レートの一本化と為替制度改革

改革開放初期、経済計画の必要から人民元相場を決めており、当時1米ド

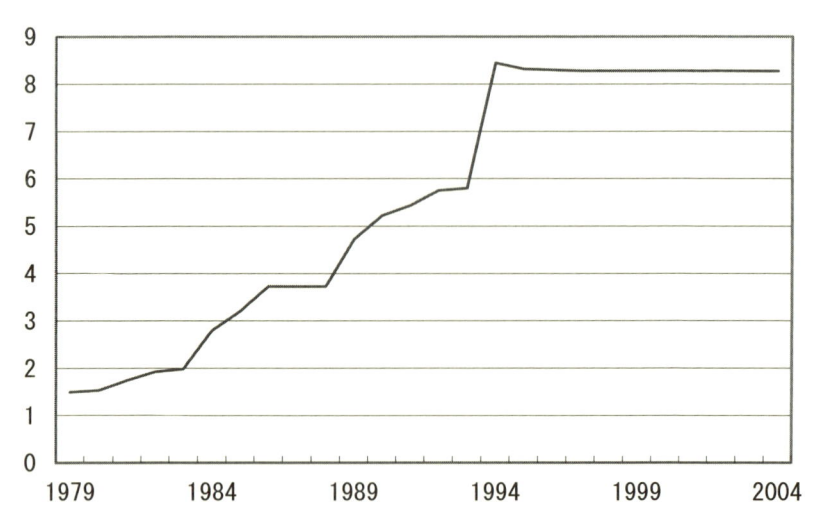

図3-4　改革以降人民元対米ドル為替レートの推移（1979-2004）

出所：蘇寧『中国金融統計1949- 2005』（北京、金融出版社、2007年）、1042-1045頁。

ル＝1.5元で実際相場より高く設定されていた。政府は輸出奨励や外貨獲得などから1981年1月に公定相場と貿易相場の二重為替相場を実施した。すなわち、人民元相場は貿易相場（1ドル＝2.8元）と公定相場（貿易以外）（1ドル＝1.53元）であった。しかし、公定相場は1984年に貿易相場まで下落した。1984年末に貿易相場を廃止し、翌年1月から再び公定相場（単一為替レート）になった。しかし、人民元相場は実勢相場よりまだ高かった。さらに経済改革の進行に伴って先進国からの設備などの輸入需要が高まり、貿易収支はしばしば赤字に陥った。また80年代後半には価格自由化によって物価上昇が定着していた。こうした要因から人民元為替レートに対する調整が何度も行われ、1986年7月には1ドル＝3.781元まで下がり、それ以降1989年までの人民元の公定相場は比較的に安定していた（図3-4）。

人民元為替レートの調整と同時に外貨留保政策が実施された。政府は輸出企業の奨励策として、1979年以降輸出によって得た外貨の一部を保留することができるという制度である。その一方、設備などの輸入企業は外貨の需要が強かった。しかし、国家銀行から外貨購入には厳しく制限されていたため、こうした外貨余剰の企業と外貨購入の企業の間に外貨取引が自然にできて、「外貨調整業務」が始まった。外貨の市場レートは、公定レートまたは貿易レートより高く、市場レートで売れば利益にもなるというインセンティブがあった。なおこの外貨調整業務は、主に中国銀行が仲介して相対で行われていた。

1987年に中央政府が沿海部の大都市に「外貨調整センター」の設立を認めて以降、調整セター各地に相次ぎに設置され、そして1988年に全国的な公開市場になった。取引参加者は企業のみならず、個人まで広がった。しかし、この「外貨調整センター」に提示された人民元為替レートは、市場需給関係によって決められた変動レートであったため、外貨管理局に公表された公定相場との差異が存在していた。すなわち、80年初期の二重為替制度と同じで、公定相場と外貨調整センター相場が並存する二重・金融の混乱は人民元の購買力を実質的に低下させた。人民元の価値に対する懸念から外貨調整セン

ターで取引された人民元相場レートは大幅に下落し、公定相場と乖離し、1988年末に人民元相場は4.72元まで大幅に改定された[11]。

1991年4月、公定相場は管理変動制へシフトしたが、93年末には公定相場は1ドル=5.8元に対して外貨調整センター相場は1ドル=8.7元であった[12]。

1993年12月の「金融体制改革に関する決定」は、「外為管理制度を改革して、公定相場と外貨調整センター相場を統一し、市場需要に基づいて単一の管理変動為替制度を実行し、徐々に変動為替へ移行すること」を定めている。1994年1月1日から、公定相場と外貨調整センター相場を統一して市場需要に基づく単一の管理変動為替制度を実行した。そのプログラムは以下の3項目を柱とする。

(1) 人民元相場は1ドル=8.7元でスタートした。為替取引は統一的に上海にあるインターバンク外為市場を通じて行われ、参加者は人民銀行に認められた銀行のみである。

(2) 企業の外貨留保制が廃棄され、輸出から受取る外貨を指定された外為銀行に売らなければならない。

(3) 人民銀行は前営業日の米ドルと人民元の相場レートの平均値に基づいて、当日の米ドルと人民元の基準相場レートを公布する。為替相場は管理変動制である。外為銀行はこれに基づいて、人民元の相場レートを決めて、このレートを用いて外為業務を行う。

この実質的に人民元為替相場の切下げによって、1994年以降、国際貿易収支は黒字が定着しており、銀行は常に輸出企業からの外貨（米ドルを中心）を一方的に買うことになった。人民銀行は為替相場の安定を保つため、受動的に買い入れ続けていた。人民元相場が一度大幅に切り下がった後、徐々に上昇し、1996年末には人民元相場は1ドル=8.30元に上った。そして同年にIMF第8条国に移行し、経常収支に関する為替取引を自由化した。

しかし、その後アジア通貨危機が発生し、人民元為替レートを実質上ドルペッグ制度を採用して2005年7月の人民元切り上げまで1ドル=8.27元に固定した。なお、アジア通貨危機の最中では人民元の切下げ予測が強かったが、

中国政府の「人民元の切下げをしない」という行動は、アジア各国間の通貨切下げ競争にブレーキをかける役割を果たした。

この1993年からの金融体制改革は、政策性融資の分離、国有商業銀行体制の形成を通して中国の金融制度が市場経済化に向けて前進したといえるであろう。しかし、金融体制改革そのものはまだまだ未完成であった。改革以降における財政からの金融自立化は、人民銀行法や商業銀行法など関連法案に基づいた財政信用供与禁止、近代的な中央銀行財務制度の確立と商業銀行の企業法人化などによって完了した。次に登場するのは、国有商業銀行の不良債権問題を中心とした金融制度の脆弱性の克服である。

2. 不良債権処理と金融制度健全化への整備（1997～2001）

1997年7月2日タイのバーツの暴落に始まったアジア通貨危機を受け、政府は従来年末に開催する「全国金融工作会議」を11月に開催した。その会議において、「中国はおよそ3年で社会主義市場経済体制に適応する金融機構体系、金融市場体系、金融規制・監督・管理体系を確立し、金融の安全、高効率、安定的な運営を保証することに務める」、そのために、「中国人民銀行の金融監督・管理の職能を強化し、国有銀行の商業化の歩みを加速し、多段階の金融機構体系を確立する」「法によって金融分野を整備し、金融秩序を規範化し、維持する」「金融活動の循環を良くし、良い経済環境をつくり出すために、経済体制の改革、特に国有企業の改革を加速する」「金融法規政策と金融リスク意識の教育を全社会で広く展開する」などの決議を行い、人民銀行の中央銀行としての機能強化のために、国有銀行の商業銀行化、金融秩序の規範化、国有企業改革、金融法規、金融リスク意識教育が強調されたのである。

国有商業銀行については、貸出総量枠規制の撤廃、預金準備金制度改革や準備率引き下げなど自主的な貸出運営の確立に向けての環境整備と、特別国債の発行（2700億元）による自己資本拡充、資産管理公司設立による1.4兆

元の不良債権の分離を通じて、国有商業銀行の健全化に向けての取組みが本格的に開始された。

2.1 中央銀行組織機構の改革

1995年に成立した「中華人民共和国人民銀行法」では、人民銀行は発券業務など日常的な中央銀行業務に加え、独立して金融政策を策定し実施することができ、いかなる政府機関も中央銀行の金融政策の実施に干渉してはならないとしている。しかしながら、地方政府の関与や介入などは現実的に存在し、人民銀行の中央銀行としての独立性の確保は依然、金融制度の難題として残っていた。

2.1.1 中央銀行の中立性確保：9分行制

中国人民銀行は、1998年から総行内部部署の再編と機能調整を実行した。

①機能調整：「中国人民銀行法」に基づき、これまでの業務の中に証券監督機能を中国証券業監督管理委員会に、保険業監督機能を中国保険業監督管理委員会に、アジア開発銀行業務を財政部にそれぞれ移管し、分業体制に移行した。

②内部部署の再編：金融マクロ調整機能の強化、金融政策研究能力の向上、効率の向上などの面で、人民銀行総行は内部部署設置を大きく再編した。新たに研究局、内審司などを設置した。金融監督業務は、銀行監督一司（国有商業銀行監督）、銀行監督二司（その他銀行）、ノンバンク金融機構監督司、合作金融監督司（外資銀行など）に分けて行われる。

同年11月、各省幹部の介入を避けるため、米国の連邦準備制度をモデルとする大規模な機構改革を実施した。すべての省レベル分行を廃止、数省にまたがる経済事情を考慮して全国9地域に分行を統合した。同時に人民銀行の北京分行及び重慶分行の廃止に合わせて、人民銀行北京営業管理部と重慶営業管理部を設立し、それぞれの業務を引継ぐことにした。すなわち、従前の省級の1級行政区に設置されていた分行（31分行）を、経済の実態に応じて

9分行と2直轄営業部に改めて、分行の所轄内にある従来の各省分行を中心支行にして、分行として各省からの融資強要を排除し、総合的な地域経済発展への金融支援を目的とした。さらに重複支行の廃止・合併を推進し、約150の支行を撤廃した。また、人民銀行総行、分行、中心支行と支行のそれぞれの機能を改定した。

このように分行制は1999年年初からスタートした。省レベル分行の省政府からの介入が大幅減少し、人民銀行総行によるオーバーローンなどの業務の行政的な配置が改められ、資金運用効率を向上させ、さらに金融政策が徹底して実行され、人民銀行の独立性はより保証されることになった。そのため、経済安定成長に大きく寄与した。また、その後の農村基金会の整理、地方金融機構リスク処理などの金融監督管理運営はスムーズに実施された。

上記のような地域分行制改革はアメリカの連邦準備制度（Federal Reserve System）をモデルとして、商業銀行の規制・監督の強化、地方政府関与の阻止などの目的から、新たな中央銀行監督管理制度改革が行われた。しかし、アメリカ連邦準備制度は理事会の独立性と地域経済の連携性のもとに発展してきたものである。それに対して、中国では地域分行の経済連携性が必ずしも高いといえない。また各省・地方の間の経済成長を巡る激しい競争が中国の高度成長をもたらしたという側面は否定できないが、地方保護主義を助長した面もよく報道されている。

さらに自動車産業のような重要産業に対して、立地・人材などの要素の有無に関わらずに各省は競合して重点産業を育成するような政策をとっている。そのため、地域分行における各地経済連携性は、相当低いといえるし、分行制による地域経済協調成長への寄与は非常に低いといわざるを得ない。結局、経済調整などの金融運営の中心は分行ではなく、省レベルの中心支行になるおそれが多いといわれる。

また人民銀行は国務院の一行政部門であるし、「人民銀行法」にも金融政策運営は国務院の指導の下で行うと明記されている。金融政策運営の独立性は向上されたものの、先進国中央銀行の独立性までにはほど遠い。

金融政策運営の舵取りは実質的に国務院に握られ、分行制はこの点について触られていない。地域分行は省政府の関与の排除の面で一定程度機能していたが、当初目標の独立性の向上や地域経済協調発展を達成したとは言いがたい。こうした背景の下で、一部の省の分行の行政格付けが引き上げられことに伴い、9大地域分行制度は廃止されるといわれたが、その後、地域分行の機能は小幅の調整にとどまった。

2.2 銀行・証券・保険・信託の分業経営制度の確立

銀行・証券・保険・信託分業経営制度はアジア通貨危機を受け、本格的に進展した。最初に中国人民銀行を含む銀行が所有する非金融会社と業務を完全分離し、さらに金融業務においては、銀行本業以外の保険、証券、信託の業務や子会社などをそれぞれ別会社として独立させ、基本的に相互進出を認めないとした。1995年7月の「商業銀行法」における商業銀行の営業については、銀行が信託投資、証券業務、保険業務を兼ねることを禁止し、また不動産、ノンバンクおよび一般企業への投資も禁じると明記された。その後、「証券法」「保険法」など関連金融法にも、金融機関分業経営制度が明言されている。

こうして金融の分業監督管理制度は構築された。1992年12月、証券市場の発展に備え、国務院証券委員会と中国証券業監督管理委員会が設立され、人民銀行と共同で証券業の監督管理を行うことになった。1997年11月、人民銀行の証券業監督管理機能を中国証券業監督管理委員会（証監会）に移管した。以後、証監会がもっぱら株式市場、債券市場を管理することになった。さらに1998年11月、中国保険業監督管理委員会が設立され、人民銀行の保険業監督管理権限を引継いだ。

1994年、人民銀行は信託業に対する整理整頓作業を始めた。分業制の下で各銀行から分離した信託投資会社などに改めて登録させ、資本金不足、不良債権過大、経営不振などの信託会社に対して、登録の延期などの措置で、各社の経営改革案の提出と再編などが求められた。それにより、これまで急速

に増加し続けてきた信託会社の数量は減少に転じた。1988年をピークに1000社あまりあったが、93年の389社、96年の244社に、さらに99年の239社に減少した。そのうち、中央レベルのものは21社、地方レベルのものは218社となった。

分業制度確立後、金融混乱とインフレは抑制され、国民貯蓄は急速に成長した。金融制度の健全性は大きく増進したといえる。分業経営制度における監督管理当局は金融業界ごとに管理し、その経験の積み重ねが監督管理水準の向上につながったともいえるだろう。

2.3 不良債権処理と銀行システムの健全化

新たに設立された国有商業銀行は4行とも国有企業経営不振などの原因で、90年代末までに巨額の不良債権を抱え、事実上の過小資本に陥っていた。国有商業銀行は設立以来、政府の融資介入、国有企業支援などで採算性がない国有企業へ資金を大量に供給してきた。

90年代以降多くの国有企業が経営不振に陥り、赤字転落に転落する企業が増加した。さらに閉鎖、破産も増え、国有企業全体では相当部分の不良債権が累積していった。それは法人所得税の財政収入に占める割合を見れば明瞭となる。1970年代には税収の50％以上が企業収入であったが、改革後の法人所得税は85年には税収全体の34％、90年が25％、92年が22％で、この年まで20％以上であったが、93年16％、95年15％、97年は12％、最低は99年で7.6％であった。2000年は8％で2001年の17％から回復し、2008年には21％となっている。これから見て93年以降90年代末まで国有企業の経営悪化がいかに急速に進んだかがわかる[13]。

1980年代の好況期、国有企業においては企業経営自主権のみの改革が先行し、国有企業の所有制改革は先延ばしされた。「資産権関係」が不分明のため、抜本的な企業の構造改革ができなかった。比較的好調だった利益も多く賃上げに費消され、多くの企業は遅れた設備の更新や革新を行うには、資金や人材が不足していた。

この国有企業の体質の脆弱性が90年代になって市場競争の激化とともに顕在化した。国有企業の大量の不良債務は、国有商業銀行にとっての巨額の不良債権の発生を意味する。この不良債権の処理なしには、銀行制度は円滑に機能しがたくなっていた。アジア通貨危機を受けて、政府は国有商業銀行不良債権問題の抜本的な解決に乗り出した。

　政府はまず不良債権を分類し、監督を強化し、不良債権の実態を明らかにすることに取り組んだ。次いで、特別国債発行よる4大商業銀行への資本充実。最後に、国有商業銀行が抱える不良債権のかなりの部分を切り離して資産管理会社による集中処理などの措置をとった。

2.3.1　不良債権問題の形成

　中国の経済改革は国有企業改革など既得権益層の反発が強い分野の改革を後回しにし、規制緩和などを通じて外資を含む民営セクターの成長を促すことによって、社会的安定と経済成長を両立させようとした。いわゆる「増量改革」である。漸進的な改革に伴い、体制、管理が劣る国有企業は経営難に陥ったものが多くなった。従来は財政が赤字を負担してきたが、1994年までに財政収入は減少の一途をたどり、国有企業に計画資金や運転資金を提供する余裕がなくなってきた。そこで、国有企業はどのような方法で資金調達するのかという問題に行きあたった。

　1983年以前の国有企業は運転資金も設備投資資金も国家財政から供与されていた。84年、「利改税」[14]の成立に合わせて、財政からの運転資金供与を廃止し、国有銀行から運転資金を借り入れるようにした（「撥改貸」）。その際、国有企業の従来の運転資金財政供与枠を銀行の貸付枠に変更し、さらに設備投資などの一部も銀行融資に依存するようになった。

　しかし、国有銀行はどの企業にどれほどの資金を貸付するのかについては企業と銀行は自ら決められない場面が多く、企業と銀行に代わって資金配分を決定するのは依然政府部門であった。その結果、借り手としての企業には債務負担意識が乏しく、銀行も厳格な債権管理を行わず、政策融資を担うこ

とも加わって、この時期の貸出しは大量の不良債権になった。

　1988〜89年と1993〜94年の2回にわたり全国的な投資ブームが起こったが、ブーム崩壊後の不況局面で、大量の不良債権が生まれた。投資ブームの時期、地方政府の投資意欲が高まった。銀行は地方政府に強要されて貸出を行った。これもその後の経済引締めで大量の不良債権に転じた。

　周小川・中国人民銀行総裁は、「中国人民銀行の調査によると、国有銀行が抱える不良債権全体のうち、各レベルの行政機関の干渉によるものが約30％、国有企業に対する資金面の支援が約30％、法律の不備が約10％、政府による一部の企業の閉鎖と産業構造調整が約10％、銀行自身の経営不備によるものは20％となっている」と語った。必ずしも詳細なデータではないものの、不良債権の構成を伺うことができる[15]。

　中国の不良債権問題は、マクロでは改革以来、発展してきた市場経済と社会主義政治体制の矛盾の結果であるとともに、国有企業のコーポレート・ガバナンスの欠如でもあった。銀行の意志とは関係のない行政の政策によって生じた原因もあれば、銀行自身の行動によって生じた原因もある。さらに、経済体制による原因もあれば、行政管理体制がもたらした影響もある。すなわち、不良債権は計画経済から市場経済への体制転換期に生じたものである。改革は経済高度成長の光であり国有銀行が抱える膨大な不良債権はその影であった。

　不良債権発生の基本的な要因は、融資案件の信用リスクを厳格に審査し、融資実行後も緊密なモニタリングを行うという、市場経済における銀行経営の基本が確立されていないことにある。前述のように国有商業銀行はもともと採算性のない政策融資の役割も担っていたが、1994年の政策性銀行設立による政策金融分離後も、中央政府および地方政府による介入が常に行われていた。中国人民銀行の調査（2005年）によると、政府による融資への介入、国有企業支援目的の融資、政府による融資先国有企業の閉鎖、司法面で債権者保護が不十分であることが不良債権の主要な要因で、銀行の経営に原因のあるものは20％に過ぎないとしている。しかし、2000年代に入ってから国有

商業銀行の行長を含む幹部の汚職摘発が続出していることなどからすると、政府の圧力といった外部的な問題が主因というより、預金者から預かった資金を適正に運用して収益を上げるという銀行経営の基本が確立されていなかったことに基本的な問題があったと言えよう。

2.3.2　不良債権の分類と不良債権問題

1998年4月、中国人民銀行は金融制度の健全化、金融リスク管理の強化を目的として、銀行の貸出債権を5つに分類する新たな分類基準を実験的に導入することを発表した。従来、国有商業銀行における貸出債権分類は債権の延滞期間に応じて、(1) 正常、(2) 期限切（期限経過後2年以内の延滞）、(3) 遅滞（期限経過後2年を超える債権）、(4) 焦付き（回収不能）という4分類であり、そのうち、期限切、遅滞、焦付きの3項目（「一逾両呆」）が不良債権に該当する。新たな銀行貸出債権分類は、貸出先の実態判断に基づき、(1) Pass（正常）、(2) Special Mention（関注）、(3) Sub-Standard（次級）、(4) Doubtful（可疑）、(5) Loss（損失）という5分類で、Sub-Standard以下3項目が不良債権に該当する。

中国人民銀行は1999年7月に政策銀行、国有商業銀行、株式制銀行、都市商業銀行に対して、試験的に5分類法の導入を求めた。さらに、2001年12月に「貸付五級分類管理を全面的に推進することに関する通達」と「貸付リスク分類指導原則」を発表し、各銀行は2002年1月1日から貸付リスク分類管理の正式導入を決定した。中国銀行は2001年5月に、中資系銀行の初めて5分類法による不良債権データを開示した（2000年28.78％）。

中国の不良債権額は、2002年から国際的な分類基準（貸出先の実態判断に基づく5分類）に従って算出され公表されるようになっている。それ以前は中国独自の旧分類によるもので、またデータも断片的にしかわからない。中国人民銀行行長（総裁）は2001年の講演の中で、1999年設立の資産管理会社（後述）による不良債権買取りによって、国有商業銀行の不良債権比率は10％低下し、25％になったと述べている。この発言に基づけば、不良債権問

題の取り組みが始まる前の 1990 年代末の不良債権比率は 35％にも達していたことになる。ただし、これは旧分類のよるものなので国際的な新分類基準によればさらに高かったと推測される。また不良債権処理が本格化する以前は不良債権の把握・算入が厳格になされていたかどうか疑わしい。これらの事情を考慮すると、実態は 35％をかなり上回る深刻な状況にあったと考えられる。なお、日本の主要銀行の不良債権比率は、不良債権問題のピーク時の 2002 年においても 8％台に過ぎなかった。

このような高水準の不良債権比率の銀行は、適切に償却または貸倒引当金の積み立てを行えば大幅な債務超過で破綻することは確実で、先進国の銀行であれば存続し得ない。国有商業銀行の不良債権比率は異常に高い水準に達していたが、国有商業銀行は営業を続けており、特に預金取り付け騒ぎなどの金融不安は起こっていない。それは、国有商業銀行は国が所有しており、預金の払い戻しは事実上政府信用によって保証されているので、預金者にとって不安はないからである。

2.4 不良債権処理

2.4.1 不良債権の切り離し

1999 年、政府は国有商業銀行のバランスシートから不良債権のかなりの部分を切り離すため、銀行ごとに資産管理会社を設立した。資産管理会社 4 社は 2000 年末までに銀行から総額 1.39 兆元（約 21 兆円）の不良債権を額面価格で買い取った。これは 1999 年時点の国有商業銀行 4 行の総資産の 15.6％にのぼった。資産管理会社の買取り資金は債券発行と中国人民銀行融資で賄われた。

1.39 兆元にのぼる多額の不良債権買取りが簿価で行われたことは、これら不良債権に伴う損失を政府が全額負担し、国有商業銀行になんらの負担を求めないことを意味する。この措置は、今後の銀行経営にモラルハザードを引

き起こす可能性があり問題であるとしばしば批判されている。中国政府は、簿価買取りの理由として、市場が未発達の状況で不良債権を時価算定することは困難で、相当の時間がかかる点を挙げている。一般に、公的な処理機関が銀行の不良債権を買い取る場合、時価ないし何らかの方法で推計した回収見込み額で買い取ることによって、銀行に不良債権の損失を負担させることが、納税者への責任と将来のモラルハザード防止という観点から望ましい。しかし、国有商業銀行の不良債権処理については、買取り対象と金融制度健全性の構築などの観点から見れば、この簿価買取りに対する批判は必ずしもあたらない。なぜなら、買取り対象貸出債権が原則的に1995年の商業銀行法施行以前に実施された貸付であるからである。それ以前、国有専業銀行の改革が市場化に向けて何度か行われたが、漸進的な改革での雇用維持、社会安定などの目的から計画経済制度にとどまり、国有専業銀行には基本的に経営自主権がなかった。中央政府や地方政府などの関与で、担保も無いまま経営不振な国有企業への融資がかなりあった。それゆえ、こうした融資の焦げ付きの損失は「漸進改革」のコストとして政府が負担すべきものだと考えられる[16]。

　また国有商業銀行4行は巨額な不良債権を抱えて債務超過で実質上の破綻状態に陥っていたので、仮に政府が簿価以下で買い取り、銀行に一定の損失負担を求めた場合には、銀行の資本金はゼロまたゼロ以下になる可能性が十分あった。銀行を存続させるために、政府は資本注入の金額を相当増やさなければならない。つまり、政府としては、簿価で買取るか資本注入額を増やすか、どちらの選択でも結果的に政府の負担はあまり変わらない。しかも、買取り価格の算出は相当な時間がかかるし、市場化の基礎もなく算出不可能の部分も多い。さらに、銀行が破綻した場合は、政府が預金者に預金払い戻しをしなければならない。要するに、巨額の不良債権の発生によって国有銀行の資本が大幅に毀損してしまった以上、政府はいずれかの形で費用負担（公的負担）をせざるを得ない。不良債権買取りにせよ資本注入にせよ、国有商業銀行の救済がモラルハザードにつながらないようにするためには、簿価

以下で不良資産を買い取るべきか否かが重要なのではなく、むしろ銀行監督行政の整備・強化、民間株主の導入や外部取締役の任命などによるガバナンス強化などの施策をとることが重要である。

この措置によって、不良債権のかなりの部分が国有商業銀行から完全に切り離され、資産管理会社に移管された。不良債権の処理コストは、政府の財政負担となる。資産管理会社はさまざまな手段を使って貸付回収を図るが、回収できなかった金額は資産管理会社の損失となる。その分、資産管理会社は中国人民銀行からの借入返済も、自らが発行した債券の償還ができなくなる。そこで政府が肩代わりするしかない。もし政府が肩代わりしなければ、中国人民銀行が損失を蒙ることになるが、その場合、政府への中央銀行の上納金が減るという形で、やはり政府の財政負担となる。国有商業銀行が購入した資産管理会社発行の債券は政府保証がついているため、償還できない部分については政府が肩代わり返済することになる。

資産管理会社の買取り資産の処理はどの程度進捗しているのであろうか。資産処理方法は大きく分けて、①再生の見込みがある企業への貸付（企業にとっては債務）はその企業の株式に転換する、②その他の貸付資産は競売・入札などの手段によって資金回収する、という2通りの方式で行われている。

第1の方法は、債務の株式化（デット・エクイティ・スワップ）であり、中国では「債轉株」と呼ばれている。株式化された貸付資産は、資産管理会社が買い取った1.39兆元の不良資産の30％程度（約4000億元）となっており、残り70％程度が競売・入札などによって回収される。

表3-2　資産管理会社の不良債権処理進捗（2006年3月31日）　単位：万元・%

		華融	長城	東方	信達	合計
買取不良債権額		3458.00	4077.00	2674.00	3730.00	13939.00
累計処理済額		2468.00	2707.80	1419.90	2067.70	8663.40
	現金回収額	546.60	278.30	328.10	652.60	1805.60
進捗度		70.11	80.11	56.13	64.69	68.61
資産回収率		26.50	12.70	27.16	34.46	24.20
現金回収率		22.15	10.28	23.11	31.56	20.84

出所：中国銀行業監督管理委員会HP：http://www.cbrc.gov.cn

債務の株式化は、以下に見るように、問題解決の先送りの性格が強く、不良債権問題の抜本的な解決にはなっていない。債務株式化の対象となる企業は、政府（国家経済貿易委員会）によって一定の基準の下で選定され、資産管理会社が株主となる。株式会社化された企業は主に大企業で、500社を超える。債務の株式化のねらいは、企業を再生させてその株式を上場させ、資産管理会社が保有株式を市場で売却して資金回収するというものである。

　一般に、債権回収の手段として債務の株式化が成功するためには、企業再建のための厳しいリストラ計画の策定と実施、株主としての経営監視などが不可欠である。しかし、中国の債務の株式化では、厳しいリストラ策は導入されておらず、また資産管理会社は株主として経営に積極的に関与する能力を持っていない。株式化の方式による不良債権処理は、規模の大きい企業は潰せないので問題を先送りしているという結果となっている可能性がある。しかし「株式化」は国有企業の株式会社化であり、これまで資本金を持たなかった国有企業が独立採算企業としての基礎を得た意味はある。

　株式化された貸付資産以外の不良債権の回収については、2006年3月時点で68.6％の資産が処理されて回収率は24.2％（うち現金回収は20.8％）となっており、かなり進捗していると評価できる。ただし、まだ残っている不良債権は処理がより困難なものと考えられるので、最終的な回収率はこれまでの実績よりも低くなると予想される。

　なお、資産管理会社による不良債権買取りは当初、1999～2000年の1.39兆元の資産買取りで終了とされたが、銀行が抱える不良債権の更なる処理のため、2004年から資産管理会社は、国有商業銀行の株式会社への再編に伴った不良債権再切離しで簿価以下（例えば簿価の50％）での資産買取りを行っている。

　以上のように、資産管理会社の最終的な損失は財政負担となること、また資産管理会社が買い取った債務の株式化は大きな成果をあげているとはいえないなど、銀行から切り離された不良債権の処理はまだ終わっていない。しかし、国有商業銀行の改革・経営強化という観点から見ると、銀行経営のく

びきとなっていた巨額の不良債権の相当部分が銀行から完全に切り離されたことは経営改善の重要な第一歩であると評価すべきである。それと同時にこの銀行の不良債権処理は、銀行システムの不良債権比率を国際基準（新バーゼル協定）の10％に近づける努力を示すものであった。中国の金融体制改革は制度革新が国際基準（グローバルスタンダード）を意識した段階にいたったことを示している。

2.4.2 政府による資本充実

政府の不良債権問題への対応の第2段階は資本注入である。不良債権のすべてが資産管理会社に移管されたわけではない。国有商業銀行に残された不良債権を処理するためには十分な自己資本が必要であるが、現実には不良債権処理を進めれば自己資本のほとんどがなくなってしまう。こうした過小資本状態を解消するため、政府は国有商業銀行に対して資本注入を行った。

資産管理会社に不良債権を移管する前の1998年、政府は総額2700億元（約4兆円）の特別国債を発行して、国有商業銀行の資本充実を行った。以下に見るように、この措置による資本充実は結局、資産管理会社が不良債権買取りの原資として中国人民銀行から借り入れた借入金を政府の出資金に置き換えるというデット・エクイティ・スワップの形で行われたと解釈することができる。また国有商業銀行の資産サイドでは、中国人民銀行に対する債権である預金準備金（日本の日銀当座預金に相当）が、国に対する債権である国債に置き換えられた。

この時の資本充実策は次の手順で行われた。まず政府は国有商業銀行への出資金の原資を得るため特別国債を発行し、国有商業銀行がその全額を購入した。国有商業銀行の国債購入には、預金準備金の一部が当てられたが、国有商業銀行が預金準備金を取り崩すことが可能になったのは、人民銀行がそれまで13％だった必要預金準備率を8％へ引き下げたからである。そして、政府が特別国債の売却資金で国有商業銀行に出資を行うと、国有商業銀行はその資金を使って中国人民銀行からの既往の借入金を減少させ、自己資本比

図 3-5　特別国債発行による国有商業銀行への資本注入

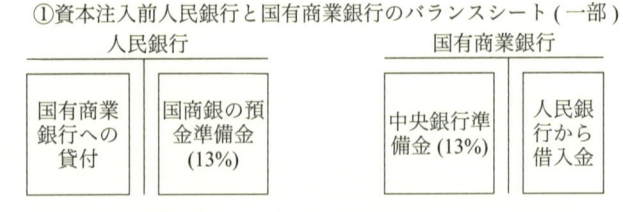

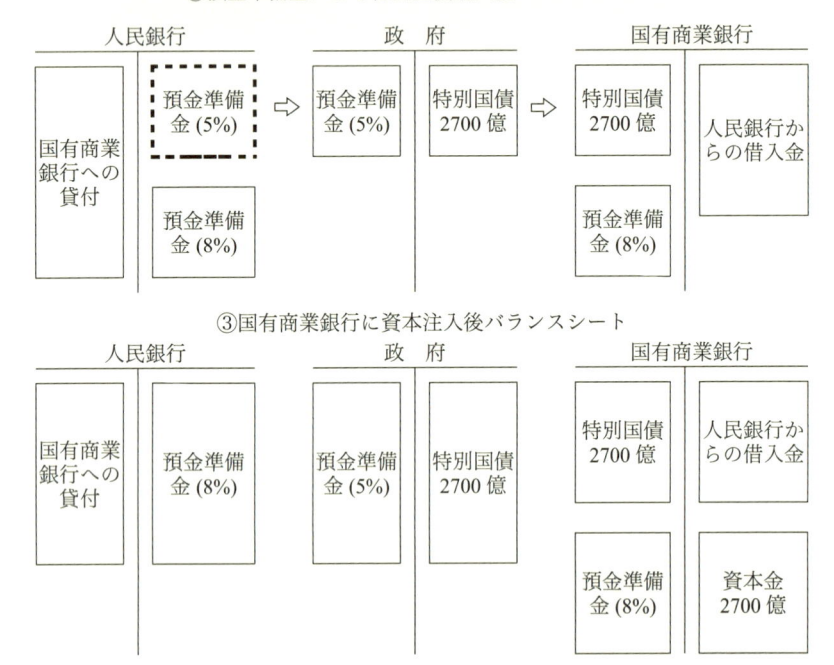

①資本注入前人民銀行と国有商業銀行のバランスシート(一部)

人民銀行：国有商業銀行への貸付 ／ 国商銀の預金準備金(13%)

国有商業銀行：中央銀行準備金(13%) ／ 人民銀行からの借入金

②預金準備金による特別国債購入後バランスシート

人民銀行：国有商業銀行への貸付 ／ 預金準備金(5%)、預金準備金(8%)

政府：預金準備金(5%) ／ 特別国債2700億

国有商業銀行：特別国債2700億、預金準備金(8%) ／ 人民銀行からの借入金

③国有商業銀行に資本注入後バランスシート

人民銀行：国有商業銀行への貸付 ／ 預金準備金(8%)

政府：預金準備金(5%) ／ 特別国債2700億

国有商業銀行：特別国債2700億、預金準備金(8%) ／ 人民銀行からの借入金、資本金2700億

率を高めた。ここでも新バーゼル協定の自己資本比率の達成が意図されていた。

　この一連の措置によって国有商業銀行のバランスシート上は、中国人民銀行に対する資産（預金準備金）と負債（中国人民銀行借入）が減少し、政府に対する資産（特別国債）と資本金（政府の出資）が増加した。政府と中国人民銀行は基本的には同じ主体であり（中国人民銀行からの借入が返済不能になれば、その損失は最終的には政府が負う）、国有商業銀行のバランシー

トの両側で中国人民銀行と政府が入れ替わったに過ぎないとも言える。しかしこの措置によって、中国人民銀行からの借入が、政府の出資金に転換されて、資本充実が図られている。この点は、事実上のデッド・エクイティ・スワップが行われたと言える。また、資産サイドでも、利子の低い預金準備金が利子の高い国債に転換されており、国有商業銀行にとって有利な取引となっている。

このように銀行の不良債権処理と並行して不良債務を抱える国有企業の改革も進められた。この不良債権問題は通常の大型不況による企業業績が悪化や倒産によるものではなく、社会主義体制が市場経済体制への移行する過程で生じた構造調整であった。中国はそれを「資産管理公司」という特有の制度のもとに推し進めたのである。

3．資本市場の形成と整備

中国の株式取引の歴史は19世紀末に遡る。1947年に「上海証券交易所」が設立された頃には、外国人投資家、外国株も含め活発な取引が行われていた。しかし、1949年の中華人民共和国成立と同時に同交易所は閉鎖され、一時的に天津や北京に証券取引所が開設されたが、これらも1952年には共産党の方針により閉鎖された。その後社会主義経済の下で長く、資本主義の象徴とも言える株式市場は否定され、存在していなかった。

1978年からの経済改革は、計画経済から市場経済への移行に伴い、1980年代初期、一部の小型国有企業と集団企業は、実験的に株式会社を設立した。1984年から、北京、上海、深圳は一部の国有企業を株式制改造モデルとして株式発行を行った。1984年北京天橋百貨公司は一般に株式の公開発行を実施した。しかし、当時の株はほとんど期限付き、満期償還、元本保証などの債券の特徴をもち、厳密に言えば優先株に近い。また、証券会社を経由ではなく、社員と地元住民向けの発行が多かった。

中国政府は1981年7月、国債発行を再開したが、最初発行された国債は長

期（10年）かつ自由売買禁止などの原因で住民の購入意欲がなく、ほとんど行政による購入強要であった。1988年4月、個人の国債売買が認められ、初めて国債流通市場が形成された。

　1982年から、ごく一部の企業による社会または企業の従業員に向けの最初の企業債券があらわれた。企業債券の発行には法的な規制がなく、社会的な慣習で実施されていた。1986年末、企業債券の発行総額は約100億元までに膨らんだ。1987年3月、国務院は「企業債券管理暫定条例」を公布し、企業債券の発行は人民銀行による許可が必要、また人民銀行と国家計画委員会が年度企業債券発行計画を策定すると規定した。同年の計画規模が30億元だったが、1992年の企業債券発行総額が700億元近くまでに増加した。経済過熱のもとで高金利発行した企業債券の一部は、後に償還延期ないし償還困難の状況に陥った。それ以降、企業債券市場は低迷してきた。

　1990年12月、上海証券取引所、深圳証券取引所が相次ぎ営業開始した。翌年末上場会社は、上海証券取引所が8社、深圳証券取引所が6社しかなかった。証券取引所は市場経済が機能するために必須の制度（institution）である。株式市場を通じて、企業は資金調達手段を多様化することが可能となり、低コストで効率的に資金を調達することができるようになる。同時に株式市場は、家計などが行う貯蓄をより生産的な用途に振り向けて経済の発展を促進するという重要な役割を果たす。その意味で、中国が1990年代初めに証券取引所を開設し、株式市場をスタートさせたのは、市場経済への本格的移行にとって不可欠な措置であったと言える。

　改革開放以降、中国は1992年以降の社会主義市場経済に適応しうる金融制度の構築を目標として金融体制改革を進めてきた。前述のように、特に90年代半ばから国有専業銀行の商業銀行化、1.4兆元に上る不良債権処理、国債による資本注入など国有商業銀行改革、金融市場整備、金融関連法の整備など一連の改革によって金融制度の健全化に向けて本格的に乗り出した。だがその路線は、金融制度における所有制、コーポレート・ガバナンスの確立などの大きな課題が山積していただけに、必ずしも順調に進んではいなかった。

1990年代後半、国有商業銀行は巨額の不良債権を抱え、その比率は35％にも上り、自己資本比率も極端に低く、不良債権の償却も進まず、半ば破綻状態に陥っていた。政府はアジア通貨危機をうけ、国有商業銀行の不良債権問題に本格的な取り組みに乗り出した。

　まず、4大国有商業銀行の過小資本の是正のため、財務省は2700億元の資本を注入し、約1.4兆元に及ぶ不良債権を簿価で銀行から買い取った。切り離された不良債権は各銀行それぞれの系列資産管理会社（AMC）に移管して集中的に不良債権処理が行われた。2001年11月に人民銀行戴相竜総裁（当時）は、講演の中で、1999年の1.4兆元不良債権が移管されてから、4大商業銀行にはまだ1.8兆元が残り、不良債権比率は10％低下し25％になったと述べていた[17]。資産管理会社への不良債権移管前の4大商業銀行には不良債権規模が3.2兆元、不良債権率で約35％というきわめて高い水準に達していた。こうした政府の大規模な支援政策によって、4大国有商業銀行の自己資本率はいったん新バーゼル協定の8％を上回ったものの、その後、国有商業銀行には不良債権残高、不良債権率とともに再び上昇に転じ、さらなる不良債権処理に伴う過小資本または資本不足問題は中国金融制度の最大な脆弱性の表現であった。

注

1) 馬立誠、凌志軍著『交鋒――当代中国三次思想解放実録』（今日中国出版社、1998）、157-226頁。
2) 中国金融学会編『中国金融年鑑』（中国金融年鑑編集部、1997）、203-205頁。
3) 2003年10月全国人民代表大会の常務委員会は「1995年前の財政による人民銀行借款の処理について」を許可した。それによると財政部は1.64％の金利で30年転換国債を発行して人民銀行借款を解消した。
4) 中国金融学会編『中国金融年鑑』（1993）（中国金融年鑑編集部、1994）、172-182頁。それによると、資産増加率は工商銀行の27％に対して交通銀行42％であった。
5) 中国金融学会編『中国金融年鑑』（1993）（中国金融年鑑編集部、1994）、252頁。金融信託投資会社の貸付残高は1211億元から1835億元に増加し、率では51％という増加率であった。

6) 国家開発銀行：http://www.cdb.com.cn、2002 年の国家開発銀行年度報告。
7) 信達資産管理公司は、国家開発銀行が建設銀行から受入した政策性資産のうちに 1995 年以前に形成した不良債権 1000 億元を買い取った。
8) 「90 年代国家産業政策綱要」（1994 年 3 月）はマクロコントロールを強化・改善し、産業構造調整を効果的に高度化し、産業の質を高め、国民経済の持続的な高度成長を促進し、経済発展させる重要な手段として制定されたものである。『14 大以来重要文献選編（上）』（人民出版社、1996 年 2 月）、752-761 頁。
9) 北京銀行は 2007 年に上海証券取引所に上場している。
10) 2007 年 10 月 28 日に第 2 回中国金融市長年会及び中国金融生態都市発展年会で銀行監督委員会副主席唐双寧のスピーチ「都市商業銀行発展における 3 つの問題」によるもの。
11) 中国金融学会編『中国金融年鑑』(1990)（中国金融年鑑編集部、1991)、98-99 頁。
12) 中国金融学会編『中国金融年鑑』(1994)（中国金融年鑑編集部、1995)、126-127 頁。
13) 『中国統計年鑑』(2009)、263 頁。
14) 「利改税」とは、小型国有企業を除くすべての国有企業は生産活動の利益について従来の国に利益上納方式を所得税などの租税に改めるものであった。当初、利潤上納と併存して、企業利益があった場合はまず 55％の所得税を課して、納税後の利潤が一定の比率で国と企業の間に折半或いは一定の割合で分配する。しかし企業にとっては儲かればその分だけの利益を取られるというデメリットがある。翌年 10 月から、完全に所得税、製品税など 11 種の租税納付に切り替えた。その後もさまざまな名目で税負担はあったが、1986 年末までに実施され、利益分配がより明確になった。
15) 周小川「国有商業銀行改革を巡るいくつかの問題」(『金融時報』2004 年 5 月 31 日)。
16) 中国の銀行の不良債権の大量の発生は中国の改革が「漸進主義 Gradualism」をとったための「副産物 By-Product」であるという考えを明確に示したのは Nicholas R. Lardy である。China's Unfinished Economic Revolution, 中国金融（Brookings Institution Press, Washington, D. C 1998）。
17) 「2001 年不良債権処理国際シンポジウム」で中国人民銀行（中央銀行）の戴相竜総裁（当時）の発言による。

第4章　中国型金融制度の形成（2001～）
―― グローバル・スタンダードに向けての整備 ――

　中国は2001年10月に世界貿易機関（WTO）に加盟し、金融サービス分野における5年間の市場開放スケジュールを国際公約した。それは、これまで計画体制にとどまっていた金融機関が世界的な金融機関との競争にさらされることになること意味した。グローバル・スタンダードの競争力を持ち、強固な金融制度の構築は、中国金融改革における最大の急務となった。2003年末、政府は、豊富な外貨準備から中国銀行と建設銀行に450億ドルの資本注入を行った。この国有商業銀行改革を中心とする金融体制改革を経て、中国型金融制度が確立してゆく。

　2003年以降、金融改革の柱は以下の3本である。

　(1) 国有商業銀行改革を中心とする銀行システム改革。その手順としては、外貨準備による資本注入、財務基盤強化、戦略的投資家の資本参加、株式市場上場などである。

　(2) 株式市場の非流通株改革を中心とする資本市場ないし金融市場の整備である。

　(3) 2005年人民元の切上げを始めとする為替市場、人民元為替レート形成メカニズム及び国際資本取引の開放への取り組みである。

　この銀行システムの健全化、金融市場の整備と人民元為替レート形成のメカニズムを中心にしたグローバル・スタンダードに向けての金融制度改革の内容及び背景を分析する。

　まず、中国金融制度における中核的な存在である国有商業銀行を中心に銀

行システムの改革が行われた。政府は、豊富な外貨準備を使って、国有商業銀行に資本注入を実施した。銀行の従来の資本金・利益留保などの資本を不良債権貸倒引当金に当て、政策による速やかに不良債権の再処理など措置で財務基盤を強化したうえで、世界トップクラスの金融機関を戦略的投資家として受入、資本参加を促進する。そして、香港株式市場上場を果たすという手順である。すなわち、不良債権の速やかな処理を促進するとともに、自己資本の強化、株主の多様化によるコーポレート・ガバナンスの改善が期待された。

　交通銀行、中国建設銀行、中国銀行、中国工商銀行は、2005～07年にかけて相次ぎ香港市場、上海市場に上場を果たした。残りの中国農業銀行は、資本注入、不良債権の再処理などを経て、外国戦略投資家を選出するという上場に向けての最終準備段階に入り、2010年7月同じく両市場に上場した。これまで銀行の財務情報はきわめて不透明であった。しかし、戦略投資家の資本参加、香港市場・上海市場の上場のためには、香港と内地の証券監督機関の規則により、厳格でタイムリーな財務情報の開示が必要となる。このことは銀行経営の透明性の向上につながる。さらに、市場監視、機関投資家向けの定期的な説明会（IR）などを通じて、銀行のコーポレート・ガバナンス面の改善など銀行経営自体の向上が期待される。こうした一連の改革は結果的に銀行のサービスや経営収益率を向上させることになる。こうして、上場している国有商業銀行の財務指標と健全性が急速に改善された（表4-1）。各国有商業銀行の2008年財務指標と自己資本比率は、株式制再編前の2003年と比べて大きく改善されたことが示されている。アメリカのサブプライムローン問題に端を発した世界金融危機によって多大な損失を負った欧米金融大手各社の株価が急落する一方、香港・上海市場に上場している中国工商銀行、中国建設銀行、中国銀行は2009年3月31日時点の株式時価総額ベースで、世界トップ3（表4-2）を独占し、今や世界の超メガバンクに成長した。

　国有商業銀行改革と並行して資本市場では、株式市場における非流通株改革、債券市場における国債・企業債券の発行・流通制度改革、証券市場の基

表4-1 国有商業銀行財務指標の推移（2003-2008）

単位：億元・%

		2003	2004	2005	2006	2007	2008
工商銀行	自己資本率	-8.81	-8.31	9.89	14.05	13.09	13.06
	不良債権率	21.24	18.89	4.69	3.79	2.74	2.29
	税引き前利益	26.60	21.10	593.50	715.20	1151.10	1453.00
中国銀行	自己資本率	5.39	10.04	10.42	13.59	13.34	13.43
	不良債権率	16.28	5.12	5.41	4.04	3.12	2.56
	税引き前利益	385.70	345.80	551.40	676.30	899.60	862.50
建設銀行	自己資本率	6.51	11.29	13.57	12.11	12.58	12.16
	不良債権率	9.12	3.92	3.84	3.29	2.60	2.21
	税引き前利益	374.70	502.20	553.60	657.20	1008.20	1197.40
農業銀行	自己資本率	n/a	n/a	n/a	n/a	n/a	9.41
	不良債権率	30.66	26.73	16.17	23.43	23.50	4.32
	税引き前利益	19.40	84.40	78.80	1116.10	325.60	514.50
交通銀行	自己資本率	7.41	9.72	11.20	10.83	14.44	13.47
	不良債権率	n/a	2.91	2.37	2.01	2.05	1.92
	税引き前利益	40.60	71.20	128.40	174.10	310.40	358.20

注：n/aは未公表データ。
出所：工商銀行、中国銀行、建設銀行、農業銀行、交通銀行のHPで公表した年報よって作成。

表4-2 上場銀行株式時価総額ランキング

中国上場ランキング	世界ランキング	銀行名	国	時価総額（100万ドル）
1	4	中国工商銀行	中国	187,885.4
2	13	中国建設銀行	中国	133,228.6
3	21	中国銀行	中国	115,243.1
4	27	JPモルガン・チェース	米国	99,885.4
5	29	香港上海銀行	英国	97,408.9
6	54	ウェルス・ファーゴ	米国	60,345.9
7	62	サンタンデール・セントラル・イスパノ銀行	スペイン	56,198.9
8	64	三菱UFJフィナンシャルグループ	日本	56,136.7
9	83	バンク・オブ・アメリカ	米国	43,657.4
10	88	イタウ・ウニバンク	ブラジル	42,580.8

出所：英フィナンシャル・タイムズ(http://www.ft.com)は2009年5月29日　に発表したFT Global 500 2009のCompanies ranked by sectorによる株式時価総額(2009年3月31日時点)。http://media.ft.com/cms/5f933498-4c41-11de-a6c5-00144feabdc0.pdf

盤整備などの改革が実施された。改革開放後、GDP成長率は年平均10％近くの成長を続けてきたが、株式市場は2001年以降2006年まで長期にわたって株価下落局面が続き、上海株式市場総合指数が一時に1000ポイントに近くまでに下った（図4-1）。当時の中国株式市場は、高速成長による経済パフォーマンスの良さにもかかわらず、長期間にわたって株価下落という異常な状態に陥っていた。その原因は、株式市場における上場企業の情報開示制度、公正取引に関する規制・監督体制などの不備といった市場システムに問題があったと指摘されている。しかし、より大きな問題として、非流通株の比重が大きいために適切な株価形成、株式市場への円滑な投資が妨げられていたことが挙げられる。

　株式市場の設立の目的は、国有企業のあらたな資金調達ルートをひらくことであった。しかし、政府は、国有企業資産の流出のおそれやコントロール権限を手放したくないという思惑から、既存株主保有の株式の売却を認めず、取引所で取り引きされる株式は新規公開発行の株式のみに限定した。国有企

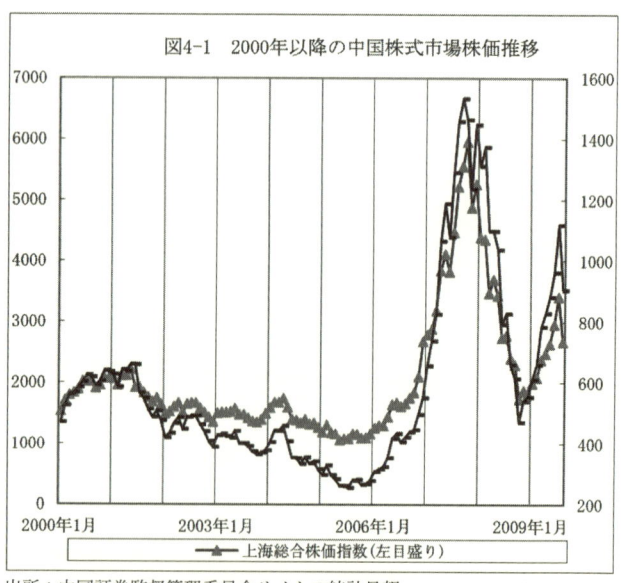

図4-1　2000年以降の中国株式市場株価推移

出所：中国証券監督管理委員会サイトの統計月報
http://www.csrc.gov.cn/n575458/index.html

業の新規株式公開はほとんど株式総数の20％～30％だけだった。それゆえ、上場企業の大半の株は証券取引所で取引することができない「非流通株」となり、後にそれが制度化され、株式市場の拡大に伴い、そうした非流通株は非常に大きな規模になった。上海証券取引所と深圳証券取引所のデータでは、2005年末にすべての上場企業の発行済株式数の約3分の2は非流通株が占めていた（図4-2）。

しかし、非流通株は一般的に純資産をベースに取引価格を決めて場外で取引されてきた。同じ会社の株でも、流通株の価格は平均して非流通株の数倍であった。同一株の価格差は市場における適切な株価形成に悪影響を及ぼすだけでなく、非流通株の価格が低く、株価の上昇が大いに制限され、株式市場のさらなる発達を妨げていた。2001年6月に社会保障基金の充実のための国有株放出に関する暫定方法が発表されたが、株価下落をもたらしたため、頓挫した経緯もあった。

2004年1月31日、国務院は「資本市場の改革開放と安定的な発展推進に関する若干の意見」を発表した（国務院から発表された9条の意見であるた

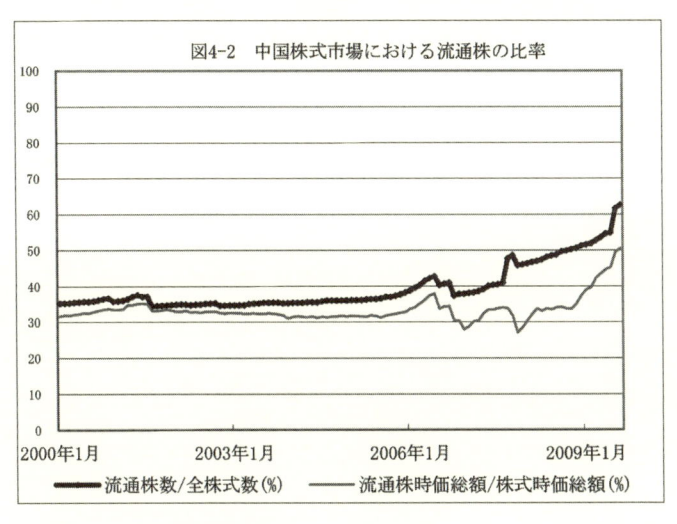

図4-2　中国株式市場における流通株の比率

出所：中国証券監督管理委員会サイトの統計月報
　　　http://www.csrc.gov.cn/n575458/index.html

め、「国九条」と呼ばれる)。この「国九条」は、資本市場設立以来始めて資本市場改革における発展要綱であった。発表された当初はあまり注目されていなかったが、2004年9月13日の国務院常務会議においては、この意見を徹底し、資本市場の発展を全力推進する方針が示されたことでクローズアップされた。

翌2005年4月、「国九条」に基づき、中国証券業監督管理委員会は「上場会社の非流通株改革の試点に関する通知」を発表し、非流通株改革が本格的に始まった。この非流通株改革は、非流通株の株主が取引所での取引が可能になる「流通権」を得るために、流通株の株主に対しての対価を支払うことが今回改革の柱であった。対価としては、流通株の株主に株式の無償譲渡、ワラントの発行、非流通株の売却期間制限である。しかも、この対価は株主総会で決議される[1]ことを前提として進められたため、順調な進捗を見せた。最初の数社において試験的に始まって、これまでにすべての上場企業1434社で、全社の非流通株改革方案が株主総会で決定されている。

非流通株改革の進捗に伴い、株価は2006年半ばから上昇トレンドに転じ、2007年11月上海株式総合指数は一時6000ポイントを超えて、株式時価総額で日本の株式市場を上回って世界2位まで上昇した局面があった(図4-3)。また、これまでにきわめて未発達の債券市場にもメスを入れられ、本格的な市場整備、発行主体の拡大などの措置によって、劇的な発展を見せた。資本市場の改革及び整備は、中国銀行、中国工商銀行、建設銀行、交通銀行の先出資証券発行と国内株式市場の上場を通じて、銀行システム改革を支えることになった。

2005年7月の対米ドル人民元切り上げを発端する為替制度改革により、1997年以降完全に固定的だった人民元の対ドル・レートを元高の方向で調整が行われるようになった。また元高圧力を弱める効果を持つ対外投資(資本流出)規制の緩和も徐々に進められている。しかし、米ドルはユーロ、ポンドなど他国の通貨に対して一貫して大幅に下落したため、人民元も実質的に他国の通貨に対してむしろ元安の傾向にあった。貿易ベースでの人民元実効

第4章　中国型金融制度の形成（2001～）　―グローバル・スタンダードに向けての整備

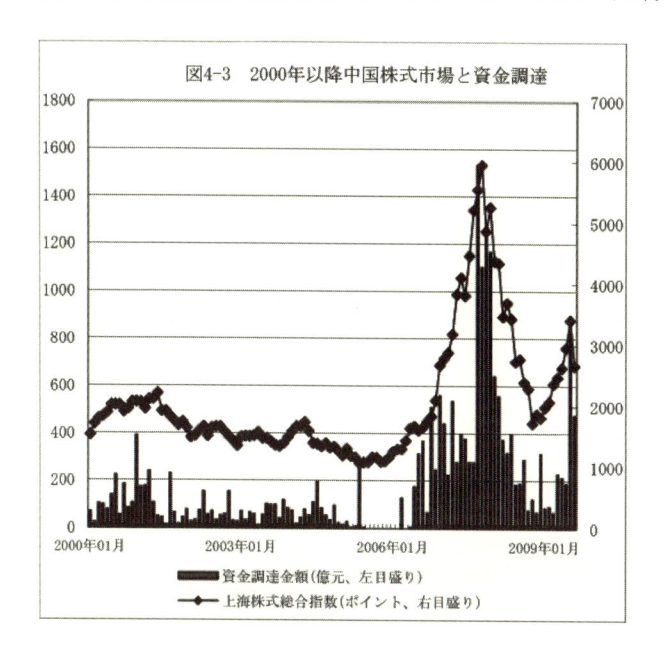

図4-3　2000年以降中国株式市場と資金調達

資金調達金額（億元、左目盛り）
上海株式総合指数（ポイント、右目盛り）

出所：中国証券監督管理委員会サイトの統計月報
http://www.csrc.gov.cn/n575458/index.html

為替レートはそれほど上昇しておらず、中国の輸出入全体の動向に対する基本的な影響は2004～06年には過去10年間で最も低い水準となっていたと分析できる。これは2007年の経常収支黒字が同年GDP比11％までに膨らんだことの主な要因であると考えられる。

　貿易収支黒字是正の一環としてはこれまでに以上の対ドルの元高を許容する必要があるが、中国の産業調整、内需拡大などは時間をかけて調整すべきだと考えられた。長期かつ大幅な貿易・経常黒字、流入し続ける直接投資、人民銀行の為替市場介入などによって、外貨準備が次第に2兆ドルを超えることになった。為替レートの弾力化、資本取引・資金流出入自由化に向けてさらなる政策的な調整は必要となった。

中国型金融制度

1. 国有商業銀行改革を中心とした銀行システムの健全化

　前章で述べたように、1990年代半ば以降、政府は国有商業銀行の健全化に本格的に取り組んできたが、2000年以降、国有商業銀行の不良債権残高、不良債権率はともに再び上昇に転じ、さらなる不良債権処理が求められた。国有商業銀行は再び過小資本あるいは資本不足に陥っていた。WTO加盟による金融サービス市場の開放は段階的に行われ、5年の移行期間経過後、2006年末にはほぼ全面的に開放されることになっていた。中核的な存在である国有商業銀行における不良債権問題の抜本的解決は、もはや金融制度改革の最大の緊急課題となった。

　これを受け、2003年以降、政府は豊富な外貨準備を利用して中国銀行、建設銀行、工商銀行、農業銀行に次々に大規模な資本注入を行い、2度目となる不良債権の切離しを行った。さらに従来の資本金と留保利潤で不良債権の処理を加速させ、優先株の発行で銀行の財務基盤を充実させ、資本過小あるいは資本不足を解消することで銀行財務の健全化を図った。同時に、世界的な金融機関を戦略的投資家として資本参加を求め、単なる資本提携ではなく、むしろ将来的に経営体制の向上、コーポレート・ガバナンス問題の改善、新商品開発などの提携などにつながると期待された。戦略的投資家からの資本参加後、国有商業銀行にとっての最大の課題は香港市場に株式を上場することであった。上場の目的は資金調達だけでなく、株主の多様化、株式市場における定期の財務情報公開など市場からの監視が国有銀行の経営の質の向上、コーポレート・ガバナンス問題の改善につながると考えられた。こうして農業銀行が2010年7月最後に上場し、5行すべてが香港市場と上海市場に上場して、株価時価総額、税引き前利益、自己資本率などなど経営財務指標から見ては、世界的な超メガバンクに成長している。

　株式制銀行はこれまでに順調に発展を遂げてきたが、深圳発展銀行、光大銀行など株式制銀行の一部は、経営不振・不良債権などの問題に陥った。こ

れらの銀行は、不良債権処理、財務基盤強化のため、外国戦略投資家の受け入れ、資本注入などの措置を採用して、経営業績、財務指標を急速に回復し、成長を続けている（表4-3）。

表4-3　中国主要銀行総資産トップ11

番付	銀行	総資産（億元）
1	中国工商銀行	97,576.5
2	中国建設銀行	75,554.5
3	農業銀行	70,143.5
4	中国銀行	69,556.9
5	交通銀行	26,782.6
6	郵政貯蓄銀行	20,000.0 *
7	招商銀行	15,718.0
8	上海浦東発展銀行	13,094.3
9	中信銀行	11,878.4
10	民生銀行	10,543.5
11	興業銀行	10,209.0

注：郵政貯蓄銀行データは、当行総行副行長姚紅が福州でのインタビューによるものである。
出所：各銀行発表した2008年度報告書によって作成

地方都市商業銀行、都市信用社については、銀行システム改革の一環として、中央政府、人民銀行及び地方政府の支援の下で、株式制銀行（全国性ではなく所在地の地方を中心にして展開する）への移行の動きが見られる。また、海外の銀行・金融企業を外国戦略投資家として受入、自己資本の増強とともに、外資銀行の経営経験、技術などを利用することが可能になる。上海銀行、北京銀行を代表とする地方商業銀行は、地方政府をバックにして、経営の柔軟性を生かして地方プロジェクトへの積極的な参加によって、急速に成長している。

農村信用社の不良債権比率は40％をも超えていたため、これまで金融改革が先送りされてきたが、2003年6月、国務院は吉林省など8省（市）を試験モデルとして農村信用社改革の実施を決定した。この改革の柱は、信用社管理権限を省政府に与え、各省政府は状況に応じて所有制を明確にしたうえで、従来の信用社を新型の連合信用社、農村商業銀行あるいは農村合作銀行などの経営体制に変更して、政府の支援政策をバックに信用社の速やかな不良債権処理、経営体質の強化を図った。試験モデルによる各省の信用社改革は順調に進められ、自己資本比率や不良債権比率が大幅に改善され、2004年に10数年ぶりに営業収益の黒字を達成した。この試験改革の結果を受けて、農村信用社改革は順次全国に拡大した。農村信用社は2004年末の3万4577社から2008年末時点では、農村商業銀行22行、農村合作銀行163行、県（市）

の農村信用社統一法人1966社の体制に移行した。自己資本比率や不良債権比率の指標は大幅に改善され、貸出残高3.7兆元、利益545億元を達成している。

　こうした国有商業銀行改革を中心とした銀行システム改革はおおむね順調に進み、銀行システムにおける不良債権問題処理が終盤に入った2008年末、自己資本比率8%超の目標達成銀行の総資産が銀行セクターの総資産の99%以上に占めた。2009年6月末時点の銀行セクターにおける不良債権比率が2%まで切り下げられ、きわめて強固な銀行システムは出来上がっているといえる。この銀行システム改革は、グローバル・スタンダードに向けて中国の銀行システムの整備が大幅に進捗したことを示している。

1.1　国有商業銀行を中核とする中国の銀行システム

1.1.1　銀行システムの現状

　中国の銀行システム（2008年末時点）は、国家政策銀行3行、国有商業銀行5行、株式制商業銀行12行、地方都市商業銀行136行、農村商業銀行22行、農村合作銀行163行、城市信用社22社、農村信用社4965社、郵便貯蓄銀行1行などで構成されている。これらの正式の（フォーマルな）銀行部門のほかに、政府の認可を受けていない貸金業などのインフォーマルな金融機関は、地場の民間企業などに融資を行っている。特に民間企業活動が活発な浙江省、広東省などの沿岸部南部地域では、非公式の金融機関の役割は大きく、地方政府は事実上黙認していると言われている。

　国有商業銀行5行のうち、中国農業銀行を除く4行が香港証券取引所と上海証券取引所に上場されている。株式制銀行12行の内では、深圳発展銀行、上海浦東発展銀行、中信銀行などの8行がすでに上海証券取引所に上場している。

　アメリカのサブプライムローン問題に端を発した世界金融危機のなかで、欧米の銀行大手各社の株価が急落し、資産状況が大幅に悪化ている一方、中国工商銀行、中国建設銀行、中国銀行は2009年3月末の株式時価総額ベース

における世界銀行ランキングのトップ3を占めており、経常収益などの財務指標、総資産でも世界上位に並んでいる。

1.1.2 国有商業銀行の中核的な地位

国有商業銀行5行[2]は中国の銀行システムにおいて極めて重要な地位を占めている。1980年代初期、国有専業銀行4行は銀行セクターの総資産・預金・貸付のほぼ90％以上占め、1990年代半ばでも国有商業銀行のシェアは7割以上であった。その後、国有商業銀行のシェアは低下しつつはあるが、依然として50％以上占めており、銀行システムの中核的な存在である。2009年6月の銀行セクター総資産に占める各銀行のシェアをみると、株式制商業銀行が急速な成長を見せているものの、国有商業銀行が52.2％、株式制商業銀行が14.7％、地方都市商業銀行が6.7％、その他が26.4％となっている[3]。

そして中国の非金融企業の資金調達は依然として銀行融資が主体であり、株式新規発行、社債発行が近年増加してきているが、銀行融資による資金調達はいまだに圧倒的なシェアを占めている（表4-4）。従って、現在でも銀行セクターの50％以上を占める国有商業銀行は、銀行セクターのみならず中国金融制度全体でも中核的な地位を持っている。また国有商業銀行は国債や政策性銀行発行の金融債の最大の引き受け手でもある。短期金融市場においては、唯一の資金の出し手として、他の銀行、保険会社、証券会社、その他金融機関に資金を供給しており、これらの点でも、国有商業銀行は中国金融制度の中核的な存在となっている。

表4-4 非金融企業の資金調達状況

単位：億元・％

	2008		2007	
	資金調達総額	比率	資金調達総額	比率
資金調達総額	59,984	100.0	49,817	100.0
銀行貸付	49,854	83.1	39,205	78.7
株式	3,657	6.1	6,532	13.1
企業債	5,446	9.1	2,290	4.6

注　：2007年の国債発行量は中国投資公司の設立のための特別国債発行を含まない
出所：中国人民銀行「四半期通貨政策執行報告」によって作成。

表 4-5　国有商業銀行の従業員人数と営業拠点数

単位：人・箇所

	従業員	営業拠点
農業銀行	441,883	24,064
工商銀行	385,609	16,386
建設銀行	298,581	13,629
中国銀行	249,278	10,789
交通銀行	77,734	2,636

出所：農業銀行、工商銀行、建設銀行、中国銀行、交通銀行の 2009 年度報告によって作成。

　国有商業銀行の営業拠点数や職員数で見ると、その大きさはさらに際立っている。1990 年代末以降、国有商業銀行改革の一環として、大規模な人員リストラと同時に県レベル支店の撤退、非採算営業拠点の閉鎖など経営体制改革が実施されたため、営業拠点と従業員は、大幅に削減されたものの、2009 年現在、国有商業銀行の営業拠点と従業員人数は、中国銀行が 1.1 万カ所＝ 24.93 万人、中国建設銀行が 1.3 万カ所＝ 29.86 万人、中国工商銀行が 1.6 万カ所＝ 38.56 万人、中国農業銀行が 2.4 万カ所＝ 44.19 万人である（表 4-5）。ちなみに日本の 3 大銀行グループの従業員は、三菱 UFJFG フィナンシャルグループ、みずほフィナンシャルグループと三井住友フィナンシャルグループがそれぞれ 7.8 万人、4.5 万人、4.6 万人であるだけに、中国国有商業銀行の規模の大きさがいかに大きいかがわかる。

1.1.3　銀行監督管理体制

　改革開放以降、中国人民銀行は中央銀行機能に特化し、独立性を高めようとする改革を続けてきた。人民銀行は、これまでに証券業を証券業監督管理委員会に、保険業を保険業監督管理委員会にそれぞれ監督管理権限を分離したが、2003 年の時点では、通貨政策の制定など金融マクロ政策運営の機能だけではなく、銀行業に対する監督管理も担当していた。そこで国務院は、中国人民銀行の銀行業監督機能を分離して新たに創設する銀行業監督管理委員会（銀監会）に委ねることが決定した。それを受け、2003 年 3 月の全国人民代表大会においてそれを追認して、同 4 月に中国銀行業監督管理委員会が正式に成立した。同年末それに関連する「中華人民共和国銀行業監督管理法」

の制定、「中華人民共和国中国人民銀行法」の改正、「中華人民共和国商業銀行法」の改正が行われ、一通り法的整備が整えられた。

中国の銀行監督管理制度は非常に不完全であると以前からも度々指摘されてきた。銀行の信用供与など銀行経営に対する監視が機能しないため、90年代乱立した信託投資会社などノンバンクの不動産関連分野への融資が野放図に拡大し、金融秩序の混乱を招き、銀行業に対する監督管理のノウハウと技術などの不足がその金融混乱に拍車をかけたといわれている。国有商業銀行の不良債権処理を中心とする金融改革には金融監督管理強化が不可欠であることを、政府は痛感していた。

こうした人民銀行と銀監会の役割をそれぞれ明確にして、従来の証監会（証券業）、保監会（保険業）と並んで、3つの金融監督管理システムが形成された。なお、人民銀行の責務については、金融マクロ政策運営に金融安定の維持を追加した。中国の金融安定維持の観点から、人民銀行は実質的に国有商業銀行改革の主導権を握り、推進してきた。

銀監会は銀行、金融資産管理会社、投資信託会社、その他預貯金を取り扱う金融機関の統一的な監督・管理を行い、銀行業の合法的かつ安定した運営を維持する責務を担当する。これまでに不良債権処理、リスク管理指針、業務指導などを通じて、中国銀行システムの健全化に大きく貢献している。

しかし、先進国では銀行・証券・保険の融合により幅広い金融商品を提供する金融コングロマリット（複合企業）が進んでいる。その一例が保険大手平安集団による深圳発展銀行の買収[4]である。こうした金融複合企業に対する監督体制と現在の分業監督体制とのギャップが現れはじめ、中国金融監督体制における大きな課題となっている。

1.2 不良債権問題への対応
1.2.1 依然として深刻な不良債権問題

アジア通貨危機のなかで、中国政府は韓国、タイ、インドネシアが危機に陥ったのはそれぞれ金融制度が脆弱であったからだという認識を持った。そ

こで、中国政府は自国の金融制度のアキレス腱とも言うべき国有商業銀行の不良債権問題の解決に本格的に乗り出した。まず2700億元の特別国債による資本注入と1.39兆元の不良債権の切り離しを行った。これら支出の合計額は、1999年中国GDPの約6分の1に上った。しかしこれらの措置はその場しのぎにすぎなかった。国有商業銀行の所有制、コーポレート・ガバナンスなど内部経営体制が旧体制のままであったため、不良債権問題が再び発生した。2002年末、4大国有商業銀行の不良債権残高2.1兆元、不良債権比率25％に上昇した。

　国有商業銀行不良債権の処理コストは、銀行利益で長期間に処理する以外どの方法をとってもいずれ結果的に国の負担になりかねない。今回の国有商業銀行の不良債権の処理も、銀行自身の利益だけで処理できる規模ではなかった。当時の国有商業銀行は利益がほとんどなかった。結局膨大な財政資金（税金）の投入が必要であった。したがって、すでに発生した不良債権についてはできるだけ処理コストを少なくする（つまり債務者からの回収率を高める）形で解消する必要があった。また現状のままでは、将来さらに不良債権が拡大するので、銀行経営の体制を抜本的に変革する必要があった。市場経済における銀行部門は、貯蓄された資金を最も生産的な用途に配分するという重要な機能を持ち、経済活動の血液を送る血管である。不良債権を抱えて過小資本状態が放置され、これまでのように政府介入や銀行幹部の汚職によって融資案件が決まるような経営体制が続くならば、銀行の金融仲介機能は完全に機能不全に陥り、長期的な持続可能な経済成長の実現は限りなく困難となる。

　国有商業銀行の不良債権は同時に国有企業の不良債務である。それは国有企業所有体制の改革が遅れたために発生したもので、通常のバブル崩壊などによる深刻な景気後退によって生じたものではない。計画経済から市場経済への移行過程で生じた中国特有の最大の「移行コスト」であり、中国の経済改革の完成には乗り越えなければならない「大きな山」であった。

1.2.2　不良債権処理：資本注入と不良債権の再分離処理

　前述のように1999年に国有商業銀行の1.39兆元の不良債権を帳簿価格で資産管理会社に切り離したが、すべての不良債権を移管したわけではなかった。銀行に残された不良債権は2001年から本格的に導入された銀行貸出債権5級分類基準の変更によって新たに認定された。その分の不良債権と2000年以降新規発生した不良債権の合計額は2002年末には2.1兆元に上り、不良債権比率が25％に悪化した。これらの不良債権を処理するためには十分な自己資本と高い収益力が必要であるが、収益力が低い国有商業銀行にとっては、2700億元の特別国債による資本注入だけでは、不良債権処理を進めるに全く不十分であった。

　2006年の外資銀行業務規制の撤廃に向けて、2003年末に中国政府は国有商業銀行のうち中国銀行と建設銀行に対して各225億米ドル（1862億元相当）、合計450億米ドルの資本注入を行った。この外貨準備による資本注入を皮切りに、国有商業銀行の株式制改革はスタートした。

　この資本注入メカニズムは、中国人民銀行が豊富な外貨準備のうちから450億ドルを拠出して、「中央匯金投資有限公司」を設立し、この投資会社が国有商業銀行に出資するという形をとった。2005年に中国工商銀行に150億ドル（1240億元）、2008年に中国農業銀行に190億ドル（1300億元）、合計790億ドルの資本注入が実施された。政府はこの外貨準備による資本注入が各銀行の状況によってケースバイケースという政策をとった。すなわち、各銀行の株式制転換への準備、不良債権処理状況などの進捗にあわせて適切な方式で資本注入を行った。4大国有商業銀行への資本注入は、これまでの資本金、剰余金など純資産をすべて不良債権処理の引当金か累計赤字補填かに当てるという処理と同じだった。なお、中央匯金投資有限公司は中国銀行と中国建設銀行の株を100％保有していたが、中国工商銀行と中国農業銀行に対しては、財政省とそれぞれ50％ずつを保有する構造となった[5]（表4-6）。具体的には、これまでの中国人民銀行のバランスシート上にある外貨準備（資産）を取り崩して、資本注入を受けた銀行はそれぞれに外貨としてバラン

表 4-6 中央匯金公司の投資先と投資金額一覧

時期	投資先	金額（億ドル）	所有株（%）[1]	資金調達先
2003/12	中国銀行	225.0	67.52	外貨準備
2003/12	建設銀行	225.0	57.09	外貨準備
2004/6	交通銀行	3.6	7.68	融資[4]
2005/4	工商銀行	150.0	35.41	外貨準備
2005/7	銀河金融持ち株会社	6.6	78.57	融資[4]
2005/9	申銀万国証券	3.1	37.23[2]	融資[4]
2005/10	国泰君安証券	1.2	21.28[3]	融資[4]
2007/4	中国再保険株式会社	40.0	85.50	外貨準備
2007/11	光大銀行	27.0	70.88	融資[4]
2007/12	国家開発銀行	200.0	48.70	外貨準備
2008/10	中国農業銀行	190.0	50.00	外貨準備
		計 1071.5		

注1：2008年12月31日時点の比率である。
注2：同時に貸付金15億元を融資する。
注3：同時に貸付金15億元を融資する。
注4：交通銀行、銀河金融持ち株会社、申銀万国証券、国泰君安証券、光大銀行への資本注入は人民元で行った。投資金額は投資時の為替レートで米ドルに換算した金額である。
出所：中央匯金投資公司の公開データより作成（参照ウェブサイ http://www.huijin-inv.cn/investments/investments_largeview.html）、なお所有株比率は各社の公開資料による。

スシートの資産が増加する。なお、資本注入時の為替レートでいつでも人民元に両替できるように人民銀行は保証している。しかし、この外貨準備は財政資金ではなく、人民元価値の維持のための人民銀行の資産であるだけに、両替される時点で何の保証も無く人民元を印刷し市場に放出することになり、将来的にインフレになりかねない。人民銀行は外貨のまま資本注入したため、人民元の貨幣供給に影響しないと解釈している。

1.2.3　国有商業銀行不良債権処理

　外貨準備を利用しての資本注入を皮切りに国有商業銀行の不良債権問題処理は加速した。更なる不良債権の切離しと資本注入によって、その解決に向け重要な進展が見られた。今回の不良債権は各銀行の状況に合わせて、ケースバイケースで処理された。

　中国銀行、工商銀行、農業銀行は建設銀行と同じく資本注入、不良債権の再切り離し、財務的再編などを経て自己資本率を大幅に改善させる同時に不

良債権比率を劇的に低下させた。

1.2.4 加速した国有商業銀行改革

しかし、不良債権の切り離しや資本注入は発生してしまった過去の問題への対応であって、銀行経営のあり方が変わらなければ新たな不良債権が発生し、銀行部門の脆弱性はいつまでも解決できない。今後に向け銀行経営を改善・強化するためには、まず銀行経営の健全性を確保するためのプルーデンシャル規制を守らせる監督業務が不可欠である。銀行業の監督については、2003年に銀行業監督管理委員会が創設され体制が整備されたが、今後公正で厳格な監督業務ができるような行政能力を高めていくことが課題となっている。

監督業務の強化以外に銀行改革として、2つの注目すべき動きがあった。第1は、「戦略的投資家」として有力な外国金融機関からの出資を受入れたこと、第2は、国有商業銀行の香港証券取引所への上場である。

1.2.5 戦略的投資家の受入

従来、外国金融機関による国内銀行への出資は原則的に禁止という厳しい規制があった[6]。2001年から中規模銀行への出資が限定的ながら認められるようになった。そして2003年末には、出資の条件をより明確にし、また出資の限度額も引き上げる政策を打ち出した。

そうした条件のもとで国内銀行に資本参加する外国金融機関は「戦略投資家」と呼ばれる。「戦略投資家」は、①株式保有期間は3年以上、②原則として取締役を送り、また上級の専門職員を派遣して経営管理技術を直接伝授することが奨励される、③国内銀行について戦略投資家1社の株式保有比率は原則5％以上で最大20％まで、戦略投資家合計の株式保有比率は最大25％までなどの条件のもとで認可される。

2003年末の政策変更を受け、2004年には当時株式制銀行最大手の交通銀行へのHSBCの出資が決まり、2005年には国有商業銀行3行（中国農業銀行を

除く)に対するゴールドマンサックス、ロイヤル・バンク・オブ・スコットランド、バンク・オブ・アメリカなどの出資が行われた。最も基幹的な産業である銀行業において中核的な位置を占める国有銀行に、外国金融機関の資本参加を認めるということは、中国の経済改革における1つの画期的な出来事であるとも言えよう。中国人民銀行などの公表資料によると世界から中国の各銀行への資本投資は2008年末までに合計31の銀行、総額327億ドルに上った(表4-7)。

外国金融機関は出資先の国内銀行に対して経営技術援助することが義務付

表4-7 外国金融機関による国内銀行の資本参加一覧

	主な外資出資者	出資額	出資比率
中国建設銀行	バンク・オブ・アメリカ(米)	25.00億ドル	9.00
	アマセック(シンガポール)	14.00億ドル	5.10
中国銀行	アマセック(シンガポール)	31.00億ドル	10.00
	RBS(英)	31.00億ドル	10.00
	UBS(スイス)	5.00億ドル	1.60
中国工商銀行	ゴールドマンサックス連合	37.80億ドル	10.00
興業銀行	恒生銀行(香港)	17.25億元	15.98
	Tetrad Ventures Pte Ltd(シンガポール)	5.40億元	5.00
	国際金融公社(IFC)	4.32億元	4.00
交通銀行	HSBC(英)	144.61億元	19.90
上海銀行	HSBC(英)	5.17億元	8.00
	国際金融公社(IFC)	4.16億元	7.00
	上海実業銀行(香港)	1.94億元	3.00
深圳発展銀行	ニューブリッジ・キャピタルグループ(米)	12.35億元	17.89
南京商業銀行	国際金融公社(IFC)	2.19億元	15.00
済南市商業銀行	コモンウェルス銀行(豪)	0.22億豪ドル	11.00
中国民生銀行	アマセック(シンガポール)	1.00億ドル	4.55
	国際金融公社(IFC)	0.24億ドル	1.22
上海浦東発展銀行	シティバンク(米)	0.76億ドル	5.00
西安市商業銀行	スコッティア銀行(カナダ)	0.27億元	2.50
	国際金融公社(IFC)	0.54億元	2.50
中国光大銀行	アジア開発銀行	n.a	3.00
北京銀行	INGグループ(オランダ)	17.80億元	19.90
	国際金融公社(IFC)	4.47億元	5.00

出所:各銀行の公開資料によって作成。

けられている。各銀行の公表された資料によると資本参加した外国金融機関は既に与信リスク管理など銀行業務研修や幹部研修など各種の研修を中国国内、香港、米国などで実施している。少数株主に過ぎない外国金融機関が、問題山積の中国の銀行の経営を改善できる余地は限られるとの悲観的な見方もあるが、こうした研修による基本的な金融業務のスキルアップがある程度は期待できるであろう。それに加え、少数株主とはいえ最大25％の株式を保有する外国金融機関による経営効率化への圧力は、中国の銀行の経営者の行動に少なからず良い影響を与えると考えられる。なお、消費者金融、クレジットカード事業などはそうした技術的な支援によって急速に拡大して、銀監会の発表では、2008年末クレジットカードの発行数がすでに1400万枚を超えた。

　一方、資本参加する外国金融機関にとってはどうであろうか。外国金融機関の資本参加の目的は、基本的には急速に成長している中国の金融市場への参入の足がかりとすることにあると考えられる。中国はWTO加盟時の合意に従い、外国銀行による元建ての預金・融資業務を段階的に解禁し、2006年末には全面的に解禁した。外国銀行にとっては支店網の構築コストや地元企業の信用リスクに関する情報不足などから、元建て取引が解禁されても事業の拡大を図るのは容易でない。したがって、既に支店網、広範な顧客層を持っている有力国内銀行とタイアップすることによって有利な事業展開を期待することができる。

　また、中国では外国銀行にとって地場企業の信用リスク情報の入手は困難だが、戦略的投資家になった外国銀行は、出資先銀行が有している潜在的顧客の未整理・未分析の信用リスク関連情報に触れることによって、今後の元建て銀行業務の展開を戦略的に策定しようとしていると推測される。

　戦略的投資家には欧米の投資銀行も含まれる。国有商業銀行に資本参加した投資銀行の場合、後述の株式上場に際して発行引受幹事会社となり、多額の手数料収入が入ったこと、また上場による株価上昇で保有株式に大幅な評価益が出ていることから、今回の出資は既に短期間のうちに大きな利益を生

んでいる。しかし今回の資本参加の基本的な目的は長期的なもので、有力国内銀行とタイアップすることによって同投資銀行の中国国内でのブランドを確立することに主眼があると見られている。

　経営基盤が極めて脆弱な中国の銀行に多額の出資を行いコミットすることは、外国金融機関にとってすくなからずリスクのある投資と言えるだろう。後に各商業銀行は次々と上場して株価がかなり上昇したため、資本参加の外国金融機関は多大な利益を得た。世界金融危機の最中、バンク・オブ・アメリカをはじめ各資本参加外国金融機関は、保有していた中国銀行株を処分して他の損失を補填するケースが続出した。中国の銀行と資本参加外資金融機関両方ともに大変なメリットを出した。

1.2.6　国有商業銀行の株式上場

　政府は国有商業銀行の株式を香港市場に上場することによって、国有商業銀行のコーポレート・ガバナンスの強化を目指した。本来株式市場への上場は、株式市場からの資金調達の道を開くことに基本的な目的がある。しかし、中国の国有商業銀行の香港市場上場の場合は、資本充実によって財務基盤を強化できるというメリットは確かにあるが、むしろ上場の重点は、株式市場を通じて銀行の経営を投資家の監視の下に置くことによって銀行のコーポレート・ガバナンスを強化するという点にあると考えられる。これまでに、国有商業銀行5行、招商銀行が香港上場を果たしている。

　国有商業銀行を上場するためには、まず国有の特殊会社の形態「国有独資商業銀行」から株式会社組織に再編する必要がある。2004年に中国銀行と中国建設銀行、2005年には中国工商銀行、2008年には中国農業銀行が相次いで株式会社へ再編された。それによって、前述の戦略投資家の出資も可能となり、そして、2005年に中国建設銀行が香港市場に、2006年には中国銀行と中国工商銀行が香港市場および上海市場に上場された。

　3行の香港上場は一般投資家向け、機関投資家向けともに超過予約申込み（oversubscription）となり、特に一般投資家向けは過熱状態となり、外国投資

家の期待の高さを示すものとなった。国内の投資家にも投資の機会を与える配慮から、中国銀行と中国建設銀行の株式は一部上海市場でも上場されたが、香港市場でのフィーバーぶ

表 4-8　国有商業銀行 IPO

銀行	上場市場	上場時期	IPO 金額
建設銀行	香港市場	2005 年 10 月	94 億ドル
	上海市場	2007 年 9 月	77 億ドル
中国銀行	香港市場	2006 年 6 月	97 億ドル
	上海市場	2006 年 7 月	25 億ドル
工商銀行	上海、香港市場同時上場	2006 年 10 月	59 億ドル
			160 億ドル
交通銀行	香港市場	2005 年 6 月	19 億ドル
	上海市場	2007 年 5 月	33 億ドル

出所：建設銀行、中国銀行、工商銀行、交通銀行の上場公告によって作成。資金調達額は当時の為替レートで換算した

りを受け大幅な超過予約申し込みとなり、上場後の株価上昇も大幅となった。上場時の新株発行で 3 行は、合計で約 434 億ドルの資金を調達した（表 4-8）。特に中国工商銀行の株式発行額 220 億ドルは、世界最大の IPO 資金調達額の記録を塗り替えた。

　上海の株式市場は、上場企業の情報開示や公正取引のための規制の面で依然未発達なので、上海証券取引所への上場が国有商業銀行のコーポレート・ガバナンスに与える良い影響はあまり期待できない。しかし、情報開示制度や投資家保護規制の面で先進国レベルにある香港証券取引所への上場が国有商業銀行の経営にもたらす影響は無視できない。これまで国有商業銀行の会計情報の開示は極めて不完全であったが、今後は上場維持のために香港証券取引所や香港の証券市場監督機関が要求するより厳格でタイムリーな情報開示が必要となり、銀行経営の透明性が増す。また、経営業績に敏感に反応する株価の変動、機関投資家向けの定期的な説明会（IR）などを通じて、銀行経営陣は収益向上への投資家の要求に常にさらされることになり、銀行経営の効率化へのプレッシャーが働くことが期待できる。

　交通銀行、建設銀行、中国銀行、工商銀行など国有商業銀行は、上記のように香港市場と上海市場に上場を果たした。ここでは、建設銀行を具体的な例として、国有商業銀行資本注入・不良債権処理・財務基盤強化・外国金融機関の資本参加・上場の過程を明らかにしたい。

1.2.7 建設銀行の不良債権処理と自己資本充実

　1998年の2700億元特別国債発行による資本充実に際し、建設銀行は約492億元の資本注入を受入れた。1997年末の資産ベースで自己資本比率が8％を上回ったものの、1998年末にすでに8％を下回った。また1999年の不良債権切離しでは、2500億元不良債権を「信達資産管理公司」に移管した。対価として、2470億元の財政担保中央銀行コマーシャルペーパーと30億元の現金を受け取った。大幅に減少した不良債権残高は2000年以降再び急速に伸びて、2003年末にすでに切離し前の残高を上回った。

　2003年末の225億ドル（1240億元）の外貨準備による資本注入時は、建設銀行の純資産が－1155億元で、141億元の資産再評価益を控除してなお1013億元の資本不足であった。この資本不足に対して、中国人民銀行、財政省はそれぞれの補填措置をとった。まず2003年末建設銀行に帳簿価格1289億元の不良債権を割引率50％の価格で中国人民銀行が暫定的に買取り、建設銀行はこの664.5億元を未収金として計上した。なお、この1289億元の不良債権の評価価格は286億元であるために、売却額から引いて約358億元の利益が生じ、それを資本不足に補填した。同年6月建設銀行と信達資産管理公司はこれら不良債権を644.5億元の価格で買取りに合意した。同時に人民銀行発行の同額特別コマーシャルペーパーを受け取った。残りの655億元に対して、政府は中央匯金公司の配当金と所得税で補填することを保証した。2005年6月1日に、中国財政部と国家税務総局は建設銀行の2004年度純利益約484億元のうち417億元と2005年前期の前純利益283億元のうち約238億元を不良債権処理準備金に当てるという通知を出して、これで累積赤字を埋めた。

　2004年6月、政府の資本充実政策の一環として、政府と人民銀行の委託で建設銀行が信託会社の資産債務を整理するために生じた立替金を中国人民銀行が新たに発行した210億元のコマーシャルペーパーと引き換えした。また、建設銀行が保有している特別国債の金利を2.25％に改定した。さらに、劣後債の発行によって自己資本比率を向上させた。国有商業銀行また国有専業銀行時代を含めて、これまでは国有であったため国の保証で資本調達する必要

がなかったため、自主的な長期資本調達は一度も無かった。2004年、中国銀行業監督管理委員会の承認を経て、2005年までに総額400億元の劣後債による付属資本補足をすることになった。同年8月インターバンク市場で初の150億の劣後債を発行した。それから総額400億元の劣後債をインターバンク市場で調達した。

これらの内部資産再建を経て、2004年9月17日、従来の中国建設銀行を分割して、従来の銀行業務を引継ぐ中国建設銀行株式公司と銀行業務以外の事業を引継ぐ中国建投公司がそれぞれ成立した。同時に中国建投は銀行以外の業務を引受け、中央匯金公司の100％子会社として設立された。株主は中央匯金公司（200億ドル、85.228％）、中国建投（25億ドル、10.653％）、国家電網公司（1.545％、30億元）、上海宝鋼公司（1.545％、30億元）、中国長江電力株式会社（1.030％、20億元）である。

これら一連の措置の結果、2004年末建設銀行は不良債権残高873億元、不良債権率は3.92％に下がり、自己資本率は11.29％（自己資本2560億元）に上昇した。

そして2005年6月には戦略的投資家として、米商業銀行第2位のバンク・オブ・アメリカとシンガポールのテマセックグループのアジア金融公司の出資を受け入れた。国際金融グループから出資を受けて、信用力補強効果に加え、企業統治や商品開発力、営業力などに秀でた国際金融グループの人材を受け入れることができ、こうした分野の改善効果が見込まれた。バンク・オブ・アメリカは専門チームを9月に建設銀に派遣し、同行の業務や管理の改善、特にリスク管理の向上に乗り出した。中央匯金公司はバンク・オブ・アメリカに1株約1.15元で25億米ドル、9.0％の株を譲渡した。新規公開上場（IPO）の時、公募価格で5億米ドルの株を買い増し、また、2011年まで19.9％までのオプションを与えた。後にテマセックグループのアジア金融公司に同価格で14.66億米ドル、5.1％を譲渡し、また、IPOの時、公募価格で10億米ドルの株を買い増すオプションを与えた。銀監会によると、2005年6月30日、建設銀行は不良債権率が3.1％、自己資本比率が10.7％である。

2005年10月27日、建設銀行は中国4大銀行として初めて香港株式市場に株式を上場した。直前10月14日の公募では一般投資家向けの購入申し込み倍率は42倍と高い人気を集めた。上場したのは香港ドル建てのH株（香港上場の中国本土企業株）である。最終的には、公募価格を2.35HKドルとし、約622億香港ドル（約9330億円）を市場から調達した。新規株式上場に伴う調達額としては当年の世界最大であった。

1.3 健全な商業銀行システムの確立
1.3.1 金利規制による利ざやの確保

資本注入、不良債権処理への政策支援などを中心に国有商業銀行の建て直しを説明してきたが、中国の銀行システムにおける厳格な金利規制は、事実上銀行部門の不良債権処理など健全な銀行部門の確立に役立てることを目指すものであった。現在では、中国の金利政策はかなり自由化が進んでいるといえるものの、銀行の預金金利、貸出金利ともにいまだに厳しく規制されている。実際の運営では、預金金利の上限と貸出金利の下限を規制する方式がとられている。従来は預金・貸出金利の下限と上限が規制されていたが、2004年に預金金利の下限規制と貸出金利の上限規制が撤廃された。この結果、銀行は下限以上の貸出金利を自由に付けることができるようになった。つまり、貸出金利の上乗せはできるが、競争による金利下げが禁止されたため、銀行にとっては好都合な規制体制となっている。こうした厳しい金利規制のおかげで銀行は十分な利幅を確保することができ、不良債権の処理、経営基盤強化などを進めることができた。

また中国の期間1年の預金基準金利と貸出基準金利の推移を見ると、その利幅は1990年代半ばには1％程度であったが、1999年以降は3％台に拡大し、2006年では3.6％となっている（表4-9）。中国銀行の2006〜08年の「純利子収入／総資産」比率は平均して2.39％で、世界的にもかなり高い水準にある。政府の規制によって、銀行は十分な利ざやが確保できる仕組みになっている。なお、世界的な金融危機の中では、金融緩和政策が実施され、利下げ

の結果、銀行の利幅がかなり縮小している。

こうした金利規制による高い利益の確保は、中国の銀行部門の健全性を高めることに大いに役立っている。さらに高い経常利益の一部は不良債権処理の原資となっている。上場している国有商業銀行の不良債権引当率（引当残高／不良債権額）は2000年にほぼゼロから2008年にともに100％を超えており、不良資産規模が最も大きい中国農業銀行でも、不良債権引当率（引当残高／不良債権額）は2000年のほぼゼロから2008年の63.53％まで大幅に向上した（各銀行の2008決算報告書による）。ちなみに中国農業銀行は不良債権処理の貸倒引当金の計上が、実質的に引当計上前の銀行利潤の約半分以上を占めていた[7]（2008年報による）。

表4-9　貸出金利と預金金利の推移（1年もの）

利息調整日付	預金金利	貸出金利	利ざや
1991/4/21	7.56	8.64	1.08
1993/5/15	9.18	9.36	0.18
1993/7/11	10.98	10.98	0.00
1996/5/1	9.18	10.98	1.80
1996/8/23	7.47	10.08	2.61
1997/10/23	5.67	8.64	2.97
1998/3/25	5.22	7.92	2.70
1998/7/1	4.77	6.93	2.16
1998/12/7	3.78	6.39	2.61
1999/6/10	2.25	5.85	3.60
2002/2/21	1.98	5.31	3.33
2004/10/29	2.25	5.58	3.33
2006/8/19	2.52	6.12	3.60
2007/3/18	2.79	6.39	3.60
2007/5/19	3.06	6.57	3.51
2007/7/21	3.33	6.84	3.51
2007/8/22	3.60	7.02	3.42
2007/9/15	3.87	7.29	3.42
2007/12/21	4.14	7.47	3.33
2008/10/9	3.87	6.93	3.06
2008/10/30	3.60	6.66	3.06
2008/11/27	2.52	5.58	3.06
2008/12/23	2.25	5.31	3.06

出所：中国人民銀行HPの歴史利息データによって作成。
http://www.pbc.gov.cn/detail.asp?col=462&ID=2479

1.3.2　不祥事の続発

　1980年代後半から始まった中国の銀行システムの改革は、この30年間に一定の成果をあげた。しかし、銀行部門の中核を占める国有商業銀行は依然として経営が非効率で資産収益率が非常に低いと見られ、また融資審査能力やリスク管理能力は不十分で、膨大な支店網に対して銀行本部のコントロー

ルが十分及んでいない。そのため銀行幹部による資金横領や賄賂収受などは後を絶たない。

　1999年、元中国人民銀行副行長（日本銀行の副総裁に相当）、当時光大グループ（光大集団）の会長を務めていた朱小華が収賄の疑いで逮捕された。その後、会長時代に職権を乱用し、他人の便宜を図る見返りに数百万香港ドルもの巨額の賄賂を受けたと判明した。また、不正融資による巨額な損失を与えたと報道された。同グループは香港上場のコングロマリット中国光大を通じて、光大銀行に21％、光大証券に39.31％、それぞれ出資している。朱は2002年、収賄罪（405万元）などで起訴され、懲役15年の刑に処された。

　2002年、中国建設銀行の王雪冰頭取が、中国銀行のニューヨーク支店長を務めた期間に行われた不正融資の責任を問われ、解任された。これは、米通貨監督局（OCC）の中国銀行ニューヨーク支店に対する検査で経理操作による不正融資が発覚し、中国人民銀行と共同で同支店を処分したことが発端となった。同不正融資発生した時期の支店長は王氏だった。その後、融資の便宜を図った見返りとして、相手会社から金銭（約115万人民元相当）を受けたことや、香港支店長の時代にも不正経理があったことなどが判明した。2003年収賄罪に問われ、懲役12年の判決を言い渡された。

　2003年、中国銀行の香港子会社中銀国際香港元副総裁劉金宝は、中国銀行上海支店長時代に上海の周正毅氏への巨額不正融資と巨額の不正融資の焦付きで逮捕され、その後、死刑判決（猶予付き）が下された。この判決は、中国建国以来、金融業界の首脳の犯罪に対する最も厳しい処罰である。この事件で、同中銀国際公司の副総裁梁小庭が収賄、中国銀行香港支店副総裁丁燕生が顧客資金着服の罪に問われて、逮捕された。

　2002年、農業銀行副行長趙安歌は、中国銀行副行長を務めた時代の収賄と公金流用の疑いで逮捕され、その後、約587万元の収賄と約4.83億米ドル資金流用の罪にとわれて、無期懲役を下された。また、支店長による巨額横領事件が続出している。2001年、中国銀行広東省開平支店の歴代支店長3人はおよそ4.83億米ドルを横領し、海外へ逃亡した。2005年、同じく中国銀行の

黒竜江省ハルビン河松街支店の支店長が 8.39 億元を横領し、海外へ逃亡した。こうしたトップによる汚職事件はほとんど不正融資に関連し、それら不正融資の焦げ付きで銀行に巨額な不良債権を残した。

1.3.3 民営化の進捗を妨げている政府

　国有商業銀行の株式制への再編により、戦略的投資家の受入れや株式上場によって外国金融機関、機関投資家、一般投資家が株主になったが、株式の大半は依然として政府が握っている。銀行のトップ任命権が実質的に党の組織部にあり、銀行経営は政府からの影響力が絶大である。外国戦略投資家や株式投資家などは少数株主であるため、銀行経営に及ぼす影響は当然限られている。国有商業銀行だけではなく株式制銀行、都市商業銀行などの会長、頭取、取締役など経営陣の任命権は実質的に政府に握られている。中央政府は、中央所轄企業（国有商業銀行 5 行）に対する監督管理責務として経営層を任命しており、地方政府も、地方主要企業（株式制銀行、都市商業銀行など）の任命権を持っている。

　銀行の内部にルール化されたコーポレート・ガバナンスのシステムが形成されたとしても、また取締役会、監査役会、株主総会と管理機構の形がすべて整ったとしても、政府が引き続き最大の株主として銀行を支配すれば、コーポレート・ガバナンスなど従来の問題は解決されないであろう。国有商業銀行の株式上場がその一つのステップとして、さらなる金融改革をすすめるには、政府が一部の株を手放して、銀行経営を民間に委ねる必要があろう。しかし、政府は金融による資源再分配手段をなかなか手放さないであろう。この民営化を視野に入れた金融改革は、長い年月がかかると考えられる。今回の世界金融危機に際しては、政府は国有商業銀行に対して実質的な行政介入を行った。それにより貸付が半年の間にすでに前年を上回った。経済対策として迅速な対応として評価されようが、政府による国有商業銀行への影響力を行使することは、金融改革による民営化の進捗を遅らせる可能性が非常に高いといわざるを得ない。この点について、最終章に詳しく説明しよう。

1.4 不良債権処理の公的負担

前述のように中国の国有商業銀行の巨額な不良債権問題の解決に当たって、政府はその大半のコストを財政で負担することになった。1990年代後半に不良債権比率35％にも上ったとされる国有商業銀行の不良債権処理のために、政府は最終的にどの程度の公的負担を負うことになるかを大まかに計算しよう。日本では、1990年代から2000年代初めにかけて深刻な不良債権問題を経験し、米国では1980年代後半から1990年代前半にかけてS&L（貯蓄貸付組合）危機を経験した。両国はその解決のために多額の公的資金投入を行った。さらに今回の世界金融危機で資本注入及び優先株による金融機関支援でどのぐらいの公的資金の損失になるかまだわからない。今回の中国の公的負担が、日本と米国の金融危機における公的負担を比べ、どの程度重いのかについても検討する。

国有商業銀行の不良債権処理のために必要とされる公的資金負担は、次の3つの部分に分けられる。

1.4.1 資産管理会社の損失

資産管理会社4社は、1999〜2000年に当時の4大国有商業銀行から切り離した不良債権を簿価で買い取り、集中処理している。その資金は各管理会社とも資本金100億元以外、人民銀行ローン6338億元と財政担保の金融債8583億元で構成されている。その後、各資産管理会社は売却、処分などを通じて資金回収を行っている。この1.4兆元に及ぶ不良債権は、一部が債務の株式化（DES）によって国有企業の株を取得したが、その大半の資金回収は、簿価を大幅に下回り、回収できない部分が大きな損失となる（表4-10）。

これによると資産管理会社の不良債権処理の現金回収率は20％前後である。2004年、中国会計検査院（中国では審計署）は資産管理会社に対する会計検査では、大量の不適切な処理問題が指摘された。また資産管理者に対して十分な経営責任の追及がなされないこと、不適切な破産による債務逃避などが指摘された。この不良債権は資金回収作業終了時、すなわち資産管理会

社の解散時（当初予定では 2009 年）、最終的な未回収額がすべて財政負担になりかねない。

2003 年以降の国有商業銀行改革の一環として、不良債権を各資産管理会社に再び切離し、集中処理させることになった。それゆえ、従来の 2009 年閉鎖期限もなくなった。今回の不

表 4-10　資産管理会社 4 社の不良債権処理進捗状況

	処理済み簿価資産	回収現金	現金回収率
2001/12	1245.07	261.46	21.00
2002/6	2103.56	454.47	21.60
2002/9	2323.00	525.00	22.60
2002/12	3014.42	674.84	22.39
2003/3	3434.69	715.24	20.82
2003/6	3618.41	792.29	21.90
2003/9	4154.68	861.91	20.75
2003/12	5093.70	994.10	19.52
2004/3	5286.80	1054.80	19.95
2004/6	5672.60	1128.30	19.89
2004/9	5876.20	1202.10	20.46
2004/12	6750.60	1370.00	20.29
2005/3	6885.50	1408.90	20.46
2005/6	7174.20	1484.60	20.69
2005/9	7366.60	1550.30	21.04
2005/12	8397.50	1766.00	21.03
2006/3	8663.40	1805.60	20.84

出所：中国金融業監督管理委員会 HP
http://www.cbrc.gov.cn/chinese/info/twohome/index.jsp?itemCode=9

良債権切離しは、簿価ではなく時価で各資産管理会社の間に競争入札で買い取ってもらう形に変わった。プロセスとしては、人民銀行が簿価ではなく一定の割引率で不良債権を買い取り、各資産管理会社に競争入札させて、最高入札額を出したものが不良債権を買い取る方式となった。

なお、資産管理会社の買取りは、国有商業銀行の保有する不良債権を AMC の発行する政府保証付き債券へと転換する形で行われている。

1.4.2　国有商業銀行への資本注入

政府は国有商業銀行に対し、特別国債発行および外貨準備投入による資本注入を行っている。これらの資本注入は、不良債権処理で国有商業銀行が過小資本に陥ったため、政府が新たに出資することによって銀行の資本充実を図るために行われている。

外国金融機関の出資、株式市場上場に伴う投資家の出資が行われる以前は、

国有商業銀行は100％政府所有であった。不良債権発生により、政府の出資金がなくなる、ないし債務超過状態になるということは、その分の国の財産が消失するということを意味する。したがって不良債権による銀行資本の毀損は、不良債権処理に伴う公的負担であると言える。

不良債権処理で銀行の資本がどの程度毀損したかは、当初の資本金や債務超過額などのデータが公表されていないので、直接推計することはできない。しかし、政府による資本注入は、毀損した銀行の資本金を回復させるものなので、資本注入額の総額は、資本毀損による公的負担に近似すると考えることができる。

日本でも1998年以降、銀行に対し公的資金を使った多額の資本注入（総額約12兆円）が行われたが、公的負担という観点から見ると、中国の資本注入と日本の資本注入とでは違いがある点に留意する必要がある。日本の銀行への資本注入額は将来返済される予定なので、資本注入額全体が公的負担となるわけではない。

一方、中国の場合は、100％政府所有の国有銀行に資本注入している。今後政府が政府保有株式の全部ないし一部を民間投資家などに売却して資本注入額を回収した場合も、不良債権処理で消滅した従前の政府出資金は戻ってこない。したがって、中国の場合は、日本の場合と異なり、不良債権で毀損した銀行資本の修復を図るために行われた資本注入額全体が、不良債権処理のための公的負担であると考えられる。

1.4.3　株式制への再編による不良債権処理などの財政負担

2004年からの国有商業銀行株式制への再編においては、不良債権の再切離し及び従来の資本金不足の補填などの形で政府と人民銀行は支援した。それら不良債権処理は、結果的に財政負担になる。財政部による建設銀行、工商銀行などの資本金不足の補填は、配当金あるいは税金免除などで行ったため、実質的に財政負担とかわりない。

以下では、上記について公的負担の推計を行うが、前述したようにほかに

事実上の不良債権処理策として規制金利による銀行収益確保がある。これは預金者や融資先企業の負担で不良債権処理を進めるものである。政府が預金者や企業に課税をして銀行に利益補填をしていると見ることができるので、間接的な公的負担であるとも言える。しかし、直接的な公的負担でないこと、またその金額を推計するは不可能なことから、ここでは公的負担の推計に含めない。

公的負担の上記の部分について、以下のようである。

(1) 資産管理会社の損失

資産管理会社の不良資産処理は、債務の株式化（DES）によるものと、競売・入札などによる回収に分けられる。政府は債務の株式化によって企業の業績が回復して将来の株式売却で全額回収というシナリオと考えている。しかしこの債務の株式化は、国有企業を「公司法」に基づき、株式会社へ再編した上で行われなければならない。2002年9月までに株式会社への再編が終了したのが61％にとどまり、残りの39％がほとんど深刻な資産問題を抱えているため、株式会社への再編は困難である。なお、債務の株式化（DES）の対象になる会社には、即時に利息計上を停止したが、株式会社への再編が終了しない限り、資産管理会社は株主として対象企業の取締役会議に参加できない。これは、ある種の問題解決先送りの性格をもつ。この債務の株式化による不良債権処理は、最終的にどの程度が回収できるかは現時点ではデータがないから推測が難しい。しかし、2003年の銀監会の調査によると、債務の株式化対象企業のうち、3分の1の企業が財務状況の改善などによって好循環に入り、3分の1の企業が財務費用の減少によって再生の可能性がある。残りの3分の1の企業が旧経営体質のままで債務の株式化を実施しても見込がないということである。この分析から債務の株式化対象の企業の状況から、株式に転換された債務4050億元の5分の2が回収できると想定した。したがって、資産管理会社の最終的な損失額は2400億元となる。

2006年3月時点での資産管理会社4社の不良債権処理の進捗状況をみると、4社合計の累積の資産処理金額は8663億元、処理率が68.6％、回収率は

24.2％である（表4-10）。約3割はまだ処理されず残っているが、一般に回収が容易なものから処理されていくので、まだ残っている資産の回収率はこれまでの実績24.2％よりもかなり低いと考えられる。そこで最終的な回収率は20％と仮定しよう。この不良資産は1999～2000年に国有商業銀行から切離された不良債権1.4兆元から債務の株式化の部分を除いた不良資産を指している。その金額が1兆元（総額の1.4兆元から4000億元の債務の株式化）であり、資産管理会社の最終的な損失額（＝未回収額）は、0.8兆元と推計される。要するに、債務の株式化およびそれ以外の処理方法を合わせた資産管理会社の最終的な損失額は約1兆元と推定される。

(2) 国有商業銀行への資本注入

政府の国有商業銀行への資本注入額をみると、不良債権による銀行資本の毀損分、すなわち政府が従来保有の国有商業銀行の資本の減少分としての財政負担を推計することができる。資本注入は特別国債の発行によるものと、外貨準備を使ったものがあり、あわせて合計して0.9兆元にのぼる（表4-11）。

(3) 株式制への再編による不良債権処理などの財政負担

国有商業銀行の株式制への再編にあたっては、銀行従来の純資産をゼロにしてから、外貨準備での資本注入は完全に銀行の資本金になるため、政府と人民銀行は、この過程で再び不良債権を切り離し、所得税免除などで従来のマイナス純資産を補填した。

建設銀行の場合は、前述のように人民銀行が不良債権切離しによる損失358億元を肩代わりし、政府が純資産補填のために約655億

表4-11　国有商業銀行への資本注入　　単位：億元

	1998年	2003年以降	合計
中国銀行	425	1,862	2,287
中国建設銀行	492	1,862	2,354
中国工商銀行	850	1,240	2,090
中国農業銀行	933	1,300	2,233
交通銀行	無し	30	30
合計	2,700	6,294	8,994

注1：政府は1998年長期特別国債発行で国有商業銀行4行に2700億元の資本注入を行った。
注2：2003年以降、政府は豊かな外貨準備を使用して国有商業銀行5行に中国銀行、中国建設銀行、中国工商銀行、中国農業銀行にそれぞれ225億ドル、225億ドル、150億ドル、190億ドルの資本注入額を当時の為替レートで換算した帳簿上の数字である。
出所：人民銀行公表した資料に基づいて作成

第4章　中国型金融制度の形成（2001～）　―グローバル・スタンダードに向けての整備

元を負担し、計約1000億元補填された。中国銀行、工商銀行、農業銀行の株式制への再編時に公表された不良債権再切離しデータによれば、それぞれ約1500億元、5839億元、8000億元となり、すべて政府の負担となる。交通銀行の不良債権処理は、約100億元の負担となると推定できる[8]。それにより、株式制への再編による不良債権処理などの財政負担は約1.64兆元と推定される。

　(4) 株式制銀行、農村信用社改革及びその他金融機関の改革による財政負担。

　国有商業銀行の株式制への再編と同時に、一部の株式制銀行の厳しい不良債権問題の存在が明らかになり、資本不足の解消のため、いわば第2次「株式制」再編が開始された。1980年代後半からの株式制銀行は、総資産・預金が急速に拡大してきたが、与信リスク管理経験の不足などから経営状態が悪化し、大量の不良債権処理を進めば、資本不足に陥りかねなかった。この一部の株式制銀行は、2003年以降の国有商業銀行改革と同じく、不良債権処理、財務体質強化、上場を目指すというプロセスをとっている。その代表は、光大銀行などである。政府は中央匯金投資有限公司を通じて光大銀行に200億元（約27億ドル）の資本注入を行った。

　また、農村信用社は改革前に不良債権率が40％を超えているのではないかと推測されていた。現在では、人民銀行が発行している中央銀行手形による農村信用社改革への支援金がすでに1680億元に達した。所得税免除などの税金優遇、地方政府の財政支援は具体的な数字がないが、相当な金額になると見られている。

　この株式制銀行、農村信用社改革及びその他金融機関の改革による財政負担、特に農村信用社改革の財政負担が非常に大きい。著者の推測では少なくとも5000億元の財政負担となるであろう。

　以上の財政負担を簡単に計算すると、銀行システム改革の財政負担は合計して4.04兆元にのぼる。これは、各銀行の従来の資本金を完全に無視した概算である。2008年の名目GDP約30兆元の13.5％となり、2000年GDP約10

121

兆元で換算すると40％と驚異的に高い数字となる。中国金融改革の最大課題である巨額な不良債権処理は、資産管理会社の集中処理などで時間を稼いで、中国経済の年10％程近くの高成長をバックにして、10年間平均して約4000億元の財政負担となるが、直近年のGDP比では1.3％前後過ぎない。この点から見れば、中国の不良債権処理政策は、きわめて成功裡に進捗したといえるであろう。

1.5　中央匯金投資有限公司の役割及び中国投資有限公司

　政府は2003年12月26日に、資本金3724.65億元（450億ドル）で中央匯金投資有限公司を設立した。設立の主旨には、①金融制度の健全性の向上、②金融制度リスク、とりわけ金融制度の脆弱性の克服、③外貨準備の効率的な運用などが挙げられている。こうした方針の下で、同社を通じて2003〜08年の間に、政府は4大商業銀行や株式制商業銀行に限らず証券会社、保険会社など金融機関に総額約1071．5億ドルに及ぶ資本注入を行った。外貨準備を利用する資本注入のメカニズムは、人民銀行のバランスシート上の資産として計上されている外貨準備の一部を取り崩して、新たに設立した投資会社（中央匯金投資有限公司）に対する出資金に充て、この投資会社が金融機関に出資する形をとっている。しかし、この外貨準備による資本注入は世界でも前例がなく、しかも通貨発行の担保となる中央銀行の資産を銀行に注入することは単なる人民元の増刷と同じではないかという懸念がくすぶっていた。人民銀行は、資本注入の外貨準備が外貨のままで各銀行の資本に当てられたため、人民元の担保なき増刷にはつながらないと主張してきた。これにより、中国銀行、建設銀行、交通銀行、工商銀行は不良債権を償却し、自己資本比率を引き上げ、株式上場することができた。

　一方、配当開始後の04〜06年に、同社は中国銀行、建設銀行、工商銀行から、計968.625億元（約130.9億ドル）の配当金を受け取った。上記3行に対する資本金保有総額は6235.03億元（約842.6億ドル）である。これを株式時価で評価すると、1.52兆元（約2053億ドル）に上り、3行への投入金額で

ある600億ドルを大幅に上回ることとなる。

政府は中央匯金投資有限公司と人民銀行の直接的な関係を断ち切るため、2007年9月から、財政部は総額1.55兆元の特別国債を発行し、人民銀行から外貨準備約2000億ドルを買い取って、新たに中国投資会社を設立し、その一環として人民銀行から中央匯金投資有限公司の株をすべて買取り、中国投資会社への拠出金とした[9]。このSWFを実施した結果は、人民銀行のバランスシートに外貨準備と同額の人民元の国債が増加したため、人民元のインフレ懸念は当面消えてしまった。

外貨準備を使った資本注入により、3行の過小資本状態は解消された。外貨準備投入に伴い、中国銀行と中国建設銀行の従来の資本金は不良債権処理のため全額使われ、投資会社が両行の資本金の100%を保有することとなった。中国工商銀行の場合は、財務省と投資会社がほぼ50%ずつ資本金を保有する構造となった。さらにその後3行は、劣後債を発行して一層の資本充実を図った(劣後債は補完的資本として自己資本比率に算入される)。そして後述するように、最近の重要な展開としては、戦略的投資家としての有力外国金融機関の出資、香港市場・上海市場での株式上場に伴う一般投資家による出資が行われ、さらに資本充実が図られている。

1.6 株式制銀行などその他銀行の改革

1987年以来、株式制銀行の急速な発展は、国有銀行のサービス向上ないし中国の銀行セクターの市場化、商業化をもたらした。特に招商銀行、民生銀行、上海浦東発展銀行など株式制銀行では、コーポレート・ガバナンス・資産リスク管理・内部統制の分野で進展がみられ、中国銀行セクターによい影響を与えている。

しかし、大半の株式制銀行は必ずしも順調に成長しているといえなかった。コーポレート・ガバナンス、与信リスク管理の欠落などから深圳発展銀行、光大銀行など株式制銀行の一部は経営不振に陥った。これらの銀行は不良債権処理、財務基盤強化のため、外国戦略投資家の受入れ、資本注入などの措

置を採用した結果、経営業績、財務指標は急速に回復し、その後も成長が続いている。ここでは光大銀行を例として説明しよう。

《光大銀行》

光大銀行は 1992 年に設立され、1997 年に株式制銀行に移行した。主要株主は光大集団グループ企業であった。1997 年、中国大陸では最初の外資の国内系銀行への資本参加のケースとして、アジア開発銀行による資本参加が国務院によって特例として許可され、その持ち株比率は 3.29％であった。さらに 2000 年に光大集団以外の会社に対して大規模な増資が行われ、株主総数は計 230 社までに膨らんだ。しかし、光大銀行はいわゆる株式制銀行であるにも拘わらず、政府の指示のもと、1999 年 3 月に国家開発銀行から 300 億元の不良債権を引き受けた。これにより、同行の不良債権率は 37％に達した。それ以降、不良債権債権比率を下げるために、とにかく経営規模を拡大する経営路線に走り、経営拠点が 2003 年の 370 カ所から 2007 年 9 月末の 410 カ所に、貸出残高が同 2486 億元から同 4,155 億元に拡大した。急速な資産規模拡大のため、不良債権比率は 5.97％までに劇的に低下したが、自己資本比率は政府規定水準の 8％を大幅に下回った。これを改善するために、同行は大規模な増資を計画したが、当局は許可しなかった。

その後、光大グループは、中国で初めて金融持ち株会社として光大金融ホールデイングを設立したが、その中核企業である光大銀行の資本増強が急務になった。当局と協議を経て、最終的には、国有商業銀行改革の手順と同じく資本注入、海外戦略投資家の資本参加、香港・上海市場に上場するという改革案が決められた。

2007 年 6 月に銀監会の唐双寧副主任が同行の会長に就任し、改革案は速やかに政府の許可を受けた。同年 11 月 30 日、中央匯金投資有限公司は光大銀行に 200 億元（約 27 億ドル）の資本注入を行い、持ち株比率が 70.88％となった。資本注入により、同行の自己資本比率は 8％以上に押し上げられたと思われる。将来の株式上場によって、自己資本比率は 10％以上になるというのが同行の計画である。

このように一部の株式制銀行は、国有商業銀行改革と同じく手順として資本増強、不良債権の速やかな処理、外資戦略投資家の受入、そして上場という順序で改革を進めている。経営状態のよい招商銀行、興業銀行などはすでに上場している。

2003年までに農村信用社の不良債権比率は40％をも超えていたといわれていた。政府は、農村信用社改革を先送りしてきたが、2003年6月、吉林省など8省（市）を試験モデルとして農村信用社改革の実施を決定した。この改革の柱は、信用社の管理権限を省政府に与え、各省政府は状況に応じて所有制を明確にしたうえに、従来の信用社を新型の連合信用社、農村商業銀行あるいは農村合作銀行などの経営体制に変更して、政府の支援政策をバックに信用社の速やかな不良債権処理、経営体質の強化を図ったのである。

具体的には、

(1) 信用社の所有制を明確化した上で、各地の状況によって信用社、農村商業銀行と農村合作銀行などの新たな企業法人として経営管理体制を強化する。

(2) 信用社の管理体制は省政府に一任する。

(3) 農村信用社改革には、人民銀行による不良債権処理支援、財政補填、税制優遇などの国からの支援を強化する。

具体的には、

(1) 人民銀行による2002年末の資本不足部分の50％を限度に、中央銀行手形でこれまでに累計赤字あるいは不良債権を交換して財務体質を改善させる。

(2) 財政は1994年〜1997年の間にインフレ補填金利[10]による損失を補てんする。

(3) 税制優遇：2004年〜2006年間の企業所得税の免除あるいは半減、営業税を3％まで切り上げる。

各省政府は、信用社の経営状況によってある程度自由に改革方針を決められたので、多様な経営形態が出てきた。農村商業銀行、農村合作銀行なども

125

新たに設立された。試験モデルによる各省の信用社改革は順調に推進され、自己資本比率や不良債権比率が大幅に改善され、2004年に10数年ぶりに経営収益黒字を達成した。

こうした試験改革結果を受けて、農村信用社改革は順次全国に拡大した。2008年末時点では、農村信用社が2004年末の3万4577社から、現在の農村商業銀行22行、農村合作銀行163行、県（市）の農村信用社統一法人1966社の体制に変わり、自己資本比率や不良債権比率の指標が大幅に改善され、貸出残高3.7兆元、利益545億元に成長している。

1.7 郵政貯蓄銀行

郵政貯蓄事業は1990年代以降にも急速に発展している。しかし、郵政貯蓄銀行設立以前には、郵政貯蓄事業が2つの大きな課題があった。1つは、郵政貯蓄の預金金利は人民銀行の負担となった。郵政貯蓄事業は、かつては資金運用がなく直接に人民銀行に預けて金利を得るとなっていた。しかし金融改革に伴い、従来の郵政貯蓄預金を人民銀行に集中して銀行や重点産業への直接貸出はほとんどなくなり、くわえて中国経済は資金不足から資金余剰に変わり、人民銀行にとって郵政貯蓄預金のメリットがなくなった。逆に郵政貯蓄預金の金利負担は、人民銀行の大きな財務コストとなった。改革の推進で郵貯資金の各商業銀行への貸出はほとんどなくなった。それゆえ人民銀行は、2003年8月1日以降、これまでに預託した郵政貯蓄資金（約8290億元）は従来の政策のままで優遇金利（4.131％）を適用するものの、これ以降新規預託する郵政貯蓄資金を一般金融機関が中央銀行に預けた預金準備金と同様に取扱う（金利1.89％）と改めた[11]。その代わりに郵政貯蓄事業に貸付や国債投資などの自主運用を認めた。人民銀行は、また2003年8月以前に預託した郵政貯蓄資金のストックに対して、できるだけ早めに引出しを求めるよう示唆した。

2005年9月、人民銀行は郵政貯蓄が預託した2003年8月以前の旧郵政貯蓄資金を総額の10％、15％、20％、25％、30％ずつで5年間に郵政貯蓄事業

に全部払い戻すと発表した。四半期ごとに年度額の25％を順次に郵政貯蓄事業に払い戻すこととなった。そのため、安定した利ざやを維持できていた郵政貯蓄は、市場運営のノウハウがないため一気に苦しい立場に追い込まれた。郵政貯蓄事業は貸出業務も株式債券運用も認められずにきたので、もちろんそうした金融業務ノウハウと人材はまったく持ってない。預金の自主運用が認められても、数千億の資金運用はいきなりにできるはずなく、当初は相当の部分を中央銀行に預託しかできない。

　もう1つは、金融改革の一環として、郵政金融を郵政局から分離し、独立の銀行として設立したことである。中国郵便総局は内部局として郵政貯蓄局を設置して、郵政貯蓄業務を統括してきた。郵政貯蓄は郵政局の一事業として、ほかの各事業と決算上区別しなかった。すなわち、長い間赤字を続けた郵政本事業である郵便事業を補填してきた。独立の金融法人ではない郵政貯蓄事業は、ほかの郵政事業の経営状態が金融企業として特殊かつ厳格な経営・管理体制の健全化を損じることになりかねない。さらに、郵政貯蓄事業は金融機関ではないため、人民銀行・銀行業監督管理委員会（以下、銀監会）は自主運営後の郵政貯蓄業務に対する監督が行き届きにくかったと言わざるを得ない。郵政体制改革において、郵政貯蓄銀行は設立と同時に銀行監視管理システムへ組み入れられた。2005年1月19日、銀監会劉明康主席は005年工作計画の中で郵政貯蓄銀行の設立計画を発表した。そして2005年7月20日、中国版郵政改革の「郵政体制改革方案」は国務院・常務委員会会議の討論を経て、原則的に承認された。

　郵政貯蓄改革の柱は以下の2本である。

　（1）郵政ネットワークを利用した経営の土台を活用し、郵便貯蓄事業と郵政事業の経営・会計制度を分離する。

　（2）金融機関改革の方向性に合わせ、中国郵政集団を持ち株会社とする中国郵政貯蓄銀行の設置を急ぎ、すべての郵政貯蓄事業を担当させ、金融管理の規範化を実現する。

　2007年3月、郵政貯蓄銀行株式会社は北京で設立された。株主は中国郵政

集団公司である。郵政貯蓄銀行は企業向けの「ホールセール」、個人向けの「リテール」、および「中間業務」を行う予定だが、リスクを回避するため、当面ホールセールは手がけないとされた。銀監会では、郵政貯蓄を銀行化することによって貯金、貸し付けともに可能にし、農村地区で集めた資金を元に、貧困地域への貸し付けを増やして地方経済を活性化していきたい方針である。

2008 末時点、中国郵政貯蓄銀行の営業ネットワークは約 3.6 万所を超えており、各金融機関の中に営業点が最も多く、口座数が 1.4 億、総資産が 2.2 兆元、4 大国有商業銀行に次ぐ第 5 位までに成長している。

2. 資本市場改革

社会主義計画経済の下で長い間、資本主義の象徴とも言える株式市場は否定され、存在していなかった。1970 年代末から市場経済化が開始されて後、1980 年代に実験的な株式取引が再開された。1990 年には上海証券取引所が、1991 年には深圳証券取引所が設立された。なお、一般に証券取引所では、株式以外に債券その他の金融商品も取引されるが、中国の証券取引所は現状では株式市場とほぼ同義なので、以下では証券取引所の開設イコール株式市場の開設として議論を進める。

1992 年、鄧小平は「株式市場はよいのか、悪いのか。資本主義特有のものなのか、社会主義の中国でも株式市場を設立してもよいのか、これらの諸問題に答える前に、まず、実験する必要がある」と述べた。この談話は中国証券市場(株式市場)発展を大きく促すとともに証券市場拡大の原動力となった。証券取引所は市場経済が機能するために必須の制度（institution）である。株式市場を通じて、企業は資金調達手段を多様化することが可能となり、低コストで効率的に資金を調達することができるようになる。同時に株式市場は、家計などが行う貯蓄をより生産的な用途に振り向けて経済の発展を促進する

という重要な役割を果たす。その意味で、中国が1990年代初めに証券取引所を開設し、株式市場をスタートさせたことは、中国経済の市場経済への本格的移行にとって不可欠であったと言える。

　中国の株式市場には、企業の資金調達多様化や貯蓄の効率的動員といういわば各国共通の役割のほかに、国有企業改革の手段としての役割を担わされている。1990年代には国有企業の大半が著しい経営不振に陥り、財政による企業赤字補填も増大し、深刻な状況となっていたが、その根本的な原因は国有企業の非効率な経営にあった。そこで政府は、小規模の不採算企業は整理・民営化し、規模の大きい企業については、それまで政府が独占的に有していた経営権の一部を投資家に委譲する政策を打ち出し、株式会社形態に転換していった。

　上海、深圳両証券取引所は国有企業の株式会社化の受け皿として設立された面を持っており、実際1990年代を通じて上場企業の9割以上は国有企業であった。2009年6月末の時点においても、民営上場企業が増えているものの、上場企業の約8割は依然として国有企業が占めている。

2.1　中国金融制度における資本市場の位置

　一国・地域の金融制度における資金需給のあり方については、資金供給者である家計の貯蓄がどのルートをたどり、どのように資金需要者である企業・国に提供するかによって、間接金融中心国と直接金融中心国に分けられる。預金者から銀行に預けられた資金を銀行セクターは蓄積したノウハウで選別した融資先に資金を貸付することが間接金融である。直接金融は、有価証券を発行して資金供給者から直接に調達することである。

　間接金融とは、預金者から銀行に預けられた資金を、銀行の判断で企業などに貸し付けて資金を融通させる仕組みのこと。銀行が間に入ることで間接という表現を用いている。これに対して直接金融とは、投資家の資金が直接企業へ流れる仕組みのこと。企業が株式や債券を発行し、投資家から直接資金調達を行う。

経済規模 GDP に対する証券市場の規模（上場株式時価総額）においては、他の発展途上国・地域と比較しても中国証券市場はきわめて順調に拡大し、その成長性を世界から注目されている。しかし、中国の証券市場において直接金融の機能がまだ十分に発揮されているとは言い難い。証券市場におけるIPO などの直接融資は、いまだに経済発展に中核的な役割を果たしている民営企業ではなく、国有企業を中心に行われてきた。また、中国証券市場の変動があまりにも激しく、企業資金調達の場として非常に不安定な状態にある。2008 年の株式市場における株価急落のため、2007 年の活発な調達と比べて、IPO・増資などの資金調達金額が大幅に減少した。前述のように株価指数は 2007 のピークから 3 分の 1 までに下がった。成熟した株式市場では、このような調整は考えられないであろう。また、債券市場では、ほとんど国債・金融債であり、民間企業の起債による社債の資金調達は非常に少ない。

2.1.1　中国は典型的な間接金融中心

　アメリカ、イギリスを代表とする直接金融中心の国においては、家計部門（投資家）が直接にあるいは投資ファンドを通じて有力な企業を選択し、その株式や債券を購入することによって企業に資金を提供するので、資金の提供先（投資先）の企業が破たんした場合による損失も投資家が自ら負担する。一方、日本、北欧を代表とする間接金融中心の国では、銀行が蓄積したノウハウを使って融資先を選択して貸し出しを行うので、資金の提供先が破たんした場合による損失は基本的に銀行が負担する。すなわち、預金者は、資金の提供先の企業を選ぶことはできないが、その分、銀行は金利と預金の元本を保証しているわけである。銀行は預金の元本と利息の支払いを預金者に保証する一方で、自らのノウハウをうまく利用してリスクを踏まえて貸付先の企業を選択し、預金者から預かったお金を貸し出しているのである。

　通常、間接金融中心の各国においては、銀行は大量の資金をプールして、企業との取引などで蓄積したノウハウで貸付先を選別して融資を行う。プールした資金によるリスク分散とノウハウによって最大限リスクを抑制しなが

ら、最も生産性の高い企業に融資すると期待される。銀行経営が、預金金利と貸出金利の利ざやの追求に加え、送金や決済などの金融サービスを提供する代わりに手数料を徴収することで、利益を拡大化することができる。こうした銀行の活動で、マクロ的に家計部門の貯蓄の多くが銀行部門を通じて生産性の高い企業に仲介され、さまざまな経済情報も企業部門に提供して、企業の成長を促している。

　1990年代の日本は、バブル崩壊後、大量の不良債権を抱えていた銀行は経営が苦しく、正常な資金仲介機能が麻痺していた。銀行の資金仲介機能不全は、やがて日本経済の回復や潜在成長力の足を引っ張り、10年以上もの景気低迷の大きな原因のひとつといわれる。この背景には、家計部門貯蓄の大半が預金の形で銀行に流れ込んで、経済変動及び資産価格変化などのリスクが銀行部門に過度的に集中した。90年初期、不動産、証券価格など資産価格急落は銀行の不良債権を激増させた。銀行はそうした不良債権処理を怠り、次第にその規模は膨らんだ。このように日本型銀行不良債権が経済成長の足かせになったケースは、銀行中心型の各国に対しての大きな教訓になった。

　また、今回のアメリカのサブプライムローン問題に端を発した世界金融危機では、直接金融が発達しているアメリカ、イギリスの金融市場麻痺が経済成長を大いに損なった。このように、間接金融と直接金融の間にバランスをいかにとるのが、各国金融当局における大きな課題である。

　中国は日本のように典型的な銀行中心型金融制度の国である。高い貯蓄率と外資流入に支えられ、投資の拡大に牽引され高成長を成し遂げてきた。中国の住民貯蓄の多くは預金の形で銀行に預けられている（図4-4）。銀行はそれを企業など生産部門に貸出して、企業はそれを運転資金や設備投資などに投じる。本来ならば、銀行は生産性の高い企業に向けて融資を行って資金効率を高めることで経済成長を促し、住民の収入を増やすという好循環をもたらすはずだが、国有商業銀行だけではなく、株式制銀行、地方都市銀行などの銀行の貸付先の7割はいまだに国有企業向けである。国民経済の成長の50％以上に寄与している民営企業への貸付はまだまだ少ない。特に今回の景

気対策で銀行貸付急増の中で、資金豊富な大手国有企業が大量の融資を受けて投資を急拡大させている一方、もっとも資金需要が高い中小民間企業はなかなか融資が得られず、倒産するケースが続出している。こうした中小民営企業の一部はインフォーマルな金融市場に頼らざるを得ない。つまり、資金需給のミスマッチが生じているのである。

なお、中国政府は2020年までの経済成長目標として2020年の国内総生産を2000年の4倍に拡大することを計画している。このような経済成長目標を達成するために、膨大な資金が必要である。中国経済の抱えている所得格差の拡大、西部開発、三農問題、社会保障制度の整備などの課題克服のための政府の支出は相当大きな規模である。さらに、企業部門では、人民元の切り上げに伴う競争激化に備え、先行投資、産業高度化、設備投資などの投資資金の需要は非常に旺盛である。ハイテク分野を中心とする中小新興企業はハイリスクのため、銀行からの融資を得るのは至難の技である。こうした中で、これまでの銀行からの資金供給システムでは、経済全体から見ると信用リスクが銀行に集中しており、資金配分が十分機能していない。新たな不良債権問題を生じる恐れもあり、金融制度の健全性を毀損しかねない。それに対して、中国の直接金融発展の余地がはるかに大きいし、信用リスクが分散でき、資金の有効利用も期待できる。この数年、株式市場による資金調達は飛躍的に増加しているが、中小企業における資金難は解決されていない。

政府は近年に深圳証券取引所に中小企業ボード、創業板（ベンチャー企業向け市場）を創設し、多層的な資本市場を確立することで直接金融による資金調達シェアを拡大しようとしている。しかし、中国の非金融部門の資金調達状況（表4-4）を見ても、銀行貸付融資83.1％、株式市場融資16.1％、国債1.7％、社債9.1％となっており、大きな変化が見られていない。

中国の金融構造は銀行融資優位の構造となっており、株式市場は企業の資金調達の場としての役割は限られている。なお、上記の非金融部門には、企業部門（金融機関を除く）のみならず、政府部門、家計部門が含まれているが、OECDによる中国の非金融企業部門の資金調達パターンの推計を見ても、

上記の基本的な結論は変わりがない[12]。

2.2 中国資本市場の問題
2.2.1 株式市場問題

中国の株式市場は上場企業の情報開示、監督管理体制、株式の二元性（流通株と非流通株）などのさまざまな問題を抱えているといわれてきたが、主に次の2点が指摘できるであろう。

（1）上場企業における適切かつ適時の情報公開、株式取引における公正取引の監督管理体制などの金融市場におけるインフラの不備である。適切かつ適時の情報開示は、投資者にとって上場企業の全貌を知るためのもっとも重要な手段であるにもかかわらず、現状では、粉飾決算、大株主による利益供与などの不正行為が横行し、決算内容など公示情報に対する信頼性が低い。株式の投機者は上場会社の大株主と組んで、人為的に利益を引き上げることによって株価を操作するというインサイダー取引は現在でも多く見られる。また、会計インフラは非常に低レベルにとどまり、公認会計士、監査役など市場の監視役として十分に機能していない。やむを得ず、当局は初回公開発行の株式会社に対して、外国の監査法人の報告書を提出するように求めている。また、株式市場の管理監督者である証監会は、そうした不正行為に対して、調査の上で厳重な処罰するケースが非常に少ないため、不正行為を助長している可能性もある。つまり、違法行為によって莫大な利益が得られるのに、その違法のコストがきわめて低いである。

そのため、中国の個人投資家に限らず、機関投資家もこれまでの企業の収益性や将来の成長性並びに取り巻く経済情勢などのファンダメンタルズに基づく投資ではなく、インサイダー情報、市場に流れるうわさに強く影響されている。著名な経済学者である呉敬璉 Wu Jinglian）は、「中国の株式市場はカジノの場である」と明言し、中国の経済学者、投資家の間で注目を浴びてたことがある。この表現はそれ以降にも多くの証券市場研究者によってよく引用される。

個人投資家が中心とする中国株式市場は投機性が高くても仕方ないといわれてきた。しかし、2006年以降、投資ファンドの相次ぐ設立、保険会社の株運用解禁などによって、機関投資家はすでに中国証券市場取引の半分前後を占めているが、2007年の急上昇と2008年の暴落は、株式市場の投機性が一向に変わっていないことを示した。

(2) 非流通株問題

上記の株式市場の規制・監督の問題は、程度の差こそあれ中国に限らず新興株式市場に共通する課題であるが、非流通株問題は国有企業の問題である。ここでの時価総額は非流通株と流通株の株価は同じとして計算しているが、「流通権」のない非流通株を証券取引所外では相対で売却する場合には、相当割引かれる可能性がある。

株式市場の未成熟は株価動向にも見られる。上海市場について株価の推移を見ると、1990年代前半に一時過熱状態となり、その後調整局面を迎えることもあったが、取引所設立以降2000年までの約10年間、株価は年平均30％以上（10年間で16倍）の高い上昇を遂げた。しかし2001年夏をピークに株価は下落を続け、2005年初にはピーク時の約半分にまで低下した。非流通株改革で2006年に上昇に転じ、2007年10月6000ポイントをピークに達し、この間約3倍になったが、リーマン・ショック後の2008年10月に大暴落し、約3分1までに下がった。経済が年10％前後の高成長を遂げる中で、2001年から2005年までに株価が長期間にわたって下落し続けたのは異常な状態であると言える。こうした株価低迷には、次節で見るように、非流通株問題が深く関係していた。

株価低迷が続いた2000年代前半は、株式市場を通じた企業の資金調達（IPO・増資）も不活発であった。上海市場における資金調達額を見ると、取引所設立以来2001年まで増加基調にあったが、2002～2004年には2001年の水準の半分程度に低下した（図4-3 2000年以中国株式市場と資金調達）。2005年は、後述のように、非流通株改革導入に伴いIPO・増資が一時停止されたため、資金調達額はほぼゼロとなっている。

なお、この間 IPO や増資が行われても、設備投資資金などの調達のためというよりも、単なる不正取引の手段であったケースが多いと指摘されている。例えば、株式の過半を保有する非流通株株主の主導により有償割り当て増資が実施され（流通株株主は株式希薄化によるキャピタル・ロスなどを懸念して払込みに応じるケースが多い）、その調達資金が増資直後の現金配当などにより非流通株株主に還流するといった不正が行われた。流通株株主を欺くこうした不正行為が、投資家の株式市場に対する信認をますます低下させることとなった。このように 2000 ～ 05 年には、経済が高成長を続ける中で株価下落が続き、株式市場を通じる資金調達も大幅減少するなど、中国の株式市場は機能不全に陥っていた。

2.2.2 未発達な債券市場

一般に、証券市場を通じる企業の資金調達では、株式市場と並んで債券市場も重要な役割を果たす。ここで、中国の債券市場の現状を簡単に見ておこう。

中国企業の社債市場での資金調達は非常に限られている。中長期の社債発行による資金調達は、資源・エネルギー関連などの大規模な国有企業が例外的に行っているのみである。しかし、2005 年には、非金融企業による満期 1 年以内の短期社債（Commercial Paper）の発行が解禁されたことを受け、2005 年以降短期社債を中心に社債発行による資金調達が以前よりも増加している。政府は社債市場の整備に向けた改革を徐々に進めており、短期社債発行の解禁のほか、国務院発展改革委員会が所掌している社債発行に係る承認権限を証券業監督管理委員会に委譲する改革なども進めている。

一般に、社債市場が発達するためには、国債市場の発達が必要とされる。国債は単一の発行体（政府）が大量に発行する信用リスクの低い債券であり、流通市場が発達しやすい条件を備えている。中国の場合、国債および政策金融債（政策性銀行発行の政府保証つき債券）は毎年発行されており、それら国債などの発行残高の GDP 比は 25.3％（2005 年末）とそれなりの規模に達

135

している。しかし、主な買い手である商業銀行などは満期保有する傾向（buy and hold）にあること、金利規制があること、市場インフラが整備されていないことなどから、国債の流通市場はほとんど発達していない。

2.2.3　株式市場の非流通株問題

　中国の株式市場には、中国特有の制度として非流通株・流通株の区分がある。1992年5月公布の「株式制企業試行弁法」で株式が所有者の種類により国家株、法人株、個人株、外資株に分類された。異なる分類間での譲渡は禁止されている。1994年7月施行の会社法ではこの分類は特に規定されていないが、所有者による株式の分類は、株式の発行や規定内に存続する。中国企業の株式は上海、深圳、香港のいずれかの証券取引所で取引される株式（流通株）と、政府の規制によりそれらの証券取引所で取引することができない株式（非流通株）に分けられている。

　流通株には、上海・深圳市場で上場・取引されるA株およびB株と、香港市場で上場・取引されるH株がある。A株は元建てで取引される株式で、B株は外貨建て（上海市場では米ドル、深圳市場では香港ドル）で取引される株式であるが、現状ではB株の重要性は低い。H株は、香港市場（香港ドル建てで取引）で上場された中国本土登記企業の株式であるが、香港市場で上場できる企業は中国企業の中でも経営基盤がしっかりした有力な企業である。流通株の株主は、株式を市場で購入した法人（ファンドを含む）も含まれるが、その大部分は個人投資家である。

　非流通株は、①政府が直接保有する国家株、②国有企業などが保有する国内法人株、③その他（従業員持ち株など）に分けられる。①と②は併せて国有株とも呼ばれる。なお、非流通株は証券取引所で売買することはできないが、例外的ではあるが、企業間の相対取引で売買すること（外国企業が国有企業に資本参加するときなど）は認められている。

　2005年3月時点の発行済株式のうち、非流通株は63.7%、流通株は36.2%となっており、非流通株が全体の約3分の2を占めている。同じ会社の株式

第4章 中国型金融制度の形成（2001〜）―グローバル・スタンダードに向けての整備

でも非流通株と流通株とで明確な区分が設けられ分断されていることが、これまで中国の株式市場の発達を大きく妨げてきた。問題は次のような点にある。

①国有企業改革が袋小路に陥り、国有企業が大宗を占める中国株式市場の信認が高まらない。

②非流通株問題が2000年以降の異常な株価低迷の基本的要因になっている。

③市場での適正な株価形成が行われず、規制・監督体制の不備とあいまって、株式市場の投機性が高まる。

第1に、国有企業改革を進展させるためには非流通株を市場に放出（売却）することが必要不可欠である。しかし、大量の非流通株が市場に放出されることになれば株価は下落するので、流通株株主が強く反発する。もし強行すれば市場の混乱は避けられない。他方、非流通株が売却できなければ、国有企業改革は進展せず、国有企業が大宗を占める株式市場に対する信認を高めることもできない。つまり、非流通株問題は国有企業改革を袋小路に追い込む要因となっていた。

第2に、中国の株価は経済の高成長が続いているにもかかわらず、2000年以降長期的に低下する異常な事態となったが、その基本的な要因は非流通株問題にあったと考えられる。政府は1999年に国有株（非流通株の主要部分）の放出を開始する方針を発表したが、直後に株価が急落し、政府は同方針を撤回した。2001年には新しいスキームのもとで国有株を放出する計画を発表したが、この時も株価急落で政府は計画実施を断念した。このように2度の政府の試みは撤回されたが、市場ではいずれ非流通株は市場に放出されるとの懸念が定着し、株価は下落傾向に陥った。加えて、さまざまな不正行為も明るみに出て、投資家の市場への信認はさらに低下し、株価は低迷を続けた。

第3に、流通株・非流通株の株主のインセンティブ構造が企業収益向上と十分結びついていないため、市場での株価形成が適正に行われず、株式市場

の発展が妨げられる。一般に、投資家は企業の将来にわたる収益力を評価して株に投資するので、株式市場には企業の価値発見機能がある。流通株主の大宗は個人投資家で小規模株主なので、経営に対する関心は低い。また、情報開示が不十分でかつ粉飾されている可能性もあるので、流通株主は正確な企業収益実績・見通しに基づいて投資を行っているとは言いがたい。一方、非流通株主は株を売却することができず、配当も通常支払われていないので、収益を上げて株価を高めるというインセンティブが働かない。したがって、企業の収益力を反映した適正な株価形成が行われず、株式市場の本来の機能が十分果たされていない。加えて、株式市場の規制・監督体制が脆弱で不正行為が横行するため、株式市場が投機の場の様相を呈してしまう。

2.3 非流通株改革

　抜本的に非流通株問題を解決するため、中国政府は2005年4月から非流通株改革に改めて着手した[13]。非流通株改革開始以降、最初の数カ月間は、改革による流通株の供給膨張などの懸念で株価下落を見せたものの、中長期からみて株式市場最大の懸念事項が解消されつつある。徐々に投資家の信認を得ることに成功し、株価は2006年初から上昇トレンドに転じた。2006年中に株価（上海総合指数）は2.3倍に急上昇、2007年1月には2001年夏のピーク水準を回復し、そして同10月史上最高値6124ポイントをつけた。このように株価動向は非流通株改革を受けて、2000年以降の株価の長期低迷から劇的な転換を示した。

　2008年以降、株価は大幅に急落し、一時的に2000ポイントを下回った局面が見られた。それは、2007年の中国株式市場があまりにも急速に上昇したことによる調整と世界的な金融危機の二重の影響によるものである。しかし、今回の非流通株改革は、中国証券市場における長期的な発展につながると信じられている。

　この非流通株改革の重要な柱は、次の2つの点にある。

　①非流通株株主が流通株株主に対して「流通権」を得るための対価を支払う。

②非流通株が徐々に市場に放出されるようにするため、非流通株の売却について制限期間を設けた。

第1に、非流通株株主から流通株株主への対価支払いは、非流通株株主が保有する株式には市場で取引される権利（「流通権」）が付与されていないので、その権利取得に見合う対価を支払う必要があるとの考え方に基づくものである。流通権という考え方は、過去2回の非流通株改革の試みが頓挫した経験から、今回の改革で新たに考え出されたものである。今回の改革では、株価下落による損失（キャピタル・ロス）を懸念する個人投資家などの流通株株主に対して、非流通株の株主が流通権の取得の対価という名目で利益を補填することによって投資家の株離れ、株価の急落が回避された。流通株株主と非流通株株主が臨時株主総会を開催して、具体的な対価支払方法を含む非流通株改革案が協議・決定されるため、対価支払い方法は企業毎に異なる[14]。最も代表的なものは株式の無償譲渡であるが、現金支給、株式分割・併合、ワラント発行の方法も採用されている。

第2に、臨時株主総会における非流通株改革案の決定後3年間にわたり、非流通株の売却制限期間が設けられている。これは企業毎ではなく、政府により一律に設定されている。①改革案決定後12カ月間は売却できない、②発行済株式数ベースで5％以上の株式を保有する非流通株株主の場合は、改革案決定後24カ月後までに売却可能な株式は保有株式の5％以内、36カ月までに売却可能な株式は10％以内とするとされている。こうした制限によって、市場の需給が短期的に大きく悪化することを防いだことも、今回の改革の成功につながっている。

2006年末には、上場企業1434社のほとんど全社において非流通株改革案が決定され、中長期的に国有株（国家株と法人株）を市場に放出していく体制が整ったこととなる。また、2005年4月の非流通株改革開始時から約1年間は株式需給の安定を図るためにIPO・増資は政府により一時中止されていたが、2006年6月にIPO・増資が再開された。

上海証券取引所では2006年7月に中国銀行が、10月に中国工商銀行が上場

するなど（同取引所での調達額はそれぞれ約 194 億元＝ 24 億ドル）、約 470 億元＝ 59 億ドル）、国内市場での大型 IPO も相次いだ。

また、国有株の売却収入の一部を社会保障基金に充当するという政策は 2001 年 6 月に実施されたが、それをきっかけに株価の急落をもたらして、ついに同 10 月に中止された。公的年金、公的医療保険などの社会保障制度を賄う社会保障基金は、毎年大幅な赤字を計上している。2001 年に頓挫した国有株放出方針は、上場企業が IPO・増資を実施する際は資金調達額の 10％相当額の国有株を売却し、その売却収入は全て社会保障基金に充当するというものであった。2009 年 6 月に、今後国有株を持つ上場企業が IPO を実施する際は、IPO 公開株数の 10％相当する国有株を全国社会保障基金に当てる。なお、これら国有株は、全国社会保障基金に 3 年間の売却制限期間が設けられている。

2.4 中国資本市場における課題

今回の非流通株改革は、中国の株式市場の発展にとって重要な第一歩となっている。しかし、中国の株式市場が先進国レベルに整備され成熟した市場になるためには、さまざまな課題が残っている。その中でも特に重要な課題は、①非流通株改革の進展によるコーポレート・ガバナンスの向上、②株式市場に対する規制・監督体制の整備・強化である。

第 1 に、非流通株改革はもともと国有企業改革の一環としての性格を持っているが、今回非流通株の売却を可能にしたことが、直ちに国有企業の経営効率化や収益性向上につながるわけではない。国有企業の抜本的な経営改善のためには完全な民営化、ないし少なくとも国有株が半分以下になる必要がある。しかし、政府は基幹産業や高収益産業についてはコントロール・シェアを維持するとみられている。

また、少数株主による経営監視を実効性あるものにするためには、ある程度の株式をブロックで保有し、かつ企業活動に関する専門的な知識を持っている機関投資家（年金基金、保険会社、投資ファンドなど）の株式保有が増

えなければならない。現在のように、国・国有企業以外の株主が小規模投資の個人投資家ばかりでは、少数株主による経営監視には限界がある。

第2は、株式市場における規制・監督体制の整備・強化である。証券市場の監督行政は証券業監督管理委員会が担っているが、2006年1月からは新証券法、新会社法が施行され、法制面の整備も行われている。しかし、情報開示や投資家保護のための規制は依然不十分で、市場関係者の中国株式市場への信頼は低い。今後さらに、上場企業の情報開示の強化、会計インフラの整備、不正行為の徹底取締りなどを着実に進めていく必要がある。これまで中国本土の証券市場（上海、深圳）が機能不全に陥っていたこともあり、資源関連をはじめとする優良国有企業は香港市場あるいはニューヨーク市場において株式を発行し資金調達を行っている。これらの企業を国内市場に呼び戻すためにも国際水準の監督規制体制を整備し、外国投資家も含めて市場の信認を得られる株式市場としていく必要がある。

3. 為替制度改革と資本規制の緩和

2005年7月21日、中国政府は人民元の対ドル為替レートを約2％切り上げると宣言した。同時に、人民元をドルに固定するというドル・ペッグ制度から、市場の需給に基づき通貨バスケットを参考に調整した管理フロート制を導入することも発表された。バスケットの通貨構成については、人民銀行総裁・周小川の演説によると、米ドル、ユーロ、日本円、韓国ウォンを中心に構成し、シンガポールドル、英国ポンド、マレーシアリンギット、ロシアルーブル、オーストラリアドル、タイバーツ、カナダドルなども重要な要素になっているという[15]。これら通貨構成では、貿易にかぎらず、資本取引（対外債権債務）、直接投資などを考慮に入れているものであろう。

また、人民元の対ドル為替レートの変動幅は、従来通り人民銀行が発表した中間レートの上下0.3％以内とされた。中間レートは、従来「前営業日の取

引価格の加重平均に基づく基準レート」であったが、「前営業日の取引終了後に決まる終値」となる。切り上げ幅は決して大きくないものの、為替制度の変更は中国の為替制度改革が開始されたことを意味することでもあり、中国経済および世界経済にとって意義は大きいといえよう。

その後、人民元の変動幅を一日3％に拡大し、為替先物取引を解禁した。2008年人民元は一時1ドル6.8人民元までに上昇し、切り上げ前のベースといえば約20％の人民元高ドル安になっていた。しかし、後述のように人民元はドルに対して元高の傾向があるが、貿易ベースで加重人民元為替レートがむしろ下がっていることがわかっている。今後、中国経済は一層に発展して、人民元レートの変動幅の拡大を容認しながら、資本取引の自由化をへて変動相場制へ移行するものと予想される。

3.1 外貨準備の大幅増加

1994年の為替レート一本化改革では、実質的に人民元為替レートの切り下げを実施した。それ以降、中国の経常収支は黒字が定着してきており、さらに外国からの直接投資の拡大により資本項目も黒字になっている。これまでに海外への資本流出が恒常的に発生していたことの証左として使われる誤差・脱漏（国際収支統計項目の一項）は赤字から一転して2002年以降黒字になっている。それは、人民元の切り上げを見込んだ海外のホットマネーが流入していると見られる。住民の外貨保有限度額を順次に拡大しているが、政府が基本的に外貨集中制[16]と厳格な資本移動規制をとっているため、経常収支の黒字と資本流入の外貨はいずれもほとんど指定外貨決済銀行に流れ込んでいる。銀行間為替市場における米ドル売り・人民元買いの圧力は常に存在しており、さらに経済の高度成長と経常収支黒字の定着が人民元の上昇トレンドをバックしている。しかし、人民元為替レートを一定の水準に維持するために、人民銀行は為替市場に米ドル買い・人民元売りという為替介入を続けている。2005年7月の人民元切り上げ以来、人民元為替レートが上昇していたが、急激な上昇を避けるために為替介入を継続していると見られる。そ

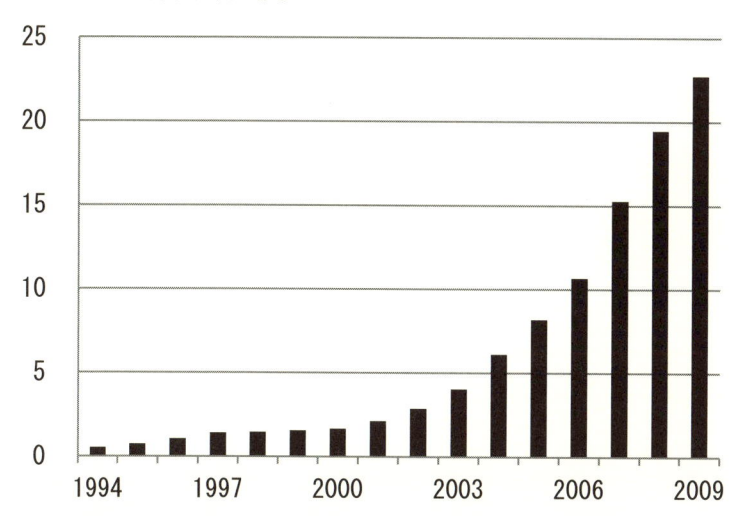

図 4-4　中国外貨準備残高の推移

出所：中国人民銀行 HP：http://www.pbc.gov.cn。各年度の統計データによって作成。

の結果は外貨準備残高が急激に増加しており、1996年末に初めて1000億ドル台となり、2009年6月にすでに2兆ドルの大台を突破し、2008年のGDP比70％以上に上っている（図4-4）。2006年以降、年間経常収支1000億ドルを超え、毎月数百億米ドルのペースで増大している。

3.1.1　外貨準備の大幅増加の要因

　中国の外貨準備増加には、基本的に経常収支黒字、直接投資流入、外貨の強制決済の3つの要因が働いている。中国は1994年以降、長年にわたって経常収支黒字国に定着している。輸出企業などからは、ドル売り・元買い需要が生まれる。一方資本収支では、中国の資本流出入構造は政府の規制によって、資本流入のうち特に直接投資の流入が活発だが、資本流出（対外投資）の方は基本的に規制されて流出が少ない。直接投資流入などの資本流入は、輸出企業と同じくドル売り・元買い需要となる。また政府は、外貨の強制決済という規制を取っている。つまり、貿易でも直接投資でも得られた外貨は基本的に指定銀行で人民元と交換しなければならない。こうしたドル売りと

人民元買いによって輸出業、直接投資などは人民元高の圧力をかけている。この人民元高の期待は次第に高まり、2002年頃から、将来の元高期待に基づく投機資金（ドル売り・元買いのヤミ資金）がさまざまなルートで規制をかいくぐって流入し、さらに元高圧力を高めていると考えられる。

しかし、人民元の為替レートは管理変動為替制度を採っており、為替市場の需給に完全に委ねることではなく、一定の為替レート目標（対ドル名目為替レート）を維持するために、人民銀行は常にドル買い・元売りの為替介入を行っている。近年外貨準備の急増は、大幅な元高圧力の下で、人民銀行が元高を防ぐために大規模なドル買い介入を続けている結果である。

中国の直接投資流入額は、2003年までに経常収支黒字額を上回っていたが、2004年以降、WTO加盟の効果などによって経常収支黒字はこれまでにない急スピードで増えている。2006～08年の間に中国経常収支黒字のGDP比は10％台に上昇し、世界的に見ても前例のない異常で大幅な黒字となっている（図4-5）。この状況を受けて、一般的には政府は国内外の経済不均衡を調整

図4-5　直接投資、経常収支及び経常収支GDP比率の推移

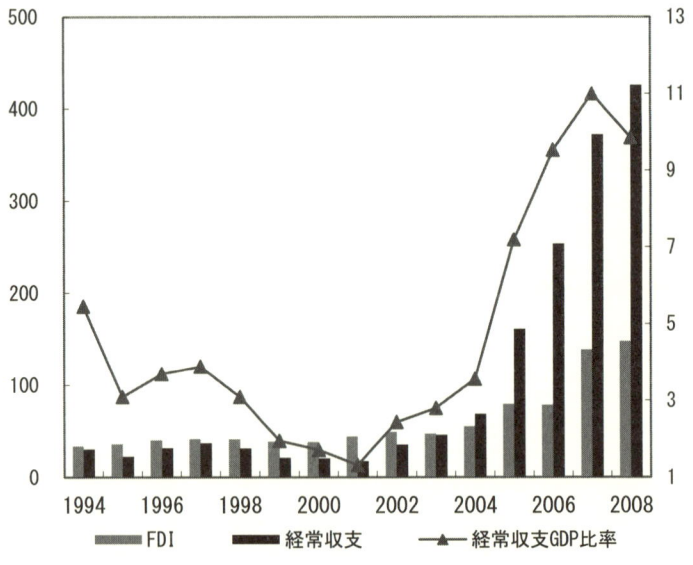

出所：中国外貨管理局HP：http://www.safe.gov.cn。中国歴年の国際収支バランスシートから作成。

するために、人民元為替レートを切り上げることによって貿易条件を改め、経常収支黒字を縮小させるという政策を採るべきであるが、主に雇用の拡大、社会安定の政治的な原因などから、人為的に為替レートを割安の水準に維持している。この面から言えば、中国政府は、輸出拡大を図るために、人民元為替レートを人為的に割安に維持しているといわざるを得ない。結果的に経常収支大幅黒字が定着して、外貨準備の増大につながっている。

3.1.2 巨額の外貨準備による悪影響

巨額の外貨準備は高度成長によい効果をもたらしている一方、その負の作用が注目されている。人民銀行の為替介入の結果としては人民元の過剰流動性が発生している。人民元の過剰流動性を金融市場より吸収する「不胎化」は、中国の場合既に限界に達していると思われる。中国では、金利自由化がまだ十分に進められておらず金融市場整備も道半ばであり、インターバンク市場の厚みも十分でない。人民銀行による公開市場操作で流動性を吸収するのは容易ではない。結果として相当の過剰流動性が貨幣市場に流入している。これは金利や流動性のコントロール以外の例えば業種毎の信用割当といった行政手段（Administrative Measure）で対処するしかないが、むろん限界がある。銀行部門の過剰流動性はいずれ貸付に回り経済の過熱をもたらして、インフレや資産価格高騰（マクロ経済の過剰流動性）につながるリスクを抱えている。一部の都市部不動産の高騰など資産バブルが発生しているともいえる。

また、将来の為替変動次第では、政府が大幅な損失をこうむるリスクがある。中国の外貨準備は約70％がドル建て資産、主に米国国債、政府保証債券という米国資産で保有されている。ドル安になれば、中国政府は多大なキャピタル・ロスを被ることになる。現状では、今回の金融危機は、米国経済に多大な損害をもたらしているため、将来米ドルの世界主要通貨に対してドル安の傾向が高まる可能性がきわめて大きい。例えば、20％の人民元高ドル安であれば、現在の外貨準備ベースの70％が米国資産で計算すると、約3000億ドルの損失になり、現在のGDPの8％に達する。つまり、巨額の外貨準備累

積は、政府ないし国民資産にとって、大きな為替変動リスクを抱えているといえる。

3.2　人民元高の圧力

中国の経常収支黒字の増大、外国からの直接投資の拡大は強い元高圧力をもたらしている。一定の為替レートを維持するため、人民銀行は常に為替介入を行っている。外貨強制集中制の下で外貨準備が急増している。外貨準備の急増がやがて元高圧力を後押しすることになる。巨額の外貨準備は一面では中国経済に大きな悪影響をもたらしているが、金融政策の自由度が低下しているため、マクロ金融政策の効果を薄めてもいる。この元高圧力を緩和するために、人民元為替レートのさらなる切り上げと資本流出入自由化への改革が必要となっている。

3.2.1　人民元為替レート切り上げのリスクとメリット

人民元為替レートのさらなる切り上げは為替の弾力化をも意味する。元高圧力が強い中で、為替介入度合いを緩めて為替レートを弾力化すれば、元は切り上がるからである。為替介入を次第にやめて、為替レートの決定を市場の需給に委ねる変動相場制に移行すれば、人民元為替レートは、市場の需給によって変動するから、元高圧力が当然ながら自動的に解消する。しかし、政府は人民元のさらなる切り上げに大きな不安を抱えている。

(1) 人民元が切り上がれば中国の輸出競争力は低下し、輸出は伸び悩むことになる。それに対して、外国からの輸入商品が相対的に安価になるため、輸入は増える。さらに、強い人民元を手にした中国国民の海外旅行などがかなり増えると予測される。いずれも経常収支の悪化につながり、中国の経済成長が失速しかねない要因となる。中国経済は深刻な雇用問題、所得格差の拡大など大きな課題を抱えており、いずれも高成長の過程中に解決しなければならない。これらの問題を解消するために、最低でも8％の成長率を保つことが必要といわれている。切り上げ幅の拡大による経済成長の失速は中国

経済にとって一番の問題である。

　(2) 切り上げが更なる切り上げ期待の悪循環を促す恐れがあり、投機資金（ホットマネー）の流入が金融制度の安定性を揺るがせ、金融危機を惹起する怖れもある。また、国内のデフレを生じさせることである。中国の資本流出入構造は歪んでいるので、為替介入なしで成立する為替レートは相当元高となるであろう。つまり、資本流出入構造が歪んだままで、為替介入をなくせば、極端に輸出抑制的な歪んだ為替レートになる可能性がある。

　ただし、現在の為替レートのままでは、中国経済に対する悪影響が大きくなるであろう。為替レートの過小評価は輸出部門と輸入品との競争に直面している部門にとっては有利であるから、ヒト、カネ、モノなどの資源がこれら部門に集中しがちである。それゆえ、一定の資源を前提とすれば、非貿易部門への資源は少なくなり、生産は実際に抑えられてしまうことになる。短期的に、貿易・経常黒字は経済成長を促すものの、長期的にみると、持続的な経済成長、特に中国という大きな国における経済成長は、決して貿易黒字に依存することではなく、むしろ、その黒字を最終消費、内需向けの資本形成という分野に振り向けることによって成長の構造をかえることであろう。現状では、資源配置と持続的な経済成長はミスマッチを起こしつつあるということである。

　さらに、割安な人民元は外貨建ての商品価格を低下させ、輸出競争力を高める一方、輸入商品価格を人民元建てで上昇させるため、中国の人びとの外国商品に対する需要を抑える役割を果たしていることである。それゆえ、貿易部門は、容易に利益を手にすることになるから、ヒト、カネ、モノが流れ込んだにもかかわらず、産業の高度化及び技術革新が進まないことになる。前述のように、中国の経常収支黒字は 2006〜08 年の間に世界に見て驚異的なレベルに達している。しかし、その黒字はほとんど対米、対ユーロ圏の貿易黒字であり、中米・中欧など貿易摩擦を生じている。中国はこの 10 数年連続で世界における「最も多くの国から『貿易保護措置の発動対象国』に指定された国」となっている。反ダンピングやセーフガードだけでなく、補助金

相殺関税が適用されるケースも多くなっている。

以上のリスクとメリットの両面から鑑みて、中国政府はあくまでもコントロールできる為替レート調整を推進すると主張している。

3.2.2 資本流出入自由化への改革

資本流出規制を緩和して、これまでに歪んだ資本流出入規制（表4-12）を是正することによって、人民元高の圧力を緩めることが期待できる。前述のように、中国金融市場はいまだに十分成熟しておらず、投機性が高いため、いったん資本取引を自由化すれば、外国への投資などによって大規模な資本流出が起こりかねないと考えられる。そうであれば為替介入なしで成立する為替レートが、現状より元安になることもありうる。また、大幅な資本流出が起こって国内預金が流出すれば、国内銀行部門に悪影響を与える。そのため、資本規制の緩和は、金融市場の発達と強固たる金融制度が不可欠である。

人民元の為替レートの切り上げで始まった為替制度改革、QDII、強制外貨集中制の緩和などの資本取引自由化への改革は、この数年間に為替先物取引の解禁、香港市場への投資解禁の試行など、大きな進展があるものの、総じてそれほど進んではいない。以下、為替制度改革と資本取引自由化を説明しよう。

表4-12　中国の資本流出入規制

			資本流出	資本流入
直接投資 (FDI)			外貨管理局などによる許可制	原則自由
証券投資	株式	発行	非居住者の国内IPOが禁止	居住者の海外IPOが可能
		売買	外国債投資：QDII	中国株投資：A株がQFIIのみ；B株
	債券	発行	非居住者の起債：財政部などによる許可制	海外での起債：外貨管理局などによる許可制
		売買	外国株投資：QDII	中国債券投資：QFIIのみ
外国借金と貸付			外国へ貸付：銀監会に認可された金融機関のみ外貨管理局による許可制	外国から借金：外貨管理局による許可制
				外資企業の借入が原則自由（届出制）

3.2.3　為替制度改革

1994年の為替レートの一本化以来、人民元は緩やかに上昇していたが、アジア通貨危機によって、政府は事実上に人民元の対米ドル固定為替レート（1ドル＝約8.28元）をとり、2005年7月の人民元切り上げまで事実上固定レート制を維持していた。中国との貿易赤字が巨額化している米国、ユーロ圏の国・地域から元切り上げへの圧力が高まる中で、政府は2005年7月21日に人民元の対ドル為替レートを切り上げ、新たな為替制度改革を開始した。

その内容は、人民元をドルに固定するというドル・ペッグ制度から、市場の需給に基づき、通貨バスケットを参考に調整した管理フロート制に移行した。バスケット各通貨のウエイトについては、明らかにされていない。また、人民元の対ドル為替レートの変動幅は、従来通り、人民銀行が発表した中間レートの上下0.3％以内とされる。

その後、通貨スワップ・先物取引の解禁、マーケット・メーカーの導入など、為替市場の整備が行われている。人民元の対ドル為替レートは、2005年7月の改革以降ほぼ一貫して緩やかな元高が進んでいる（図4-6）。改革後1年間の切り上げ幅は1.5％に過ぎなかったが、2007年以降、切り上げペースが速まり、2008年半ばまでにすでに2005年7月より約20％と元高ドル安となっていた。しかし、米国の投資銀行大手リーマン・ブラザース破綻から、世界経済は一気に不況、局面に落ち込み、中国もその例外ではないため、人民元切上げのペースはいったん止まり、人民元レートは横ばいになっている。

今回の改革では、通貨バスケットを参照する為替レート制度を導入したとされるが、実態は、改革後も人民元の為替レートは、人民銀行の為替介入により、ドルに密接にリンクして決められている。対ドル為替レートは漸進的に切り上げている。なお、中国の経常収支などからみて、ドル・ペッグ制自体は改革前とあまり変わりない。すなわち、人民元の対ユーロ、対円為替レートは、為替市場で決まるユーロ対ドル、ドルと円の為替レート次第で決めるという仕組みになっている。そのため、2006から2008半ばまでユーロ高が進行したため、人民元の対ユーロ為替レートは、米ドルと違って元安と

いう傾向にある。世界金融危機の深化で軸貨幣へ逃避によるドル高ユーロ安の流れになると、人民元は同じく対ユーロ高の流れに巻き込まれている。その点から見れば、人民元のドル・ペッグ制は改革前と変わりないといってもよいであろう。

3.3 資本流出規制緩和

中国は1996年にIMF第8条国に移行し、経常収支に関する為替取引を自由化した。つまり、輸出入や配当送金などの経常収支関連の取引については、元と外貨の交換性が確保されている。一方、資本取引に関する為替取引は、対内直接投資を除き、依然厳しく規制されている（表4-12）。

1980年代以降、対内直接投資を段階的に自由化してきたが、現在は、投資制限産業以外は原則自由化となっている。投資規制緩和を受けて、さらに中国の各地域間で熾烈な「招商引資」（つまり企業招致活動）の競争が生じ、従来の税制優遇（2007年以降撤廃）に加え、各種の外資企業優遇が拡大し、外

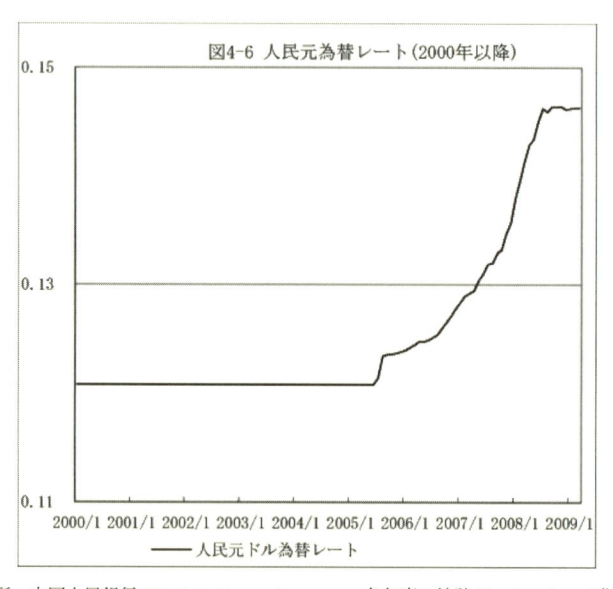

図4-6 人民元為替レート（2000年以降）

出所　中国人民銀行HP：http://www.pbc.gov.cn。各年度の統計データによって作成。

国企業は活発に中国への投資を行ってきた。直接投資以外の資本流入に関しては、基本的に許可制のもとで厳しく規制されているが、外国金融機関による証券投資に関しては、2002年に適格外国機関投資家（QFII）制度を導入し、一定の制限のもとに門戸を開放している。それは、東南アジア通貨危機の教訓によるものであろう。すなわち、アジア通貨危機に拍車かけたこと要因の1つが、外国からの短期資本の流入を利用して長期資本として投資することによって生じた資本の「短期借りの長期貸し」のミスマッチであったからである。

また、金融市場の厚みがないままで、大量に流入した短期資金は一時的に資産バブルを発生させる可能性があり、また経済情勢の変化で突然逆流することで証券市場の麻痺をもたらすことも考えられる。政府はこれを受け、安易に短期証券投資自由化を望んでいないから、慎重な姿勢を崩さなかった。

2000年以前、政府は外貨準備の獲得、外貨流出による通貨下落などの思惑から、資本流出に対して基本的にすべての投資形態に対しても許可制のもとで厳しく規制していた。ただし、最近数年間、政府は経済の高度成長に伴い、外貨準備の急増、人民元高の傾向から、資本流出規制に対しては次第に緩和している。外国への投資許可や資源獲得の投資に対する奨励などの政策が外貨管理局から次々に導入されている。それは、人民元高の圧力を減らすという側面もある。

まず、中国企業による対外直接投資は許可制となっており、政府の許可なしに外国法人設立や外国企業買収を行うことはできない。許可制という制度は変わっていないが、最近は運用面での規制緩和が行われている。2000年に政府が海外における資源の調達や先進技術の獲得を目的として、対外直接投資を促進する方針を示したが、それ以降外国企業の買収を含む大型投資案件も許可されるようになっている。対外直接投資額は年毎の変動がかなり大きいので、1996～2000年の年平均をとると20億ドルであったが、2001～05年には年45億ドルと増加傾向にある。しかし、2001～05年の外貨準備増加額が年平均1300億ドル程度であったことと比較すると、元高圧力を緩和する

ほどの規模には至っていない。

　このように最近は規制の運用緩和で、中国企業の対外直接投資が増えてきてはいるが、依然対外直接投資は許可制のもとで政府の強いコントロールの下に置かれている。なお現在の日本では対外直接投資は事後報告制となっており、政府よる規制は受けていない。中国が厳しい規制をしている理由としては、中国の企業は海外での事業展開の経験がほとんどなく、中国政府の監視の行き届かない海外展開において失敗するリスクが高いことが挙げられている。確かに、十分なコーポレート・ガバナンスが働いていない多くの国有企業については、許可制のもとで対外進出に歯止めをかける必要があろう。しかし、民間企業、および香港・米国などの株式市場で上場している企業（国有企業含む）については、対外直接投資を自由化する措置を検討すべきだと考えられる。

　対外証券投資については、まず2004年に、保険会社による外国証券への投資が一定の制限（各社ごとに設けられた投資枠の範囲内での投資）のもとで解禁された。そして2006年4月には、適格国内機関投資家（QDII）制度が導入された。これは、資産規模や経営健全性などに関する一定の基準を満たした国内銀行・投資ファンドなどに対して、一定の投資枠内での外国証券への投資を解禁するものである。2006年末時点で、外資系を含む銀行10行程度と投資ファンド数社がQDIIとして認可されており、それら金融機関は外国証券（これまでのところ外国債券のみ）に投資運用する投資信託商品を個人などに販売している。

　これまで認可されたQDIIの投資枠は合計で100億ドル程度にとどまっており、現状では元高圧力を十分緩和する規模にはなっていない。将来の元高リスクはあるものの、現状では資産運用手段が非常に限られている個人投資家などは、対外証券投資に大きな潜在的な需要を持っていると考えられる。

　なお、対外証券投資額は2001〜04年の年平均58億ドルから、2005年には262億ドルと大幅に伸びている。QDII制度は発足して間もないため、投資枠を制限的にして実験的に運用することは必要であろう。しかし、認可金融

機関の運用体制が整備され、最近では投資枠が大幅に拡大されている。特に、運用リスクが小さい先進国の国債（および準国債）のみに投資する投信商品については、投資枠を撤廃することを検討すべきであろう。

金融機関の対外貸出については規制が強く、銀行業監督管理委員会による対外貸出業務認可を受けた金融機関が、外貨管理局の許可の下で行うことができるとされている。国内銀行のリスク管理能力の低さに鑑みれば、当面厳しい規制は必要であろう。

3.4 中国の為替制度と資本取引規制の展望

中国現在の為替制度における人民元為替介入、資本取引規制はこれからの経済発展に伴い、金融制度改革の一環として介入頻度の減少、規制撤廃などが考えられる。

国際金融秩序に関しては、為替安定、金融政策の独立性ないしはマクロ経済政策の遂行と内外資本移動の自由、以上の3つの政策効果を同時に達成することは不可能である。いわゆる「国際金融のトリレンマ」である（図4-7）。

固定的ないし安定的な為替レートは、貿易や投資に当たって不確実性をな

図4-7　国際金融のトリレンマ

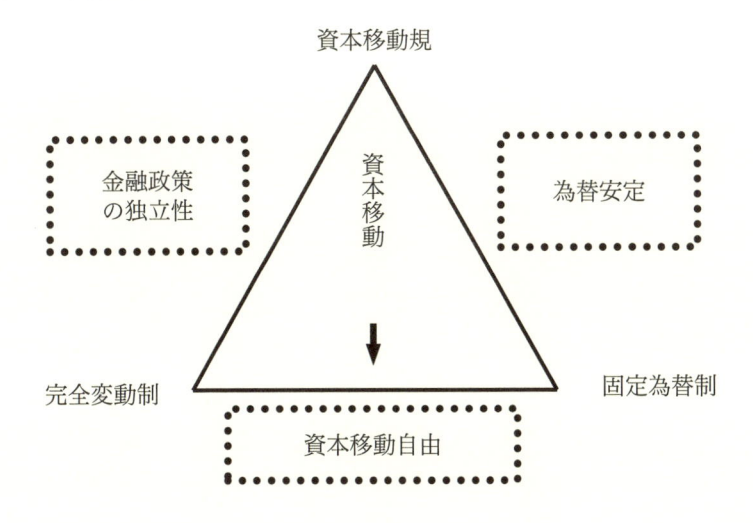

くすのが望ましい。自由な資本移動は、国内の投資が外国資本の流入によって実現し、国内貯蓄の投資機会が広がるという点で望ましい。金融政策の独立性とは、他国の金融政策にかかわらず、自国の経済情勢（インフレや失業など）に応じて金融緩和や引締めがとれる状況を指している。経済情勢が異なる他国の金融政策スタンスに引きずられることなく金融政策を独立してとれることは望ましい。しかし、それらの3つの政策目標を同時に達成することはできず、ある2つを選べば他の1つはあきらめなければならないという関係にある。これが国際金融のトリレンマと呼ばれるものである。

現在の中国にとって、外貨の需給バランスの改善を図ることは重要な課題となっている。そのためには、違法な資金流入に対する規制や取り締まりの強化に加えて、貿易自由化の推進による貿易黒字の削減、あるいは資本流出規制や外貨集中義務の緩和による資本収支黒字の削減などを図り、外貨に対する需要を増加させることが求められる。しかし、強い切り上げ期待の下で外貨需給バランスの改善を実現することは容易ではない。切り上げ期待を解消するために大幅な切り上げを実施することは、経済成長に対して大きな負の影響を与えるため現実的ではなく、また、小幅な切り上げを繰り返す手法も有効とは思えない。

対ドルレートの変動幅を拡大することは、切り上げ期待の沈静化につながると思われる。中国はすでに米ドル以外の外貨の1日変動幅を3%に拡大した。為替レートの変動を認めれば、人民元は上昇するだけでなく低下する可能性も生じる。このことが市場参加者に為替リスクを認識させ、投機的な動きを抑制する効果を持つ可能性もある。ただし、そのためには為替リスクのヘッジ手段を十分に整備することが不可欠である。少なくとも、短期金融市場や債券市場の整備によって短期金利形成体系を確立し、為替先物市場の形成を促進する必要がある。2003年8月10日の銀行間の為替先物取引の解禁は非常に重要な一歩である。

通貨バスケット制を本格的に実施することも、制度改革を進める1つの方法である。しかし、そのためには対ドルレートの変動幅をある程度大きなも

のとする必要があり、また、為替市場で取引される通貨の多様化を図る努力が求められる。これは、対ドルレート変動幅の拡大を実施した上で、時間をかけて取り組むべき課題であろう。

切り上げの実施後も人民元の対ドルレートの変動は小さく、事実上のドル・ペッグ制に近い政策運営が行われている。当面、人民元の小幅な切り上げが繰り返される可能性は低く、次の為替制度改革としては、近い将来に対ドルレート変動幅の拡大が実施されるのではないかと考えられる。中国人民銀行副総裁・項俊波は、講演で「将来、人民元相場は主に市場の需給によって決定されるようになり、再び当局が公式にまとまった調整をすることはないだろう」との考えを示した。人民元相場の改革は常に経済を注視しながら漸進的に実施されるであろう。しかし、中国経済と世界経済の統合は急速に進んでおり、中国はある程度のスピード感を持って改革を進めることに最大限の努力を払うべきであろう。

中国が今後も中長期的な高い成長を確保するためには、国際資本市場を活用することが重要となり、したがって今後資本取引の自由化を図っていくことが必要となる。一方、中国のような大国経済にとっては、他国の金融政策に制約されることなく自国の経済情勢に応じて金融政策をとれるようにしておくこと、すなわち金融政策の独立性を確保することが重要である。このことは、国際金融のトリレンマの関係から、中長期的には変動為替レート制に移行する必要があることを意味する。資本流出入規制の緩和、為替レートの変動幅拡大に当たっては、国内金融制度を強化する金融改革が不可欠である。

3.5　人民元の地域国際通貨化

中国経済はこの数年、世界における影響力が急速に拡大している。中国GDPは2006年にドイツを抜き、2010年には日本を抜いて、アメリカに次ぐ世界第2の経済大国になった。また、中国の国際貿易総額は2008年2兆5600億ドルで世界第2位になっており、さらに外貨準備高が2兆米ドルに達し、米国国債約8000億ドルを抱え、世界経済における影響力が急速に高まってい

る。アメリカのサブプライムローン問題を端に発した世界金融危機では、軸通貨であるドルの為替レートの変動が激しく、世界経済不況で国際貿易が急速に低下したために、為替リスクの回避などから人民元決済の国際貿易の需要が高まった。

2008年12月24日に開催された国務院常務会議においては、広東省・長江デルタ地区を香港・マカオ地区との、また広西省・雲南省を東南アジア連合（ASEAN）諸国との貿易における人民元決済の試行地点にすることを決定した。そして2009年の4月8日の国務院常務会議には、上海市および広東省の広州市・深圳市・珠海市・東莞市における人民元貿易決済の試行を正式に決めた。これにより、以前からもよく言われてほとんど進展しなかった人民元の国際化は、ようやく一歩を踏み出した。

実は、中国は90年代末から、近隣諸国貿易での人民元決済を一部開始し、この時点ではベトナム、モンゴル、ラオス、ネパール、ロシア、キルギスタン、北朝鮮、カザフスタンの8カ国と自国通貨決済協定を締結しており、近年、人民元の対ドル為替レートの上昇によって、香港ドルが人民元に対して目減りして貿易における人民元決済のニーズは増えつつあった。

自国通貨で国際貿易決済には、いうまでもなく、為替リスクの回避という最大のメリットである。すなわち、人民元建ての国際貿易においては、人民元切り上げの為替リスクを外国の取引相手に転嫁できる。当然ながら、長期的に人民元為替レートの上昇が国際貿易への影響は中国企業に跳ね返ってくることになる。しかし、現在の米ドルを中心とした貿易決済には、ドルの下落や為替リスク管理が会社に大きな負担がかかるため、人民元による貿易決済はそういったリスクがなくなり生産活動に大きなメリットでいえるであろう。

しかし、貿易決済の人民元利用は現在限定の地域しか使用されない。将来的には商品貿易取引、さらにすべての経常取引に拡大していって、そして資本取引の自由化に進むであろう。もしその段階に至るなら、現在に行われてきた人民元為替相場の人為的な操作はもはやできなくなるが、人民元が国際

通貨として確立されることにもなる。

　人民元が広く利用されることによって、人民元の金融取引も大幅に増えて多様化されると思われる。しかし、リスクヘッジできる高度に発達する金融市場が必要となる。すなわち、内外を問わず、短期資金と長期資金が円滑的に取引される発達な市場は不可欠である。さらに金融市場運営と監督管理の能力が求められる。急拡大の中国経済をバックにしている人民元が世界の主要通貨の一角という地位を確立するには、まだ多くのハードルがあるといえるであろう。しかし、2009年の貿易決済の人民元利用は、人民元国際化のスタート台に立ったことは間違いない。

　その一方、中国人民銀行は、2008年末以降、世界金融危機のなかに周辺諸国を中心に香港地区、韓国、マレーシア、インドネシア、ベラルーシ、アルゼンチンなど6カ国・地域の中央銀行と6500億元に上る通貨スワップ協定[17]を締結した。それは中国の外貨準備高の5％に過ぎないが、相手国に人民元の融資・貿易決済・外貨準備に使用されると見込んでいる。こうした一連の通貨スワップ協定締結と人民元による貿易決済の試行は、人民元国際化のスタートラインである。

注
1) 中国証券業監督管理委員会の指針によると、非流通株改革案は非流通株主の間で合意した上で、株主総会で「出席した全株主の3分の2以上が賛成」かつ「出席した流通株株主の3分の2以上の賛成」の条件を満たした場合、同改革案が成立となる。すなわち、株主総会においての少数派である流通株株主の同意が得られなければ、同改革案は成立しないため、非流通株株主は流通株株主の利益に十分配慮する必要である。
2) 中国の国有商業銀行はこれまでに工商銀行、建設銀行、中国銀行、農業銀行を指し、4大国有商業銀行と呼ばれてきたが、2006年5月中国銀監会は「国有商業銀行内部統制及びそれに関する監督の指針」を発表した際に、従来の4大国有商業銀行以外に交通銀行もその対象に加えた。銀監会は同時に交通銀行を株式制銀行から国有商業銀行として監督対象と扱うことにした。それ以降、銀監会の統計データはすべて交通銀行を含んで国有商業銀行の一覧になった。

3) 中国銀行業監督管理委員会 HP で発表された統計データによる。
4) 2009 年 6 月、中国の保険大手平安集団は深圳発展銀行の約 30％の株式を買収すると発表した。すでに両社の株主総会で決議されている。
5) 外貨準備を拠出した当時の株主構造を指す。
6) 1997 年アジア開発銀行の光大銀行への資本参加は国務院による特例として許可された。
7) 2008 年実施した 8100 億元及び不良債権切り離し後のベースである。
8) 中国銀行、工商銀行、農業銀行及び交通銀行については、人民銀行と各銀行 HP に公表された資料に基づき、損失類不良債権の回収がゼロ、可疑類不良債権が 25％の回収率として概算したものである。
9) 中央匯金投資有限公司 HP：http://www.huijin-inv.cn の公表資料により。
10) インフレ補填金利は 1994 年 3 月に導入されて以降毎月変更されている。1.2％から引き上げられ続け、1995 年 12 月には 13.2％に達した。その後は、これをピークに引き下げが続き、1996 年 12 月には 3.7％まで低下している。なお 1996 年 4 月以降に預けられた預金には付与されないことになっている。
11) 中国人民銀行と郵政総局の合意文書による。
12) 2003 年における非金融企業部門の資金調達パターンは、融資 76.1％、株式 4.6％、社債 1.1％、対内直接投資 12.5％、その他 5.7％となっている（OECD 2005）。
13) 2005 年 4 月、政府は非流通株改革実施方針を発表するとともに、実験的なモデルに選定した 4 社の非流通株改革を先行させた。2～3 カ月をかけて各社の臨時株主総会で対価支払い方法を含む非流通株改革案が協議・決定された。6 月には、追加的に選定された 42 社における非流通株改革プロセスが開始され、それらも 8 月までに概ね順調に改革案が決定された。このように慎重かつ実験的なケースの成功を重ねた上で、政府は 9 月から非流通株改革を全上場企業対象に拡大した。
14) 上場各社（ダブズ）各社毎の非流通株改革案はまず非流通株株主間で合意した後、非流通株株主も含めた株主総会で協議される。「出席した全株主の 2/3 以上が賛成」かつ「出席した流通株株主の 2/3 以上の賛成」が得られた場合は、同改革案が採択されることが定められており、流通株株主の利益に配慮している。
15) 人民銀行総裁（当時）周小川の 2005 年 8 月 10 日、人民銀行上海地域本部のオープン・セレモニーでの講演の内容による。
16) 外貨集中制とは 1994 年為替制度改革の一環として、企業は輸出などによって得た外貨を基本的に指定外為銀行に売らなければならないという制度である。2004 年以降、グローバル企業をはじめとして外貨保有、調達などの管理を緩和している。
17) 通貨スワップ協定は、各国の中央銀行が互いに協定を結び、自国の通貨危機の際、

自国通貨の預入と引き換えにあらかじめ定めた一定のレートで協定相手国の通貨を融通してもらうことができることを定める協定である。

第5章 中国型金融制度の成立とその構造

　これまで中国の金融制度改革を計画経済制度における財政主導の単一銀行制度を初期条件として、その制度改革の段階に沿って、制度革新が金融の各部門で展開された過程を考察し、WTO 協定体制がほぼ完成する 2007 年には、中国独自の金融制度が成立したことを明らかにしてきた。

　計画経済体制から市場経済体制への移行は、ロシア・東欧・中央アジアなどの旧ソ連圏諸国と中国・ベトナムで 1980 年代から進行した。とりわけ旧ソ連圏では多く急進改革戦略が採られ、私有化・価格自由化を柱とした市場メカニズムの導入が一挙に行われた。そのため、いずれの国も程度に差はあれ、激しいインフレに見舞われ、経済の混乱状態が相当の期間続いた。これに対して中国はそれほど激しいインフレは経験しなかったが、かなり大きなインフレ・リスクを経験したといえる。1988～89 年、1993～94 年のインフレがそれである。

　さらに中国の場合は企業経営改革と価格自由化政策が段階的に行われたため、特に国有企業所有制改革は 1990 年代後半まで先送りされたため、その間企業改革が充分進まず、多くの国有企業が赤字に転落し、不良債務を累積させ、それは 4 大国有商業銀行を中心とした銀行の不良債権を激増させた。つまり、中国の移行時期の金融リスクはインフレと不良債権の問題であり、それが前後して発生し、それを克服する過程から中国型金融制度が成立してきたといえるのである。

　その過程を整理すると、次のようになるであろう。

金融体制改革開始当時の社会的資金配分制度は、財政収入（国営企業上納利潤＋流通税）の過半を財政支出し、中国人民銀行を通じて国営企業に交付するもので、銀行は単なる出納機関に過ぎなかった。
　金融改革はまず中国人民銀行が財政から独立して中央銀行機能と商業銀行機能を分離することからはじまった。4大国有専業銀行が自立し、国家信用をバックして預金を大々的に受け入れた。それぞれ特定された分野の国営企業に融資が行われ、融資に利子がつけられ、元本の返済が規定された。社会的資金の配分は財政から銀行へと制度的変換が行われた。課税方式が利潤上納から「利改税」に変わったために企業所得税は低下し、財政収入の対GDP比率はかなり低下した。企業にとっては従来の金融機関からの融資に加え、留保利潤や減価償却金などによる企業自身の自己蓄積が可能になったために、2つの資金源泉が生まれたことを意味する。さらに重要なのは、財政資金が一般国営企業への資金交付から、主に社会資本の整備・拡大に集中するようになったことである。エネルギーや交通通信などに集中投資され、それが「20年所得4倍増計画」の実現を支えた大きな要因である。それに代わって銀行は激増した民間貯蓄を預金に吸収し、それを企業融資にまわしたのである。またこの時期、12の区域制株式銀行や数多くの投資信託公司が開設され、金融機関の多様化が進行した。4大国有専業銀行は1980年代の高成長による大幅に増加した民間貯蓄を預金として大々的に吸収して国有企業融資にあてた。
　「社会主義市場経済体制」を目標モデルとするという基本国策は1992年に確立され翌93年からの本格的な実施の段階に入った。その内容は（1）公有制を基本とする多様な所有形態、（2）マクロ・コントロール制度の確立（財政・金融制度）（3）社会保障制度の確立、を3本の柱とする。なかでも財政・金融体制改革は市場経済体制創出のためには要の位置を占める。
　この時期の金融制度の整備は後発経済発展国のモデルとして日本のバブル崩壊以前の金融制度や通貨政策が参考にされ、制度形成が行われた。その代表が政策性銀行（国家開発銀行、輸出入銀行、農業発展銀行）の設立であり、通貨規制策としての「窓口規制」の採用である。こうした日本モデルの採用

は「財政・税制制度」の改革（地方税と中央税の分税制と地方交付制度など）でも見られ、また「産業政策」についても重視されている。さらにこの時期、中央銀行の自立的機能の強化と商業銀行制度の拡充も大きなテーマとなった。これには中央銀行の分支行組織の整備、通貨政策の自立性の強化が含まれる。

またこの時期の課題は1993～94年のインフレと第1次不良債権処理の問題を克服することであった。1993～94年のインフレは、鄧小平の「南巡講話」による「改革と成長の加速」にこたえる形で、国内の経済過熱が拡大し、時を同じくして「外資直接投資」が大膨張し、1994年の外貨準備残高が前年比1.4倍増（図4-5）となり、図3-2のように国内の過剰流動性が一気に高まった。当時の朱鎔基副総理が人民銀行総裁を兼務し、あらゆる通貨規制政策をとり、95年には「ソフトランディング」に成功する。

第1次不良債権処理は本格化した国有企業改革に対応するものであった。4大国有商業銀行の不良債権1.4兆元を4つの資産管理会社に分離、処理しようとした。しかし、それによって4大国有商業銀行の不良債権比率は35％から25％程度へと10％低下したに過ぎず、その他の金融機関の部分を含めると、不良債権が処理されたとは到底いえなかった。また自己資本比率も低く、政府による2700億元の資本注入も行われたが、なお充分ではなかった。

抜本的な不良債権処理を軸とする金融制度改革は2003年以降のWTO協定の実施を控えた時期に鋭意進められた。国有商業銀行の不良債権比率は2008年に2.81％以下[1]と低下し、自己資本比率もすべて8％を上回り、「バーゼルⅡ」[2]をクリアしたばかりでなく、これまで手が回らなかった12の株式銀行や地方都市銀行、農村信用社に到るまで不良債権処理が進んだ。5大国有商業銀行（中国工商銀行、中国建設銀行、中国銀行、交通銀行、中国農業銀行）は香港及び上海株式市場に上場を果たし、株式発行による資金調達し、多額の資本増を実現し、株式時価総額でも総資産額でも世界の銀行の上位を独占するほどになった。それに象徴されるように中国の銀行ないし金融制度は国際的に見ても制度と資金面で整備が進んだ。その他の面でも、資本市場の整備や金融業3業の監督管理委員会の成立や法制度の整備が一段と進化し

ている。

　中国型金融制度改革の特徴を総括すれば、次の2点になるだろう。

　第1は、改革が漸進的であったことである。その改革には20数年も要し、ほかの部門の改革に比べてもずっと慎重に行われたといえる。漸進改革は歴史的な連続性を重視し、新旧の二重体制をとり、旧体制を存続させたまま、新体制を徐々に増量して、時間をかけて新体制に完全移行する方式で、最小の代価で経済社会の安定的な移行を実現することとされている[3]。これによりインフレ時期と不良債権処理の時期が間隔をおいて現れた。その克服には時間がかかったとはいえ、旧ソ連や東欧のような激しい経済の後退と混乱を回避して、高成長を実現したといえる。旧ソ連・東欧は所有制改革や価格自由化などの市場化改革を同時にしかも短期に実施したことが経済的混乱をもたらしたといわざるを得ない。

　このことは第2の特徴につながっている。すなわち、改革過程が政府の強力な主導によって推進されたことである。中国の経済改革の上で政府は大きな役割を果たしているが、とりわけ金融改革でも顕著な役割を演じた。改革以来、中央の財政能力は次第に低下し、財政の経済に対するコントロール能力は低下したが、その代わりに国有銀行体系を利用して急速に拡大していた民間貯蓄を集中し、国有企業に対する資金支援を強化した。いわば「財政の弱化」を「金融の強化」で補い、国家の金融に対するコントロールは強まったのである。例えば、4大専業銀行の時代には人民銀行の再融資などを通じて平均融資額の35％を政策性融資[4]にすることが強制されていたし、また一時は20〜40％という高率の預金準備率が実施されていたが、これも政府が融資規模をコントロールし、政府の政策に沿った融資を行うためであった。このため、銀行部門は非銀行部門に比べて市場化がはるかに後れ、行政指導を強く受けていたのである。

　こうした過程を経て2006年末のWTO協定の完成後、中国型の金融制度がほぼ成立したといえるが、その構造の特徴を以下見ることにしよう。

1. 中国金融市場の構造

まず、現代中国の社会的資金配分状況を表5-1 全国固定投資資金源別の構成で見ると、最大の部分は企業の自己調達資金で約60％を占めている。しかし、これには企業の株式や債券による資金調達も含まれているので、それを表4-4（99ページ）非金融企業の資金調達状況で見ると、株式と社債分は約10％で、銀行融資が80％以上を占めていることがわかる。そうすると大まかに言って、企業の中長期投資は自己資金50％、銀行融資16％、資本市場6％、政府資金4％、外資3.5％、その他20.5％ということになる。

つまり、現在企業レベルでは、まず自己資本、留保利潤と減価償却金が第1であり、企業は市場メカニズムによる資金配分によっていることが明らかであり、市場経済化が基本的に実現しているといってよい。これに対して外部資金は全体の4分の1ほどで、そのうち銀行資金が80％、資本市場調達は10％である。かつての国家資金は4％以下となっており、外資も90年代の10％超から3％台に後退している。とはいえ、中国の企業資金のうち外資が4％ほどを占めていることは、特筆すべき中国の特徴である。この外資は主に直接投資として流入した。

いまざっとその数量を見ると、次のようになる。1978年から2008年までの30年間に8526億ドルに及び、年平均284億ドルである。1992年に初めて100億ドルを超え110億ドルと急増して、その後

表5-1 全国固定投資資金源の構成　　単位：％

年度	予算内資金	銀行融資	外資	内部資金	その他資金
1999	6.2	19.2	6.7	49.2	18.6
2000	6.4	20.3	5.1	49.3	18.9
2001	6.7	19.1	4.6	49.8	19.9
2002	7.0	19.7	4.6	50.7	18.0
2003	4.6	20.6	4.4	53.7	16.8
2004	4.4	18.5	4.4	55.4	17.4
2005	4.4	17.3	4.2	58.3	15.9
2006	3.9	16.5	3.6	59.8	16.2
2007	3.9	15.3	3.4	60.6	16.8
2008	4.3	14.5	2.9	64.8	13.5

出所：『中国統計年鑑』（2009）より作成

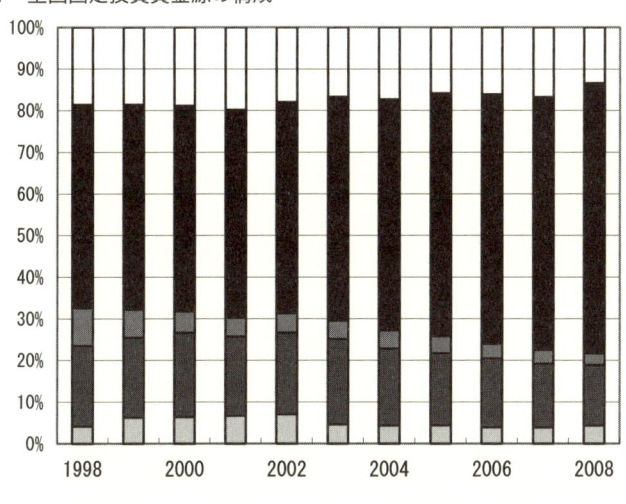

図 5-1　全国固定投資資金源の構成

□予算内資金　■銀行融資　□外資　■内部資金　□その他資金

出所:『中国統計年鑑』(2009) より作成

1996には400億ドルを超え、2001年のWTO加盟後は500億ドル以上に達した。2008年には924億ドルと最高を記録している。この資金はホット・マネーのように急に流失するおそれもない安定的長期資金である。2003年から07年までの5年間はGDP成長率が10%以上に及び、国内資金が急拡大していたので、外資投資の割合は低下しているが、特にこの時期、高成長成長を牽引した輸出を増大させた要因の1つとなった。この外資は04年以降の増加する貿易黒字とともに、現在2兆ドルをこえる外貨保有の源泉であり、この豊富な外貨が金融制度を支え、補強する役割を果たしている（表5-2）。

また、資金源のうち自己資金部分が意外と多

表5-2　外資利用状況（実際利用額）

単位：億ドル

年度	合計	対外借款	直接投資	その他投資
1985	48	25	20	3
1990	103	65	35	3
1992	192	79	110	3
1995	481	103	375	3
2000	594	100	407	86
2002	550	—	469	28
2004	641	—	603	41
2006	670	—	630	41
2008	953	—	924	29
1979-2008	10498	1472	8526	500

出所:『中国統計年鑑』(2009)、745頁。

表 5-3　金融機構資金バランスシート
単位：億元（%）

	2007年	2008年
一．資金源泉合計	45.4 (100)	53.8 (100)
1．各種預金	38.9 (85.7)	46.6 (86.6)
企業預金	13.9 (30.6)	15.8 (29.5)
財政など預金	3.7 (8.5)	4.0 (7.4)
民間預金	17.3 (38.1)	21.8 (40.5)
農業預金	1.0 (2.2)	1.0 (1.9)
その他	3.2 (7.0)	4.0 (7.4)
2．金融債券	1.2 (2.5)	2.1 (3.8)
3．流通現金	3.0 (6.5)	3.4 (6.2)
4．その他	2.3 (5.3)	5.1 (9.4)
二．資金運用合計	45.4 (100)	53.8 (100)
1．各種融資	26.2 (57.7)	30.3 (56.3)
短期融資	11.4 (25.1)	12.5 (23.2)
中長期融資	13.2 (29.0)	15.5 (28.8)
2．有価証券投資	6.3 (13.9)	6.5 (12.2)
3．外貨買入れ	12.8 (28.2)	16.8 (31.3)
4．その他	0.1 (0.2)	0.1 (0.2)

出所：『中国統計年鑑』（2009）より作成

いのは、銀行や証券市場にアクセスできない私営企業や中小企業が相当に多いのではないかと考えられる。中国の企業総数は約400万社であり、その99％は中小企業であることからもそれが推察される。したがって国有企業や大企業の場合は、はるかに外部資金の割合は高いと思われる。

　表5-3で金融機構の資金バランスを見ると、資金源泉では、民間預金（農村・都市）が約40％、企業預金が30％で合計約70％が企業・家計部門が占め、財政等は7～8％を占めるに過ぎない。金融債券は3％前後と少ない。運用面では、短期資金融資が25％前後を占め、中長期資金融資の30％弱で、かなり大きなウエートを持っており、銀行融資の比重を見る場合に留意しておいてよい。

2. 中国の金融制度体系

　図5-2は、中国の金融制度体系を示す概念図である。ここには各制度の量的比重もある程度推測できるように数値も挿入されている。この内金融部門は総資産では約62兆元を占め、GDPの約2倍に及んでいる。図の郵貯銀行ま

第5章　中国型金融制度の成立とその構造

図 5-2 中国金融機関と管理体制

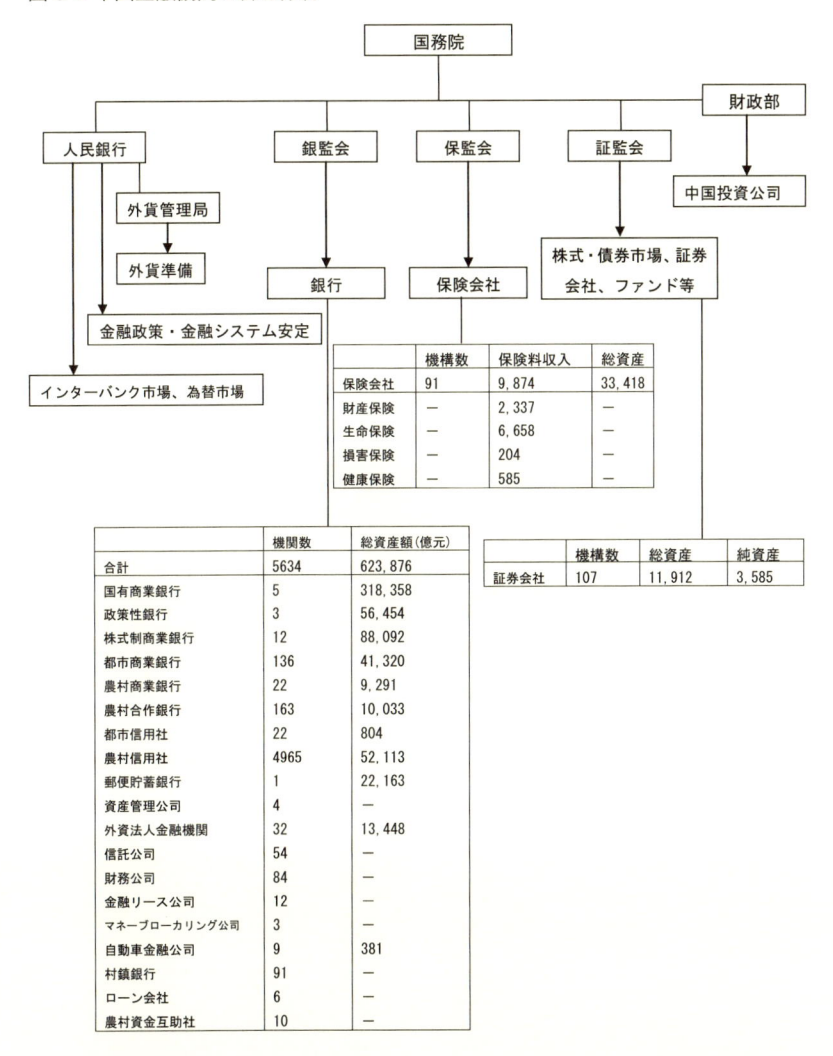

```
                          国務院
                            │
    ┌──────┬──────┬──────┬──────┐─────────財政部
    │      │      │      │                 │
  人民銀行  銀監会  保監会  証監会        中国投資公司
    │      │      │      │
 外貨管理局 銀行 保険会社 株式・債券市場、証券
    │                    会社、ファンド等
 外貨準備
    │
金融政策・金融システム安定
    │
インターバンク市場、為替市場
```

	機構数	保険料収入	総資産
保険会社	91	9,874	33,418
財産保険	—	2,337	—
生命保険	—	6,658	—
損害保険	—	204	—
健康保険	—	585	—

	機構数	総資産額(億元)
合計	5634	623,876
国有商業銀行	5	318,358
政策性銀行	3	56,454
株式制商業銀行	12	88,092
都市商業銀行	136	41,320
農村商業銀行	22	9,291
農村合作銀行	163	10,033
都市信用社	22	804
農村信用社	4965	52,113
郵便貯蓄銀行	1	22,163
資産管理公司	4	—
外資法人金融機関	32	13,448
信託公司	54	—
財務公司	84	—
金融リース公司	12	—
マネーブローカリング公司	3	—
自動車金融公司	9	381
村鎮銀行	91	—
ローン会社	6	—
農村資金互助社	10	—

	機構数	総資産	純資産
証券会社	107	11,912	3,585

出所：中国金融学会編『中国金融年鑑』(2009)、中国銀行業監督委員会『中国銀行業監督委員会 2008 年報』、中国証券監督委員会『中国証券先物統計年鑑』(2009)、中国保険監督委員会『中国保険年鑑』(2009) によって作成。データはすべて 2008 年末時点のものである。

での銀行が60兆元を占め、5大国有商業銀行が約50％の32億元となっている。確かに5大国有商業銀行の比率は高いが、80年代の独占状況から比べれば、はるかに金融機関の種類も多くなり、大中小の銀行体系が整い、地方や中小企業金融や農村金融などもネットワーク化している。すなわち、政策性銀行3行（国家開発銀行、輸出入銀行、農業開発銀行）、5大国有商業銀行（中国工商銀行、中国建設銀行、中国銀行、中国農業銀行、中国交通銀行）の大型銀行、招商銀行、民生銀行、興業銀行、浦東発展銀行など中型株式制・区域性銀行12行、地方都市商業銀行136行（上海銀行、北京銀行など中大手銀を含む）、農村商業銀行・農村合作銀行・農村信用社・村鎮銀行・農村資金互助社の農村中小信用機関、貯蓄専門の郵便貯蓄銀行と一通りの銀行ネットワーク・システムが形成されるといえる。証券市場では、株価の急速回復によって上海と深圳の証券市場を合わせた時価総額は2009年にも東京市場を超え、世界第3位に浮上していると見られる。証券会社の総資産額は1兆2000億元に達し、保険会社の3兆3000億元までに成長しているが、金融制度全体のウエートがなお低い。

　中国の銀行部門の国際的地位を見ると、次のようになる。

　英フィナンシャル・タイムズ（http//www.ft.com）が2009年5月29日に発表したFT Global 500 2009のCompanies ranked by sectorによると、2009年3月31日時点で、普通株と内部留保による純粋な自己資本（Tier1）[5]を基準とする世界の銀行ランキングで、中国工商銀行（7億4701万ドル）、中国銀行（6億4961万ドル）、中国建設銀行（6億3113万ドル）、中国農業銀行（3億9998万ドル）がそれぞれ8位、11位、12位、24位を占め、世界上位25位以内にランクしている。政府資本を除く場合は、それぞれ5位、10位、11位、21位となっている[6]。表4-2（91ページ）のように2009年3月末時点の株式時価総額では、中国工商銀行、中国建設銀行、中国銀行は世界においてもトップ3を占めている。

　また非銀行金融機関も近年整備が進み、相当の位置を占めるに到っている。
　ノンバンク金融企業については、証券業の対外開放はWTO加盟時の協定

によって 2006 年までの 5 年間で完成した。その開放内容は (1) 外国証券会社の B 株直接取引の解禁、(2) 外国証券会社の在中国子会社及び事務所は証券取引所の特別会員として扱う。(3) 合弁ファンド管理会社による国内証券投資ファンド設立管理が可能。外資の出資比率限度は当初 33％、3 年以内に 49％までにする。(4) 加盟 3 年以内に、外国証券会社は、合弁証券会社を設立し A 株、B 株、H 株、政府および企業債券の主幹事、ファンドの発起人業務を行うことができる。ただし外資出資比率は 3 分の 1 以下とする。なお、営業許可証の発給基準は健全性基準のみであり、経済的ニーズの測定、あるいは数量制限は行わない。

中国はすでに以上の WTO 加盟時の公約をクリアしており、それ以上の対外開放が行われた。2002 年 12 月に適格外国機関投資家制度 (QFII：Qualified Foreign Institutional Investors) を導入した。適格と認められた適格外国機関投資家に対して、一定の制限付ではあるが、国内向け証券市場へ投資することを解禁した。管理当局が認可された海外の機関投資家に対して、国内投資家向けの A 株などに対する投資を限定的に認めることとなった。これまで外国人による国内証券市場への投資は、外国人向けに発行した B 株市場しかできなかった。外国人による人民元建ての証券取引の参加を認めたことは、中国の資本市場の対外開放へ向けた大きな一歩であった。2006 年年 4 月、適格国内機関投資家制度 (QDII：Qualified Domestic Institutional Investors) も導入された。それは、国内の投資家は、認可された機関投資家を通じて海外市場に投資できるという仕組みである。2008 年末には、GDII と GFII の限度額がそれぞれ 560 億ドル、134 億ドルとなった。しかし、銀行、投資信託会社、保険会社など金融機関に限定し、その後一時的に対象を拡大したものの、現在でも一般投資家には全面実施に至っていない。

《信託投資会社》

1979 年に中国国際信託投資公司 (CITIC) が設立され、最初のノンバンク金融機関となった。その後、信託投資公司をはじめとするノンバンク金融機関は相次いで設立された。改革当初では、ノンバンク金融機関、特に信託投

資会社は厳格な信用管理の下に置かれた銀行に比べて、資金調達や運用に関する規制が緩く、証券投資、不動産投資等に基本的に制限がなく、金融業の「百貨店」と呼ばれていた。改革以降、各地のインフラ整備などの資金需要が旺盛であったが、計画経済時代の影響で中央政府は投資計画を厳しく制限していた。そのため、各地方政府は、投資の資金源として投資規制に縛られない信託投資会社を数多く設立した。その結果、各地方政府所管会社、人民銀行及び4大専業銀行の分行が投資した信託投資会社が次々と設立された。しかし、これら信託投資会社は、管理ノウハウもなく具体的な投資方針もないまま銀行やインターバンク市場からの調達資金で投資拡大をしていた。特に1986年の投資ブームは実質的に信託投資の急増によるものであるといわれている。

1993年の金融体制改革では、金融秩序の回復に伴い、信託投資会社を再編してピーク時の1000社あまりから239社に統合させた。その後も金融引締め、不動産バブルの崩壊と株式投資失敗などによって大量の不良債権が発生し、大半の信託投資会社は閉鎖された。

なお、もっとも有名なのは、1997年のアジア金融危機を受け、1989年に指定された10大外貨調達窓口のうち信託投資公司最大手の中国国際信託投資公司に次ぐ広東国際信託投資公司（GITIC）が、不良債権の累積で1999年に突然に破綻したことである。政府が保証するソブリン債とみなしてGITICに投資した外国の各金融機関には大変ショックを与えた。当時、日本の都市銀行など金融機関をはじめとする国際金融機関はソブリン債として多額の資金を投じたため、多大な損失を被った。GITICの破綻処理について中国政府は、政治と経済の分離を理由にその債務を保証しないというスタンスを主張した。しかし、GITICに投資した外国の各金融機関は、起債時では広東省政府が保証するソブリン債であるという認識の上で購入したので、この破綻で債務保証はないというという中国政府の態度は国家信用にかかわる問題となった。中国政府は「会社法（公司法）」の政府機関が民間企業の債務保証禁止という規定を適用し、自己責任であるとあくまでも主張した。債権者と合意しない

まま、GITIC は破綻処理に入った。国際金融市場に大きな波紋を及んだ。

また、海南国際信託投資公司の 1997 年 9 月に起債した 140 億円のサムライ債は 2000 年 9 月にデフォルトが発生した。それは、信託投資公司は、投資者から調達した資金を事前に定めるインフラ施設の整備や国有企業の設備投資に投資して、運用利益を投資者へ還元するという仕組みであるはずだったのに、80 年末から 90 年初期にかけての投資ブームのあおりで不動産産業などに大量に投資した。1996 年に海南等不動産バブルの崩壊や株式投資の失敗などの原因で、90 年代後半では多くの信託投資公司は多額の不良債権が生じ、実質に破綻状態までに悪化した。それ以降、外国からの中国信託投資会社への投資はかなり減少した。結局各地の投資信託会社の数と規模は大きく縮小し、地方政府の資金調達の窓口としての機能は小さくなった。

2000 年以降、信託投資会社についての法的な整備を始め、関連する監督管理細則が公布され、新たな段階に入った。2001 年 10 月に「信託法」が施行され、また 2007 年 3 月に公布された「信託会社管理弁法」及び「信託会社による集合資金信託スキームの管理に関する規定」は、中国の現在の投資信託会社に関する法的な整備及び管理当局による管理方法を定めたものである。同 2007 年 7 月に銀監会は「ノンバンク金融機構の行政許可事項に関する実施弁法」を公布して、外国資本による中国信託業への参入制度を明確に定めた。「信託会社管理弁法」では、信託投資会社の業務を明確にし、投資者との関係などを規定して、信託業の発展を後押しするというものである。同弁法によれば、信託会社は次に掲げる人民元及び外貨業務の一部又は全部の実施を申請することができるとしている。すなわち、金銭信託、動産信託、不動産信託、有価証券信託、その他財産または財産権信託、投資ファンド及びファンド管理会社の発起人としての投資ファンド業務への従事、企業資産再編、M&A 及びプロジェクトファイナンス、アセットマネージメント、財務顧問等の各業務、国務院関係部門が認可した証券販売業務の受託、仲介、コンサルティング、信用調査等の業務の代行、保管及び金庫代行業務、法律が規定する又は銀監会が認可するその他の業務など人民元及び外貨業務の一部又は全

部とする。こうして制度整備が進展した信託投資会社は 2006 年以降の株価
の上昇に伴い、有価証券信託、投資ファンド及びファンド管理などの業務の
発展によって再び活気を取り戻している。

3. 中国金融制度の特質

3.1 銀行融資の支配的地位

中国の社会的資金の配分機構の中では、すでに見たように銀行システムが
最も大きなウエートを占めており、いわゆる間接金融制度が優位を占めてい
る。中国の非金融企業の資金調達のうち、約 80％は銀行融資が占めており、
中国の金融制度は極端な間接金融制度を特徴としている。

通常金融制度は2つの類型に分けられる。1つはアメリカ・イギリス型の直
接金融中心方式であり、もう1つはドイツ・日本型の間接金融中心方式である。
前者は言うまでもなく、企業が直接、資本市場から資金を調達する方式が優

表 5-4　銀行（間接金融）体制と市場（直接金融）体制の指標対比

	指標	英系	仏系	独系	瑞典系	サンプル平均	中国
銀行と市場規模	銀行融資/GDP	0.408	0.341	1.000	0.502	0.461	1.113 (0.242)[1]
	市場資本/GDP	0.128	0.154	0.438	0.232	0.296	0.323
構造指数：市場と銀行[2]	構造活動	-1.570	-2.143	-1.072	-1.957	-1.785	-2.407 (-3.721)
	構造規模	-0.159	-0.785	-1.116	-0.802	-0.598	-1.237 (-0.297)
	構造効率	-6.270	-6.570	-4.814	-6.317	-6.220	-2.653 (-4.404)
	構造総量	0.410	-0.140	0.640	-0.005	0.174	n.a.
	構造企画	8.780	9.060	8.000	7.660	8.690	16.000

注1：括弧内の数字は、銀行の信用総額ではなく、非銀行部門に対する信用総額。
注2：当数字は、一国の金融体制が直接金融か間接金融か判定する。一国の当数字は大きければ
　　　大きいほど直接金融中心の金融体制であることを示す。『中国金融動態』2003 年 6 期に掲
　　　載されていた。
出所：中国財政金融政策研究中心課題組『無危機増長―"中国模式"中的財政金融因素』(中国人
　　　民大学出版社、2009 年)、147 頁。

位を占めている金融制度である。現代では企業は自己金融的性格を強めているとも言われ、ドイツ、日本でも現在では直接金融のウエートがずっと高まっている。この2つの類型から言えば、中国はドイツ・日本型に属する。前に見たように、90年代中国は日本の金融制度を参考に、金融制度改革を進めた時期があったが、それは後進国型の日本の制度が後発国中国の国情にあっているとされたからである。したがって、中国の金融制度は大まかにはドイツ・日本型といえるが、現時点でいえば、直接金融の部分が極めて小さいという極端な間接金融中心型で、銀行が絶対優位を占めており、日本やドイツに比べて、中国ははるかに資本市場による資金調達の割合が低い。そのため、中国の金融制度をドイツ・日本型であるといっただけでは、大まかな規定であり過ぎる。そこで中国特有の金融体系の特徴を見るため、フランクリン・アレンなどの「中国金融制度と国際金融体系比較」の研究を参照して、その特徴を見よう。

まず規模で言えば、GDPと銀行信用額の比は1.113であるのに対し、市場資本量は0.323に過ぎない。銀行主導のドイツ系の国より高い。構造指数について言えば、中国の「構造活動」と「構造規模」[7]の数値は最低である。これは中国の銀行システムが資本市場の規模をはるかに超えていることを示しており、銀行が絶対的な地位を占めている程度は他のサンプル国のどこよりも大きい。

1993〜2005年の間の平均域内株式市場の資本調達額は銀行融資の増加額の5.4％前後を占めるにすぎなかった。株式時価総額は1994〜2005年平均でGDPの30％以下であり、2005年の銀行業総資産額がGDPの2.05倍であったから、おおよそ銀行業総資産は株式時価総額の7倍に上ると見られる[8]。こうしてみると、中国の金融体系は

表5-5　金融資産構成国際比較対照表　　　　　　　　　　単位：％

	中国	アメリカ	日本	イギリス	韓国
株式資産	31.0	34	22	38	32
社債資産	0.5	12	9	8	18
政府債	5.1	36	31	25	25
銀行資産	63.0	18	38	29	25

出所：呉暁霊主編『中国金融体制改革30年回顧与展望』（人民出版社、2008年12月）147頁。注：中国のデータは2007年9月末、その他は2006年末。

ドイツモデルに近いが、資本市場など多くの面で未発達である。3大取引市場（上海、深圳、香港）の規模と容量は大きく成長しているが、その規模や重要性では銀行にはるかに及ばない。資本市場の後れは言うまでもなく、中国の改革が所有制の改革を後回しにし、そのため証券取引所の発足も上場すべき株式会社の形成もおくれたところに主な原因があったし、また同時に市場投資家の形成も後れたことにあった。

次に、発達が後れている資本市場の特徴と現状の問題を見ておこう。中国の資本市場規模は銀行総資産に比べて極めて小さいばかりでなく、株式市場と債券市場の比率が大変不均衡である。

中国は金融資産の構成で、株式が全体の31％なのに対し社債はわずか0.5％しか占めていない。アメリカ、イギリス、日本、韓国が約10％を占めているのとは対照的である。しかし、むしろ注目すべきは、1つは株式資産が31％と他の諸外国と比べて遜色がないことであり、1つは国債の比率がこれ

表5-6　中国株式市場の推移（1992-2008）

	上証上場会社数	深証上場会社数	上場株式数	流通株式数	上場株式時価総額	流通株式時価総額
	社	社	億株	億株	億元	億元
1992年	29	24	69	21	1048	n.a
1993年	106	77	388	108	3531	862
1994年	171	120	685	226	3691	969
1995年	188	135	848	301	3474	938
1996年	293	237	1220	430	9842	2867
1997年	383	362	1943	671	17529	5204
1998年	438	413	2527	862	19506	5746
1999年	484	465	3089	1080	26471	8214
2000年	572	516	3792	1354	48091	16088
2001年	646	514	5218	1813	43522	14463
2002年	715	509	5875	2037	38329	12485
2003年	780	507	6428	2270	42458	13179
2004年	837	540	7149	2577	37056	11689
2005年	834	547	7164	2915	32430	10631
2006年	842	592	14926	5638	89404	25004
2007年	860	690	22417	10332	327141	93064
2008年	864	761	24523	12579	121366	45214

出所：『中国統計年鑑』(2009)

また飛びぬけて小さいことである。このことは株式市場の比率はまだ小さいが、国際的に見ると中国の株式市場は相当の規模を持つにいたっていることを意味する。

表 5-6 は最近 10 年の株式市場の推移を示したものである。中国の株式市況は 2000 年から 2005 年まで 6 年間にわたって株価は下落を続け、株価はほぼ 3 分の 1 に低下した。この間も経済成長は続いていたので、資本の供給は十分であったはずである。しかし株式市場は低迷し、株式市場への資金の流入は少なかった。ところが、2006 年から株価は反転し、2007 年まで一気に 5 倍まで上昇した。これには株式市場の政府による制度や法制の整備が進み、好景気を背景に「非流通株」の問題も相当緩和されたという事情もあって、持続的な株価上昇となったのである。この時には上海市場は東京に迫るアジア第 2 の市場へと上昇した。2007 年 10 月に上海総合指数が史上最高 6124 ポイントに達しが、その後株式バブルが 2008 年から崩壊し、世界金融危機の影

売買高	売買代金	新規発行株式数	資金調達額	上海株式指数	深圳株式指数	証券投資口座数
億株	億元	億株	億元	ポイント	ポイント	万戸
38	681	21	94	780	241	217
234	3667	96	375	834	238	835
2013	8128	91	327	648	141	1108
705	4036	32	150	555	113	1294
2533	21332	86	425	917	327	2422
2561	30722	268	1294	1194	381	3480
2154	23544	106	842	1147	344	4260
2932	31320	123	945	1367	402	4811
4758	60827	512	2103	2073	363	6123
3152	38305	141	1252	1646	476	6899
3016	27990	292	962	1358	389	6842
4163	32115	281	1358	1497	379	6981
5828	42334	228	1511	1267	316	7216
6624	31665	567	1883	1161	279	7336
16145	90469	1288	5594	2675	551	7854
36404	460556	413	4591	5262	1447	13886
241	267113	115	1034	1821	553	15198

響を受け、上海株価指数は一時ピーク時の4分の1までに (1665 ポイント) に下がった。2009年には徐々に回復し、上海総合指数は6割程度に回復し、東京市場を追越す勢いとなった。

中国の株式市場は国際取引が極めて制限されており、中国独自の市場をなしている。ところが、香港市場は今や中国の特別区であるが、事実上は国際市場的性格をもっている。したがって、中国の企業は香港市場に上場することによって、外資を調達することができる。こうした関係を活用して、中国のグローバルな3大メガバンクが誕生したのである。

3.2 銀行制度の所有制構造の特質

中国の金融制度に関する第2の特徴は大型・中型・小型の銀行体系のすべてにわたって国有制ないし公有制企業であることである。政策性銀行の国家開発銀行、輸出入銀行、農業発展銀行はもちろん国有制企業であり、総融資額の過半を占める5大国有商業銀行も表5-7のとおり国有である。

株式制商業銀行12行については、民営の民生銀行1行を除いて他は公有制といってよい。これには2種類ある。1つは上海浦東発展銀行、興業銀行、広東発展銀行、浙商銀行、恒豊銀行のような地方政府の出資による株式制銀行、1つは招商銀行、中信銀行、華夏銀行、深圳発展銀行、渤海銀行のような有力国有企業の出資による株式制銀行である。唯一、光大銀行は国有投資会社の中央匯金公司の出資による。さらに全国の主要地方都市136都市に地方都市商業銀行がある。その所有はほとんど当該市政府であり、公有制企業である。また22ある農村商業銀行も基本的に市政府所有であり、公有制である。このほか、都市信用社、農村信用社は集団所有といってよい。

こうしてみると、中国の銀行制度を構成するほとんどの銀行は国有か公有かである。ただし、中国はこの点を意識してか2003年以降「戦略的投資家」として外国大手銀行の資本参加を認め、制度や経営上の健全化を進めている点は留意しておくべきである。しかし、このように銀行体系が国有、公有制銀行によって占められているシステムは極めて異例であるとも言える。

表 5-7　主要銀行の大株主の状況

	銀行	大株主		銀行	大株主
政策銀	国家開発銀行	中央匯金	株式制商業銀行	招商銀行	招商局集団
	輸出入銀行	財政部		上海浦東発展銀行	上海国際集団[3]
	農業発展銀行	財政部		中信銀行	中信集団
国有商業銀行	工商銀行	中央匯金と財政部		民生銀行	民営企業[4]
	建設銀行	中央匯金		興業銀行	福建省財政庁
	農業銀行	中央匯金と財政部		光大銀行	中央匯金
	中国銀行	中央匯金		華夏銀行	首鋼集団
	交通銀行	財政部		広東発展銀行	国家電網、シティグループなど[5]
郵貯	郵政貯蓄銀行	郵政集団公司		深圳発展銀行	平安集団[6]
都市商業銀行	北京銀行	ING BANK[1]		浙商銀行	浙江財開[7]
	南京銀行	南京市国有資産管理会社		恒豊銀行	烟台市政府
	寧波銀行	寧波財政局		勃海銀行	天津泰達[8]
	上海銀行	上海聯合投資[2]	農商銀行	北京農村商業銀行	北京市国有資産管理会社
	杭州銀行	杭州財政局		上海農商銀行	上海国際集団[3]
	莱商銀行	上海浦東発展銀行		深圳農村商業銀行	深圳市政府
	台州商業銀行	招商銀行		重慶農村商業銀行	重慶渝富

注：中央匯金公司は中国投資公司の完全子会社で、財政部は中国投資公司の親会社である。
(1) ING BANK は北京銀行の筆頭株主だが、北京市属国有企業所有株の合計がそれを超えて、市属国有企業を通じて北京市は実質上に経営権を握っている。
(2) 上海聯合投資は上海市属国有企業。
(3) 上海国際集団は上海市属国有企業。
(4) 新希望集団など民営企業は民生銀行の大株主である。
(5) 国家電網、中信信託、中国人寿、シティグループはそれぞれ広東発展銀行の株式の20%を持っている。前の 3 社はいずれ国有企業である。
(6) 平安集団の筆頭株主が香港上海銀行（HSBC）であるが、深圳市属の国有企業が大半の株式を握っている。
(7) 浙江財開は浙江省の国有企業だが、浙商銀行の株主の大半は民営企業であるため、民生銀行に次いで第二の民営株式制銀行といわれている。しかしながら、事実上に浙江省（浙江財開を通じて）主導している。
(8) 勃海銀行の筆頭株主は天津市属の国有企業天津泰達集団（25%）だが、スタンダードチャータード銀行（香港）が二番目の大株主（19.9%）である。外資銀行は発起人としては初めてである。
出所：工商銀行、建設銀行、中国銀行、交通銀行、招商銀行、上海浦東発展銀行、中信銀行、民生銀行、興業銀行、華夏銀行、深？発展銀行、北京銀行、南京銀行、寧波銀行など 14 上場銀行は公表した年度報告によって作成、その他の銀行は、年度報告或いはその他の公開資料によって作成。

　その淵源はどこにあるのか。第 1 に中国の金融制度が社会主義計画経済を初期条件としている点が大きい。それと同時に、改革開放後の 80 年代、非国有経済の発展により激増する民間貯蓄を 4 大国有銀行が預金として吸収し、

それを「預金準備率制度」などを通じて人民銀行が吸収し、その預金を再融資するメカニズムを形成したことが指摘される[9]。政府は4大専業銀行に政策的に預金を吸収する支店の開設認可し、預金の集中を図ったのである。

この時期の「預金準備率制度」は通常のそれとは異なっていた。その準備率は10〜40％と高率であったことは前述したが、4大国有銀行預金総額の35％にも達していた。人民銀行はそれを再融資し、農産物集買資金や重点産業への投資に回した。この時期の「預金準備率制度」は本来の通貨調節手段として機能していたのではなく、国家が不足する財政資金を補填するため、銀行預金を流用する制度だった。投資の中央財政は地方財政分権もあって税収が減少しており、他方まだ国債発行が制限されていたことから、銀行預金依存が始まったのである。

しかし、1990年代中期以降になると大量の国債発行に踏み切り、この預金準備金の再融資制度は廃止される。表5-8のように、1998年3月21日の調整がそれを示している。その理由の1つは国有銀行の大量の不良債権の累積問題にあった。ここからは立場がいわば逆転する。財政や巨額化した外貨から不良債権処理のため資本注入が行われる。第2次不良債権処理の時期には、広く金融制度に整理・資本増強が行われ、公的性格を強めることになったといってよい。

確かに、1997年アジア通貨金融危機以前の韓国では近代銀行はすべて国有銀行であった例はある。またインドでは1969年に14の主要銀行を国有化し、国有銀行が支配的な位置を占めている。しかし、中国の銀行システムにおけるほど公企業的性格をもった金融制度はないとおもわれる。そしてこれら銀行の監督管理に当たるのが、銀行業監督管理委員会であり、それも政府機関である。こういうシステムの中で、コーポレート・ガバナンス（公司治理）が効果的にはたらくのか、問題があるところではある。確かに国有であれ、公有であれ、個別企業同士は競争もあり、独立性を持っている。したがって、一概に金融リスクが大きいとは言えないだろう。しかし、中国の銀行の国家所有は特有な国家構造によって統制されている。すなわち、国家は党と政府

表 5-8 預金準備率調整一覧 (1984 〜 2008)

単位:%

番	日付	調整前	調整後	調整幅	注
31	2008/12/25	15.0	14.5	-0.5	
30	2008/12/05	16.0	15.0	-2.0[1)]	
29	2008/10/15	16.5	16.0	-0.5	
28	2008/09/25	17.5	16.5	-1.0[2)]	
27	2008/06/25	17.0	17.5	0.5[3)]	
26	2008/06/15	16.5	17.0	0.5[4)]	
25	2008/05/20	16.0	16.5	0.5	
24	2008/04/25	15.5	16.0	0.5	
23	2008/03/25	15.0	15.5	0.5	
22	2008/01/25	14.5	15.0	0.5	
21	2007/12/25	13.5	14.5	1.0	
20	2007/11/10	13.0	13.5	0.5	
19	2007/10/25	12.5	13.0	0.5	
18	2007/09/25	12.0	12.5	0.5	
17	2007/08/15	11.5	12.0	0.5	
16	2007/06/05	11.0	11.5	0.5	
15	2007/05/15	10.5	11.0	0.5	
14	2007/04/16	10.0	10.5	0.5	
13	2007/02/25	9.5	10.0	0.5	
12	2007/01/15	9.0	9.5	0.5	
11	2006/11/15	8.5	9.0	0.5	
10	2006/08/15	8.0	8.5	0.5	
9	2006/07/05	7.5	8.0	0.5	
8	2004/04/25	7.0	7.5	0.5	差別化な預金準備率導入
7	2003/09/21	6.0	7.0	1.0	
6	1999/11/21	8.0	6.0	-2.0	
5	1998/03/21	13.0	8.0	-5.0[5)]	
4	1988	12.0	13.0	1.0	
3	1987	10.0	12.0	2.0	
2	1985	預金種類を問わずに一律 100% に調整			
1	1984	預金種類によって企業預金 20%、農村預金 25%、貯蓄預金 40%			

注1:五大国有商業銀行及び郵政貯蓄銀行が 1%
注2: 五大国有商業銀行・郵政貯蓄銀行を除く。四川大地震災害地域の金融機関は 2%下げる
注3、4:四川大地震災害地域の金融機関を除く
注5:国有商業銀行に資本注入に伴ったものである。
出所:中国人民銀行 HP: http://www.pbc.gov.cn/

に分かれ、各個別銀行には必ず「党組織」がある。政府機関はそれぞれ個別的、独立的である。とろろが、「党」はすべてを指導するという。銀行群は党の指導に下で、人事の面では統一的な支配体制をとっているといえる。ソフ

トな予算制約の問題や腐敗・汚職の問題など一党独裁のリスクが潜在しているといえよう。たしかに、これまで中国共産党は長期にわたって高成長に導き、巧みに改革開放政策を具体化し、進化させることによって成功してきたといわれる。しかし、かつて日本が「失われた十年」の間、政府は伝統的な景気浮揚策に終始し、結局、「政府の失敗」におわった。中国は「党国家の失敗（Party states' Failure）」のおそれなしとしないのである。

中国の資本配分方式は財政による国営企業への資本配分から金融による国有企業への配分へと転換したのであり、企業全体に対する効率的な配分を目指すものではなかった。そのため、国有企業偏重に傾くリスクをはらんでいる。大銀行は国有企業を主とし、株式市場さえ国有企業のための制度なのである。これは産業構造の歪みをもたらし、中小企業の慢性的資金飢餓をもたらすリスクを増大させる。

3.3 中国の貨幣・通貨政策の特質

改革の進展によって金融制度が規範化されてゆくが、同時に貨幣通貨政策もそのツールが多様化するとともに、その調節手段の操作も中国特有の構造を持つようになるといえる。

伝統的に中央銀行の通貨調節のコントロール手段は公定歩合政策、公開市場操作、預金準備率制度の3つであるといわれる。現在の世界大不況局面では、アメリカをはじめ、非伝統的方法がとられているが、それはあくまで非常事態下でのことである。前節で説明したように、中国は「預金準備率制度」が拡張して使われ、現在ではその再融資制は廃止されているが、それでも預金準備率制度は他の国と違って、通貨調節手段として大きなウエートを持っている。表5-8のように預金準備率は1998年に8％に下がったが、2007年2月以降10％を超え、2008年6月には17.5％の高率に達している。この時期中国は大幅な過剰流動性問題が激化し、それに対処するためにまさに預金準備率制度がフルに活用されたのである。2003年7月から07年まで15回準備率が改定され、5.5％も上昇した。

公定預金準備率は1984年に導入された。当初は企業預金20％、貯蓄預金40％、農村預金25％であったが、85年には一律10％とした。その後、1987～88年には経済過熱を抑えるため13％まで上昇した。しかし、この制度では銀行が預金準備を「支払いと決算」には利用できないため、89年新たに人民銀行に「支払い準備金預金口座」を設け、各金融機関に対し支払い準備金率を5～7％とした。これを「第2預金準備金制度」ともいう。

そして2004年4月、あらたに「差別的預金準備率制度」が実施された。それは金融機関の預金準備率と自己資本充足率、資産の質などの指標と連動させる制度であり、自己資本充足率が高ければ高いほど、また不良貸付比率が低ければ低いほど預金準備率は低く設定される。この制度は金融機関の自己資本比率と資産の質を高めることもその目的としており、中国金融制度独特の制度設計といわれている。表5-9を見てみよう。欧米、日本においては預金準備率制度は通貨調節手段として意味をほとんど成していない。それらの国と比較して、中国においては預金準備率制度が質量ともいかに大きな位置を占めているかがわかる。

第2の特徴は公開市場操作の役割機能が極めて制限的であることである。人民銀行が公開市場操作の政策を初めて導入したのは、1996年4月に実施された国債の売買であったが、同年末には停止してしまった。それが再開されるのは1998年5月になってからである。それ以降国債、中央銀行融資券、政策性金融債が取引の対象になった。しかし、債券資産が少ないという制約のため、2003年4月から新しい方式が開発された。3カ月、6カ月、1年、3年期限の「中

表5-9　主要経済体の預金準備率

単位：％・年

	米国	ユーロ圏	日本
預金準備率	0.0[1]	2.0[2]	0.1[3]
実施期間	1982～	2000～	1991～

注1：FRBの公表によると、ネット取引口座（Net transaction accounts）の残高が0-10.7、10.7-55.2、55.2以上に対してそれぞれ0、3％、10％の預金準備率を求めている。非個人定期預金の預金準備率が0である。
注2：ユーロ圏の預金準備率は、二年以下の預金に対して2％；二年以上の預金に対して0となっている。
注3：日本の預金準備率は、その他預金残高が500～5000億円に対するものである。
出所：米国はFRB：http://www.federalreserve.gov；ユーロ圏はECB：http://www.ecb.int；日本はBOJ：http://www.boj.or.jp によって作成。

央銀行手形」を発行し、折から外貨買い入れによる人民元の過剰流動性の吸収を図ったのである。

その後中央銀行手形の発行量は徐々に大きくなり、2007年末には3.5兆元に達している[10]。さらに人民銀行は2007年8月から特別国債を発行し、保有する債券資産が大幅に増えた。2007年9月以降、人民銀行は特別国債を担保とする市場操作能力を拡大し、中央銀行手形、特別国債などを手段とし、臨機に公開市場操作を展開している。

貨幣・通貨政策の中心的な手段が利子率政策にあることは中国でも変わらない。

改革開放初期、利子率調整の目的は物価上昇を抑止し、企業の資金需給を安定化させ、インフレを制御することであった。当時利子率調整は人民銀行の唯一の間接調節手段であった。まだ利子率調節メカニズムは成熟しておらず、直接的調節手段との組合せで用いられていた。1988～91年と1993～96年の高インフレの時期には、預金利子率がインフレ率より低く、マイナスの利子率となった。貯蓄預金の減少を防止するため、人民銀行は価値保全利子率指数化政策を採り、損失をこうむった預金者に損失補助を行った。しかし、この制度は1996年4月に廃止された。

金利市場化改革は1996年6月インターバンク市場利子率の自由化からはじまった。貸付利率の市場化は1987年1月の商業銀行による流動資金貸付利率を浮動制にし、浮動幅を20％以内としたことに始まる。その後、こうした試行を拡大し、2004年以降上限は自由とし、下限のみの管理となっている。

預金利率の市場化は改革初期、信託投資公司と農村信用社が預金利子浮動制の試行点となり、この間預金利子を高くし、預金をかき集めるなど利率違反が多発し、1990年には全面廃止となった。2004年人民銀行は「下限を自由化し、上限はしっかり管理する」という方針を出した。

このほか、中央銀行の利子率体系は、再割引利率の形成メカニズムの改革と再貸付制度の利子浮動制の実施、金融機関預金準備金利率構造の合理化など次第に深化し、中央銀行利率調節メカニズムが整備され、その調節能力が

強化されてきた。しかし、完全な意味での利子率市場化はまだできていない。

金利市場化は1996年6月のコール市場金利の自由化を皮切りに、短期から長期へ、貸出金利から預金金利へ、外貨から人民元へという順序で進められてきた。現在、銀行間のコール市場金利と債券レポ市場の金利、手形市場の再割引金利、国債の発行金利・流通金利は市場で形成されており、外貨建ての貸出金利と大口預金金利も自由化されている。

人民元貸付金利も、2004年10月に貸出金利の上限が撤廃、下限は従来どおり基準金利の0.9倍に据え置くことで金融機関の裁量の余地を拡大した。預金金利についても、各金融機関の判断で、基準金利よりも低く設定することはできる

さらに中国の貨幣信用政策の中で大きな意味を持っているのが行政的手段である。いわゆる中央銀行や銀監会が商業銀行に対して融資に関する指導を行い、融資額の調節を行う「非市場的手段」である。これは指導であって規制ではなく、商業銀行がそれに従うかどうかは自身の判断によるとされるが、事実上強制である。

人民銀行や銀監会などの金融当局は、各銀行に対して窓口指導で貸出額や貸出先などの日常業務を直接に指導・管理している。この窓口指導は中国の金融政策を推し進めるのに非常に重要な役割を果たしている。金融当局は、このような仕組みで銀行の民間への信用割当に強く関与し、金融政策の目標の達成しようとする。しかし窓口指導のような金融機関に対する業務の直接介入は、金融危機など緊急の一時的な措置以外には、欧米先進国においては考えられない行政手法であるため、基本的に後発国に限って使用されている。戦後の日本・ドイツ両国はこの「窓口指導」をうまく利用して経済の高度成長を牽引した経緯があり、後発国の金融モデルとして、英米型の金融モデルよりも評価されているのである。

中国は日本の高度成長期（1955〜73年）に使用された金融政策手段である「窓口規制」を参考にした。2007年から2008年秋にかけて、金融当局は「窓口指導」を通じて、各銀行に貸出総量と業種割り当ての総量規制を課し、

融資金額と業種の絞り込みを促すなど、直接的な行政手段による金融引き締めを実施した。しかし、2008年9月のリーマン・ショック以降、世界経済の急速な悪化に中国も巻き込まれる中で、金融引締めから一転して金融緩和へのエンジン全開状態へと方針を切り替え、総量規制を撤廃した。「窓口指導」を通じて、銀行貸出の拡大を誘導し、金融緩和を推し進める。つまり、「窓口指導」は金融引締めの場合と金融緩和の両方の局面で使われる金融調節手段であった。「窓口規制」と「窓口緩和」が含まれる。

2009年11月リーマンショックをうけて、2年間「4兆元」に及ぶ景気刺激政策が採られが、そのうち中央財政が1.5兆元、地方が2.5兆元の割合で投資が行われた。特に地方政府の公共事業の資金調達は政府が融資受皿会社を設立し、それに銀行が融資する形でなされた。こうした銀行融資の外に、10兆元にも及ぶ銀行融資がなされたと言われる。

また中国は1998年中資商業銀行に対し、自動車消費ローン業務を承認し、99年2月にはすべての消費者ローンを許可した。こうした消費者ローンについても、直接指導をする行政的手段が採られている。特に自動車と不動産の2大耐久消費財については、ローンの利率や頭金などのローン条件を調整する政策をとっている。

3.4 為替制度と国際金融

中国人民銀行は2005年7月21日の人民元切り上げ以来、「妥当で均衡の取れた水準で基本的な安定を維持する」と表明し、その後の3年間で約20％人民元レートを切上げてきた。しかし2008年9月のリーマン・ショック以降、事実上ドルにペッグする運用政策をとっているが、現在では、人民銀行が「主体性、コントロール可能性、漸進主義の原則に従い、国際的な資本フローや主要通貨の変動を考慮して人民元相場の形成メカニズムを改善する」としている。

3.4.1 資本移動における厳格な規制

1996年12月に中国はIMF8条国に移行し、8条国の義務として経常収支に伴う為替制限をほぼ全面的に撤廃した。資本取引については、対内直接投資がかなり推進され、一部制限業界以外はほとんど自由化している。それ以外の資本取引はアジア通貨危機の影響をうけ、政府は非常に慎重なスタンスを崩さない。いまだにわずかな部分的な自由化しか行っていない。対内直接投資の自由化による中国への直接投資は、1990年以降急速に増加し、今日でも続いている。しかし、株式・債券などの証券投資およびその他投資（銀行融資などの資金貸借取引）自由化は、この数年間のGFII、GDII、対外投資の解禁などによって比較的に進んでいるが、外貨管理局は、短期資本取引に対して厳しく制限しており、資本自由化にはまだ遠い。外国投資家による人民元建て株式・債券への投資活動はGDIIに限定されている。居住者は、外貨集中制の下では、対外投資のための外貨購入は原則として当局の審査・許可が必要である。

中国が資本取引自由化に慎重姿勢を続けている背景には、1990年代に自由化を推進したアジア諸国が通貨危機に見舞われたのに対して、資本取引規制を維持した中国が通貨危機の影響を回避できたことがある。しかし、経済の国際化の進展とともに中国が資本取引の自由化に向かうことは避けられない。これは、経常取引の自由化の完了、対内直接投資の増加、WTO加盟に伴う金融サービスの対外開放などの環境変化に加えて、資本逃避から資本流入や人民元の海外流通などにみられるように、規制の維持が次第に難しくなっており、維持のコストが高まっていることによる。

しかし、アジア通貨危機の教訓の1つは、為替自由化が十分に進展しないまま拙速な資本移動自由化を行えば、金融危機を起こす恐れがあるということである。中国の現在の国際経常収支の黒字の定着や2兆ドル以上の外貨準備から見て、たとえ直ちに資本移動自由化を導入しても、アジア通貨危機時のように人民元の切り下げではなく、むしろ人民元相場を大幅に上昇させるであろう。なお、資本移動自由化の前提条件として、健全なマクロ経済政策運営と強固な国内金融部門の存在が必要であるとする経済改革の順序

（sequence）の議論は、中国にも当てはまると考えるべきであろう。為替レートや金利が市場の需給を反映して変動することが望ましい。それらの動きが、資本取引の規模を調整する役割を果たすからである。これを実現するためには、より柔軟な為替制度の採用、間接的な金融政策手段（公開市場操作）の強化、預金・貸出金利の自由化など金融市場の整備が求められる。

　金融市場の整備は特に為替レートの形成メカニズムに大きな影響を及ぼす。固定相場制を採用している場合、資本取引の自由化により金融政策の独立性が失われる。金融政策（金利政策）は固定された為替レートを維持するために用いられることとなり、景気対策として用いることはできなくなる。したがって、金融政策の独立性を維持するためには、為替制度をより柔軟なものとすることが必要である。各国の為替制度をみても、資本取引自由化の進展に伴って、より柔軟な為替制度が採用される傾向がみられる。

　中国の場合も、資本取引自由化が不可避と考えられることから、現在の為替制度からより柔軟な為替制度に移行することが必要である。具体的には、対米ドル取引が圧倒的に多いこともあり、人民元の対米ドル変動幅を段階的に拡大する方法が現実的である。変動幅を拡大すれば、貿易や資本取引に伴う為替リスクが発生し、企業や銀行が為替リスク管理手法を確立することが必要となるので、外国為替市場の整備が急速に進むこととなろう。

　国際収支の状況から考えると、変動幅の拡大により人民元レートは上昇するものと予想される。これは、貿易条件を改め、経常収支黒字の縮小ないし対内直接投資規模の減少を招く可能性が高く、次第に中国における国内不均衡の調整につながる。中国経済を輸出主導型経済から内需主導型経済へ転換させ、長期的に持続可能な経済成長へ移行することになろう。

　表5-10は現在の中国の国際貸借表である。2007年末で約1兆ドルの純債権国である。資産で大きいのは外貨準備で、この時点では2兆1000億ドルを超えている。証券投資は債権が2200億ドルで、債務が1400億ドルで資産超過であり、問題となる短期資金の負債は3800億ドルに過ぎない。つまり、国際的な資金バランスは極めて良好であるといえる。

表 5-10　中国対外資産負債表　　　　　　　　　　　　　　　　単位：億ドル

項目	2004 年末	2005 年末	2006 年末	2007 年末
純対外資産	2,928	4,226	6,114	10,220
資産合計	9,299	12,226	16,442	22,881
1. 直接投資	527	645	906	1,076
2. 証券投資	920	1,167	2,292	2,395
2.1 株式投資	0	0	15	189
2.2 債券投資	920	1,167	2,278	2,206
3. その他投資	1,666	2,157	2,515	4,061
3.1 貿易信用	670	900	1,161	1,415
3.2 貸出	590	719	670	888
3.3 通貨及び預金	323	429	474	503
3.4 その他資産	83	109	210	1,255
4. 準備資産	6,186	8,257	10,729	15,349
4.1 通貨黄金	41	42	43,522	46
4.2SDR	1,220	12,579	11	12,485
4.3IMF リザーブ	33	14	11	
4.4 外貨準備	6,099	8,189	10,663	15,282
負債合計	6,371	8,001	10,328	12,661
1. 直接投資	3,690	4,715	6,125	7,424
2. 証券投資	566	766	1,207	1,426
2.1 株式投資	433	636	1,065	1,250
2.2 債券投資	133	130	142	176
3. その他投資	2,115	2,519	2,996	3,810
3.1 貿易信用	654	908	1,040	1,323
3.2 借款	880	870	985	1,033
3.3 通貨及び預金	3,792	482	589	981
3.4 その他負債	202	260	382	473

出所：国家外資管理局 HP：http://www.safe.gov.cn により作成

4. 中国型発展モデルと北京コンセンサス

　中国経済が 2000 年に「2000 年までに国民総生産 4 倍増計画」を超過達成し、さらに WTO 加盟後一段と成長率を上昇させ、世界経済に大きな位置をしめるようになって、中国の経済発展の要因や発展モデルについての関心が高まってきた。その契機になったのが、2004 年に発表されたジョシュア・ピー

ター・ラモの「北京コンセンサス」なる論文である。もちろん、それ以前にも中国の高成長の要因や経済改革の特徴に関する論議は数多くあった。しかし、ラモ論文をきっかけに、中国経済の発展モデルが中国特有のものという性格をもっているばかりでなく、世界的に一定の規範性を持つものと提起されるようになったことは大きな変化であった。特に中国で、これをきっかけに「中国模式」という言葉が定着し、そうした面の研究が多く出されるようになった[11]。

ラモはJ・L・ソーントン事務所の共同代表、ゴールドマン・サックスのシニア・アドバイザー、清華大学教授で、専門は中国を中心とした政治、経済学、企業経営の分野や国際関係であった。ラモの「北京コンセンサス」は言うまでもなく、第2次大戦後の経済開発理論と政策を代表する「ワシントン・コンセンサス」に対して、もう1つの発展モデルを代表するものとされている。

ラモは「中国は単に自国の発展を図るばかりでなく、真の独立や政治選択を許容する国際秩序に適応しようとする世界中の他の国々に道を示している。私はその力と発展の新しい物理学を北京コンセンサスと呼ぶ」[12]という。そして「中国の道や新思想は世界に巨大な影響を与えている。北京コンセンサスの真髄は絶えざる革新、大胆な実験、堅く国家利益を守ることである」ともいう。ワシントン・コンセンサスのように、統一的な基準はなく、臨機応変に問題を解決する方法で、中国の国情に適合した発展モデルを探り当てたというのである。「石を探りながら川を渡る改革方式」と鄧小平のプラグマティズムを高く評価している。

その内容の第2は、漸進的な順序を辿ってエネルギーを蓄える方法である。中国はまず経済成長を強調する発展段階を経て持続的な発展と平等な発展環境を創建し、経済成長と同時に調和ある社会や環境保護、腐敗撲滅を強調するようになった。

第3は、政治とグローバルな力の均衡などの問題にかかわり、中国は上海協力機構やアセアン＋3などの東アジア協力など安定的な国際発展環境の創造に注力している。

第5章　中国型金融制度の成立とその構造

　こうして革新を主張し、平等に重きを置く「北京コンセンサス」はしだいに「ワシントン・コンセンサス」に取って代わっているというのである。ラモの北京コンセンサスは、漸進改革をとって中国特有の市場経済体制の成立に成功した中国の発展戦略の認識とほとんど変わらないともいえる。ただし、決定的に違うのは北京コンセンセンサスはグローバル・スタンダードのワシントン・コンセンサスに取って代わって、1つの普遍的価値をもつ発展戦略であるとしていることである。

　ラモの北京コンセンサス論の骨子は次のようになるであろう。

　まず第1に、中国の発展モデルは単に経済発展モデルではなく、政治、経済、社会、国際関係を含んだ変革と発展のモデルである。第2に、このモデルは発展途上国＋世界の社会発展のための組織化に関する3つの原理よりなる。

　第1の原理は発展は最先端のイノベーションによらねばならないことである。なぜなら、中国の成長はイノベーションが生み出す負の影響を相殺して余りある成果をあげることによって達成され、さらに重要なことは拠点となる高成長の経済中枢を創りだしたことである。中国のイノベーションには輸入を含む内外の技術革新、制度革新、内外の市場の3つの領域が含まれる。

　第2の原理は、安定的な改革のためには、持続可能で、適切な発展の環境を創出するシステムが必要であり、権力の一極集中が正当化され、党国家主導の経済成長政策が統治の正当性を具現するするものとされた。

　第3の原理は、中国的特徴をもつグローバリゼーションである。

　対外開放による国際分業とイノベーションに必要な高度技術と資本、制度の導入と非対称的国際戦略をその内容とする。非対称（アクメトリー）戦略とは、超大国のような政治、経済、軍事にわたるシンメトリーなスーパーパワーをもつ戦略ではなく、経済成長を最優先させるため、対抗的な軍事力の強化ではなく、平和的外交戦略によって発展を計る戦略である。

　こうして、北京コンセンサスは中国独自の思想と経験と他の地域のグローバル化の成功と失敗から学んだ教訓が融合されているが、他国の経験も必ず民族化・中国化・土着化されている。従って、北京コンセンサスはそのまま

189

では他の途上国に適用されないが、発展の諸要素は途上国の発展戦略に多くの示唆を与えるものである。

4.1 ワシントン・コンセンサス

ラモのいうことは我々を充分納得させるものであるのか？　そのために、簡単にワシントン・コンセンサスについて見ておこう。

ワシントン・コンセンサスとは、ワシントンDC所在のシンクタンク国際経済研究所（IIE）の研究員で国際経済学者のジョン・ウィリアムソン（John Williamson）が1989年に発表した論文の中で定式化した経済開発政策体系のことである。1980年代ラテンアメリカ諸国の債務累積問題をめぐって、アメリカを初めとする先進諸国の金融機関と国際金融機関（国際通貨基金、世界銀行など）がしばしばワシントンに集まり協議していた。国際通貨基金などはそうした問題解決のために、各国に対して途上国に対する経済政策の取組みを求めた。ウィリアムソンはその対策の「最大公約数」を抽出し、以下の10項目に集約して「ワシントン・コンセンサス」と呼んだのである。

（1）財政赤字の是正
（2）補助金削減など財政支出の縮小
（3）税制改革
（4）金利自由化
（5）競争力をもつ為替レートの設定
（6）貿易の自由化
（7）直接投資の受け入れ促進
（8）国営企業の民営化
（9）規制緩和
（10）知的所有権などの法的整備

IMF、世銀などの国際金融機関の経済開発政策は1990年代までこのような市場メカニズムが効果的に働く経済環境を整備することを基本としてきた。しかし、1980年代から資本投資による産業開発を重視する戦略から、成長の

ための制度革新の重要性が認識され、さらに90年代には政治的（民主主義）、経済的（所得の増大）、社会的（教育・医療衛生）あるいは文化的要素をも含んだ「人間開発（Human Development）」が重視され、それをポスト・ワシントンコンセンサスという[13]。

しかし、1997年のアジア通貨金融危機に際して、IMFはワシントン・コンセンサスに基づいて実施した経済処方箋が実質的に韓国などの諸国の経済状況をさらに悪化させたという失敗事例が生じ、ワシントン・コンセンサスに対する疑念が生まれた。実際は金融自由化を推し進めたことに起因する資本収支危機であったのに、IMFは各国の実情をふまえない改革プランを押し付けたことが事態の一層の悪化を招いたのである。

終わりに──北京コンセンサスと中国モデル

こうしてワシントン・コンセンサスが疑問視される一方、それに対置するラモの北京コンセンサス論が登場したのである。これには中国の経済がWTO加盟後一段と成長を高め、その国際的プレゼンスを大きくしているという背景があるのは当然である。

すでに見たように、ラモの北京コンセンサス論はこれまでの中国特有の発展モデルと大きく異なっている。変わっているのはグローバル・スタンダードのワシントン・コンセンサスに取って代わるものとして、中国モデルを提起した点である。つまり、途上国世界を念頭に置いた「第三世界モデル」に昇級しているのである[14]。

これまでどちらかといえば、中国の高成長も制度改革も中国独自の戦略によるものとして見られてきた。それだけに、中国モデルが規範性を持っているという論断は中国に大いに自信を与えるものであったと思われる。これを契機に、中国模式に関する論説が盛んになったといえよう。

本稿は中国モデルそのものの研究ではなく、中国モデルの1つの柱をなす

金融制度改革の分析を通じて中国型金融制度モデルを明らかにしてきた。中国型金融制度の形成はまさに中国の改革開放政策の特徴である漸進改革を最もよく体現していたと思われる。つまり、価格の自由化と経営体制改革をまず先行させ、基幹部門である国有企業の所有制改革に時間差をもって行ったことである。

一見すると、国有企業所有制改革が先送りされたために、銀行の巨額の不良債権が生じた。それは漸進改革の失敗のように見える。確かにその面はあるが、むしろそのことによってハイパー・インフレの大きなリスクが回避され、2つのリスクが大きな代価を払わずにすんだのである。

最後に中国型金融制度の特徴は以下の4点に要約できる。

(1) 巨大銀行を頂点とする銀行体系による間接金融が支配的である。

(2) 金融機関の所有形態が銀行を初め国有制がほとんどを占め、中小機関も公有制が多い。

(3) 貨幣通貨政策でも預金準備率制度に依存することが多く、公開市場操作など市場化手段による調節作用が弱く、また窓口指導など行政手段の関与が大きい。

(4) 銀行部門に比し資本市場が未整備・発育不全である。

これらは中国型金融制度の特質であると言うより、急速な経済成長に追いつけない制度的後進制性を示すに過ぎない。今後の制度の整備が必要であろう。

要するに、銀行体系中心の間接金融、国家の所有と関与が中国型金融制度のキーワードである。このことは中国の金融体制が国有企業のための制度という制度的歪みを強めていることも否めない。従って、新しい「成長制度」の創出には、国家的規制でいくつかに分断されている資本市場（株式市場）の市場化による内外統合（長期直接投資の管理、短期資本の厳格な管理下にある）、国内金融中心の体制をグローバル化してゆくこと、つまり、中国金融制度の国際標準化が求められている。

注：

1) 中国銀行業監督管理委員会 HP：http://www.cbrc.gov.cn に公表された 2008 年商業銀行不良債権状況表による。
2) バーゼルⅡは国際決済銀行（BIS）のバーゼル銀行監督委員会が 2004 年 6 月に公表した新しい自己資本比率規制（新 BIS 規制）である。銀行に対して 8％以上の自己資本比率の維持を求める（第 1 の柱）だけでなく、銀行自身が適切な自己資本戦略を設定し、監督当局が検証するプロセスの導入（第 2 の柱）、自己資本のディスクロージャーによる市場規律の導入（第 3 の柱）も盛り込まれている
3) 中国の金融改革が漸進改革であったことはさしあたり、張宇主編『中国模式―改革開放三十年以来的中国経済』（中国経済出版社、2008 年 9 月）67 頁参照。
4) 1980 年代においては国家資金を集中するために各専業銀行に対して 35％ないしそれ以上の預金を人民銀行に預けさせ、人民銀行による政策性金融や貸出に使用された。すなわち、預金準備制度より資金集中である。なお、人民銀行改革に伴い、現在では基本的になくなった。
5) 中核的自己資本（Tier1）とは、自己資本のうち「補完的項目」を除いた「基本的項目」にあたる部分をいう。「基本的項目」には資本金、法定準備金があげられる。「補完的項目」には劣後債、劣後ローン、有価証券含み益が列挙される。
6) 外貨準備による国有商業銀行への資本注入は政府資金だったが資本金として出資されているため、当然ながら返却する義務がないので、中核的自己資本 Tier1 として計算される。
7) この 2 つのデータは規模の相対指標で資本市場規模と銀行規模の対数値であるため、この値が小さければ小さいほど国家資本市場の規模が銀行システムの規模より小さいことを示す（中国財政金融政策研究中心課題組『無危機増長―"中国模式"中的財政金融因素』（中国人民大学出版社、2009 年 4 月）146 頁。
8) 中国財政金融政策研究中心課題組『無危機増長―"中国模式"中的財政金融因素』（中国人民大学出版社、2009 年 4 月）232-233 頁。
9) 呉暁霊主編『中国金融体制改革 30 年回顧与展望』（人民出版社、2008 年 12 月）19-21 頁。
10) 呉暁霊前掲書、30 頁。
11) その代表的なのが、前掲『中国模式―改革開放三十年以来的中国経済』である。
12) Joshua Cooper Ramo, The Beijing Consensus:Note on the New Physics of Chinese Power, The Foreign Policy Center, 2004. p.p3-6.
13) Joseph E. Stiglitz, Commentary The World Development Report: Development Theory and Policy, Shahid Yusuf, et ale, Development Economics Through The Decades, World Bank, 2009. p.p145-147.

14) 中国模式論に関しては、趙剣英、呉波主編『論中国摸式』上下（中国社会科学出版社、2010 年 9 月、1093 頁）に内外の論考を集めた論文資料集がある。なおラモの北京コンセンサス論の批判の論点は、中国の成長の第 1 の要素としてあげているイノベーションについてである。つまり、中国の発展はオリジナルな技術革新ではないというものである。イノベーションの理解が異なるのである。

また、中国モデルを「国家資本主義 State Capitalism」とする理解が多い。Stefan Halper, The Beijing Consensasu, 2010, Basic Books. New York（園田・加茂訳『北京コンセンサス』岩波書店、2011）。Ian Bremmer, The End ofthe Free Market, 2010, Portfolio（有賀裕子訳『自由市場の終焉―国家資本主義とどう闘うか』日本経済新聞出版社、2011）。ハルパーは日本などに淵源する国家が主導する経済を国家資本主義とよび、ブレマーは「政府が政治上の利益を追求するために市場を主導する仕組み」が国家資本主義であり、中国では一党独裁を維持するため、経済成長を至上命題とし、そのための国家主導の経済的仕組みを作っているという。

終章 リーマン・ショックから制度転換へ——
——高度成長から調和的成長へ——

1. 転機をなすリーマン・ショック

　これまで金融制度の改革の過程を考察し、ほぼWTO開放体制が完成する2007～8年には中国型金融制度が成立したことを明らかにした。この中国型金融制度も中国発展モデルの一部分をなすことはいうまでもない。従って、中国発展モデル（中国的高成長制度）もこの時期に典型的な形に到達すると言える。

　WTO開放体制のもとでの「高成長制度」の形成は貿易自由化と低関税化、金融・農業などの部分開放化によって、内外の市場が急速に拡大したことによるところが大きい。この時期のイノベーションはアメリカ・EUなどの国際市場の急激な拡大、国内での東部・中部・西部・東北の地域協調発展戦略がある。アメリカは大規模な対テロ戦争の発動によって、財政と貿易の双子の赤字は巨額に達し、中国に広大な市場を提供した。EUは1999年共通通貨ユーロを導入し、その後東欧諸国が加入し、27カ国の広域経済圏となった。共通市場の形成は生産要素の流動化を生み、その刺激で市場が急拡大した。そして、しだいに、アメリカ市場を追い越し、中国の第1の輸出市場になった。

　そして2005年から連年巨額の貿易黒字を積上げ、外貨準備は2009年には2兆ドルを超え、2011年には3兆ドルを超えた。2010年には日本を抜いてGDP世界第2位の経済大国となった。つまり、高成長は欧米に対する大量の輸出

とその輸出品を製造する大量の工業投資によっていたのである。

ここでのイノベーションのもう1つの主役は高度技術を持つ外資系企業の直接投資である。この時期の外国直接投資は1990年代の年300億ドルの水準から02年の600億ドル水準に倍増し、11年には1100億ドルを超え、外資系企業の輸出は総輸出の58％に達した。

より重要な投資主体は国有企業と国家経済である。エネルギー・交通・基幹産業・金融は国家の独占部門であり、ここに投資を集中し、高成長を支えるインフラを構築している。また財・サービスの需要者としての政府の役割も大きく、投資や商取引における政府の許認可権限も大きい。

グローバリゼーションでは、経済面ではWTO加盟によって、世界経済に対するコミットメントが深化するが、対外戦略面では、「平和的台頭」戦略から「調和的世界」戦略に転換しつつあるようである。2004年の「和平崛起」論争あたりが転機になったと思われる。当時は「和平崛起」に徹すべきとなったが、中国経済の国際的地位が上昇するにつれて、その地位に相応しい戦略の採用圧力が増大している。従来のアクメトリーな戦略（経済力＋平和的外交）からシンメトリーな戦略（政治力＋経済力＋軍事力）を強めている。軍事の近代化を進め、周辺海域や公共域（海、空、宇宙）への挑戦が見られる。

このような2000年代の中国の高度成長制度（北京コンセンサスの最終局面）は制度を成り立たせていた要素が変化し、新たな成長制度（Growth Institution）への転換が必要となっている[1]。

その転機となったのが、2007年後半のサブプライムローン危機の発生である。危機は深化し、サブプライムローン抵当債券を組み込んだ証券化商品の価格は暴落、アメリカの名だたる5大投資銀行がすべて証券業務から撤退した。ベア・スターンズ、リーマンブラザースは破綻し、メリルリンチはバンクオブアメリカに吸収され、ゴールドマンサックスとJPモルガン・チエースは連銀FRBから融資を受けるため銀行業務を主とする銀行に転換した。

特に2008年9月15日のリーマン・ショックは単に金融部門に深刻な影響を与えたばかりなく、世界的な信用収縮をもたらし、生産と消費という実体

経済の低落に導き、本格的な世界大不況の発端となった。

　この不況は EU に波及し、これまで経済圏の市場拡大によって上昇傾向にあった EU 市場が逆回転し、市場は縮小方向に向かった。そこに 2010 年ギリシャの多額の国家債務の隠蔽が露見し、いわゆる南欧諸国（ポルトガル、スペイン、イタリアなど）のソブリン危機が深刻になった。世界大不況の第 2 ラウンドがヨーロッパに巻き込んだのである。

　こうして、中国の高度成長制度の国際的条件の大きな要素が変化するとともに、国内経済の不均衡も限界に達しつつあった。総体的な所得格差を示すジニ係数は改革開放以前の 0.3 以下から 2000 年には 0.412 まで上昇していたが、その後公式データは発表されなくなった。2010 年のジニ係数が西南財経大と人民銀行金融研究所の家計調査の結果、0.61 にのぼることが発表された。2013 年になって政府の公式データが明らかにされ、0.478 と発表された。いずれにせよこの間の 10% を超える高成長下で、その格差は格差社会アメリカを超えるほど拡大したのである。これにまた各種の社会格差が加わる。なによりも工業投資を優先し、輸出拡大による高成長政策の追求は民生用社会投資をなおざりにし、都市・農村戸籍の二元差別制度を基盤にした高蓄積構造が工業投資偏重の国内経済構造をうみだしたのである。また急速な重化学工業化に伴い、CO_2 排出超大国、北京の超微粒子スモッグの常態化に代表される環境問題が深刻化し、政治的にも社会的にも対応が迫られている。こうした事態は 2003 年から胡錦涛主導の下で展開される「三農問題」への取組みを中心に、「調和ある社会」の建設方針が打ちだされたにもかかわらず進行した。つまり、高成長の利益が人々に均 霑されず、党の正統性の信任を揺るがしかねないほどになりつつあった。

　9.15 リーマン・ショックは直ちに中国沿海の輸出産業に大打撃を与え、輸出主導の高成長路線に赤信号が灯った。中国政府は輸出の急減、株式の暴落をうけ、2008 年 11 月、2 年間「4 兆元追加投資」を発表した。この投資は景気刺激政策と共に、経済構造調整政策という志向を強く持っていた。それは 10 項目の投資プロジェクトがよく示している。公共住宅整備、農村社会資本

整備、生態環境整備、医療衛生・文化施設や重要インフラ整備が優先されていた。しかし、実際には最も重点投資されたのは、高速鉄道・道路・空港などのインフラ投資であった。高速鉄道建設は 11 年 7 月の温州脱線事故の発生によって一時頓挫するが、それでも 2 年半で 1 兆元が投ぜられた。その他の交通インフラの整備が前倒しで進められた。交通インフラ整備も内需拡大の基盤づくりを目的としていたが、また鉄鋼、セメントなどの過剰生産産業の支援でもあった。本来の社会資本の拡充の面は、多く地方政府の役割であり、必ずしも計画通り進捗したとはいえなかった。しかし、景気刺激策としては大きな成果をあげたといえる。

　2007 年に成長率は 14.2％のピークに達した。08 年は 9.6％、09 年は 9.2％と若干低下したものの 10 年には 10.4％と 2 ケタを回復した。2010 年には日本を抜いて GDP 世界第 2 位を達成した。これは不動産の拡大と自動車販売が 3 年間で 1200 万台以上増えたことによる。住宅と自動車という 2 大耐久消費財の普及は内需型経済構造志向を持っているが、現時点では 45％程度にすぎない国内消費を高める効果は持っていないし、いずれもなお社会上層に偏った消費である。

　2011 年に入ると、不動産の市況が悪化すると同時に、自動車・家電販売の頭打ち、EU の経済不安による輸出の減少などの影響により、2011 年は 9.3％、12 年は 7.8％（速報値）と 2001 年 WTO 加盟に始まる経済循環のトラフ（谷）を迎えた。おそらくこの循環は 4 兆元投融資計画がなければ、2008 年北京オリンピック、2010 年上海万博あたりでトラフを迎えていたであろう。それが 4 兆元計画で 2 年程度延びたのであろう。つまり、従来の高成長構造を踏襲し、構造調整による新成長制度への転換は 2013 年 3 月正式に発足する習金平・李克強新政権の課題となる。

　新成長制度への転換は単に国内不均衡を所得再配分によって達成されるわけではなく、農村戸籍に代表さる社会的差別構造を解消する社会的革新が求められる。それには強力な政治力の結集が求められる。

2. 金融制度の革新と財政制度

　これまで計画経済時代の財政による社会的資金配分制度から金融、特に銀行による供給に変化してきた過程を分析し、2010年までに中国型金融制度が成立したことをのべた。その過程で変化した財政と金融の関係については多くは触れなかった。そこで、現時点における財政と金融の関係について、簡単に考察し、新たな金融制度への転換の課題を明らかにしよう。

　中国の財政制度の改革は、金融改革と共にはじまった。1980年代は財政権の地方への移譲、利潤上納制から利改税への移行による財政収入の低下によって、中央財政のコントロール機能の弱化が顕著になった。1994年社会主義市場経済の柱の1つであるマクロコントロール機能の強化のために、抜本的な財政税制改革を断行した。GDP比12.3％まで下がった財政収入の割合のひきあげ、中央財政の比重の拡大のための分税制の導入を主とした。分税制は税目を中央と地方にわけ、共通部分については一定割合で双方がシェアするものであった。このとき中央から地方に対する移転交付金制度が部分的に導入された。財税制度はここを起点に、現在まで制度の拡充と整備が行われてきた。

　中国の財政制度はこの時から従来の生産建設資金財政と公共財政が混然一体となっていた財税体制から公共財政体系の構築に向かったのである。

　現在の政府予算体系は4つの予算制度からなる。(1)公共(一般)財政予算制度、(2)政府基金予算制度、(3)国有資本経営予算制度、(4)社会保険基金予算制度である。(2)はいわば特別会計であり、(4)は社会保険基金と一般財政からの社会保障費からなり、特殊な予算編成制度である。中心をなすのは公共財政予算制度であり、中国特有の制度は国有資本経営予算制度である。これは、中国経済が国家資本主義ともいわれるように、国家が国有企業の大株主であることを基礎にしている。この制度は比較的最近成立したもので、2007年9月から試行が始まり、最初は国有資産監督管理委員会監理下

の中央企業が実施範囲であった。以後範囲が拡大し 2012 年には 963 の中央国有企業が含まれている。2011 年から第 1 類企業—タバコ、石油石化、石炭、電力、電信などの独占企業は税引き後利益の 15％、第 2 類——一般競争性企業—同 10％、第 3 類—軍事企業、科学研究院・所からの転換企業—同 5％が課税され、第 4 類—政策性企業—免税である。2008～12 年の間の中央資本経営予算と支出は 2865 億元で、その規模は大きくはないが、今後傘下に入る国有企業が増えれば、この制度はずっと拡充されるであろう。しかし、より重要なことは国有企業が中国経済の管制高地であり続けることが制度化されていることであろう[2]。

次に、中国財政の発展過程を簡単にみる。まず財政支出の対 GDP 比を見ると、1994 年には 12％に低下したが、税制改革によりその後徐々に上昇し、2000 年には 16.0％となった。しかし、20％を超えるのは 2009 年で 4 兆元追加投資による積極的財政政策によってであり、2011 年には 23.1％となっている。つまり、中国の財政は必ずしも高成長の主役ではないのである。

分税制による中央と地方の財政比率はその構造を大きく変化させ、中央収入の割合がほぼ半分程度に高め、その収入の 3 分の 2 は地方交付金と補助金で地方に移転し、地方は財政支出の 85％を占めるに至っている（表終-1）。

財政収入の税目構成は 2011 年で、総収入 10 兆 3874 億元、税収は 8 兆 9738 億元、税収が 86％、税外収入が 14％である。増値税が 24％、営業税・消費税で 20％、企業所得税・個人所得税が 22％で 76％を占める。そして、国債発行は 5770 億元であり、財政支出の 5％である。国債残高が 5 兆元規模になるのは 2007 年からで、それ以前は多くとも 1000～2000 億元程度であった。

表終-1　中央と地方財政の比重

単位：％

年度	財政収入		財政支出	
	中央	地方	中央	地方
1978 年	15.5	84.5	47.4	52.6
1990 年	33.8	66.2	32.6	67.4
2000 年	52.2	47.6	34.7	65.3
2011 年	49.4	50.6	13.1	84.9

出所：『中国統計年鑑 2012』

中国財政は高成長に支えられて税収の伸びが順調で、国債依存率が低かったのである。

国債発行高は、2002 年以前は 6000 億元以下で

終章　リーマン・ショックから制度転換へ——高度成長から調和的成長へ

あったが、2011年には1兆6000億元に達し、2008末以来の積極財政政策以来、2009～11年の国債発行は2.2兆元の財政赤字をうめ合せた。しかし、2011年末の国内国債債務残高

表終-2　国債残高の推移　　　　　　　　単位：億元

	合計	国内債務残高	国外債務残高
2005年	32,614	31,849	566
2006年	35,015	34,380	635
2007年	52,074	51,467	607
2008年	53,272	52,799	472
2009年	60,238	59,737	501
2010年	67,548	66,988	560
2011年	72,045	71,411	634

出所：『中国統計年鑑2012』

は7兆2000億元で、GDPの15.1％をしめるに過ぎない（表終-2）。2011年国家審計院の発表るよると、2010年の地方政府債務残高約10兆元のうち仮に5兆元が地方政府債とすれば、債務残高は11兆7000億元となる。そのGDP比は29.1％になる。しかし、現在の世界的な基準から見れば、財務危機のリスクは極めて少ない水準と言える。

そして2003年から国債の流通市場の整備に着手し、中小投資家のための店頭リテール市場と銀行間ホールセール市場を主とする取引所市場の運営体制ができた。しかし、中国の国債は銀行に保有されている割合が高く、中国人民銀行の公開市場操作の対象となっておらず、中央銀行の金融政策の主要な手段とはなっていない。つまり、中国の財政と金融の関係は主要な先進国の財政金融の融合化の構造（巨額の国家債務を金融が支持する体制）とは見かけ上大いに異なっている。

中国の金融モデル（模式）はすでに見たように、銀行部門による間接金融が支配的な地位を占め、急増した民間貯蓄を「資金吸収機」と言われる5大国有商業銀行に集中し、その資金を主に国有企業に供給する制度である。例えば、2012年全社会資金調達額のうち、銀行融資は全体の約60.5％を占め、株式が1.7％、社債14.4％、非金融機関が14.8％、外資5.4％、その他3.2％となっている。つまり、銀行融資が資金調達全体の6割を占め、証券発行による調達は株式は非常に少なく、社債の方が多い。非金融機関からの調達が増えており、外資の投資も一定の比重を持っている[3]。

201

銀行部門のうち、5大国有商業株式銀行（工商、建設、中国、農業、交通銀行、いずれも香港、上海の取引所に上場しているが、過半の株は国家所有）の総資産は2010年で、全銀行の総資産の約50％を占めている。これに郵政貯蓄銀行、11地域性株式制銀行、地方省級銀行（最大なのが上海銀行）など省級以上の国有、公有性銀行を加えれば、その割合は80％に達しよう。そして、高成長によって増え続ける民間貯蓄をこれらの国有・公有銀行が優遇されて設立された支店網を通じて集中し、その資金を大中型国有企業を中心に供給する体制が中国の金融モデルだったのである。この意味で、中国の金融は財政資金の供給に代位するものであった。制度的には、経済政策の執行機関である国務院経済・金融担当の副総理が頂点となって、その1部門である中国人民銀行の金融政策をコントロールする。つまり、国の経済政策に従って、金融機関の投資を規制するのである。そのツールは国有制と党政府による経営層の任免権である。つまり、国はカネと人的紐帯で銀行を支配し、いきおい国有企業への融資が優先されることになる。

　またこうした金融モデルを維持するため、金融政策での国家の規制が存在する。その代表的なのが金利規制である。金利自由化は未だ実施されず、基準金利を設定し、貸出金利はその下限を7割に設定し、預金金利は上限を定めている。もちろん基準金利は変動させているが、ほぼ貸出と預金金利の差は3％以下になったことはない。諸外国の1％程度と比べ、国有銀行の保護体制がとられ、大国有銀行の独占の基礎になっている[4]。

　他方、上海と深圳の証券取引所からなる国内証券市場の株式発行による資本調達はこれまで最も多かった2010年でも1兆2000億元で、全体の8.7％でしかない。普通は5％程度である。しかし、近年企業債券市場と国債市場が一定の展開をみせ、資本市場の整備が求められている。中国の株式市場は依然投機的性格が強く、配当による収益に基づく安定的な投資市場として育っていない。それはごく一部を除いて、中国の株式市場は国際市場と連接せず、国内だけの閉鎖的市場でしかなく、的確な企業情報も不十分な制度面の問題も多い。こうした事態は基本的には、資本取引の自由化が遅れ、資本市場が

分割、運営されているためである。香港市場と上海・深圳市場、外国証券投資の制限、外国直接投資の直接管理など、統合的市場の形成が望まれている。

5大国有商業銀行のうち4大銀行が、金融資産規模では世界の銀行のトップ10に入るほどの「メガバンク」だが、バーゼル委員会が認める「国際金融に影響力のある重要銀行28」のうちに1行も入っていない。つまり、国内の保護体制の下で生まれたもので、国際的にはひ弱な存在に過ぎない。

現在の中国の金融制度の新しい制度転換の課題は、大国有商業銀行による国有企業への資金供給システムを変換することである。このシステムは資金配分にひどく不均衡をもたらしており、民営大中企業ばかりでなく、企業数では90％以上を占める中小企業への融資に深刻な事態をもたらしている。2011年8月には、前年からの金融引き締めの影響で、温州をはじめ、地方で企業の倒産や経営者の夜逃げなどが多発し、ついに温家宝首相は中小企業金融の拡大措置を発表せざるをえなかったのである。

確かに最近県市レベルの農村商業銀行、農村合作銀行、郷鎮レベルの村鎮銀行の設立が増加している。

前3社の合作金融機構の総資産は2011年末12兆8000億元で、全銀行総資産の11.35％を占める。後3社の新型農村金融機構は同じく1726億元とまだ小さいが、このところ急速に伸びている。後者は都市商業銀行や外銀などの出資で設立されている。

国有銀行の国有企業への融資に偏る欠陥は、既存の企業への融資は新産業への投資に結びつかず、産業構造の転換を遅らせることである。これは金利規制についても言える。貸付金利の制限は金利を自由化して、優遇金利で新しい産業を奨励することを妨げる。

2013年1月から深圳市前海地区で、貸付金利を自由化し、従来の労働集約産業からサービス産業への転換を促す実験に乗り出している[5]。

貸出金利の下限と預金金利の上限を規制し、金利差3％を銀行に保証する金利政策は、金利を操作することによって通貨量を調節するツールの役割を著しく減殺した。そしてもうひとつのツールである公開市場操作は、国債市

表終-3　農村金融機関の推移　　　　　　　　　　　単位：社数

	2007年	2008年	2009年	2010年	2011年
農村信用社	8,348	4,965	3,056	2,646	2,265
農村商業銀行	17	22	43	85	212
農村合作銀行	113	163	196	223	190
農村資金互助社	8	10	16	37	50
融資会社	4	6	8	9	10
村鎮銀行	19	91	148	349	726

出所：史建平　主編　『中国中小企業金融服務発展報告（2012）』（中国金融出版社、2012年7月、北京）107～110頁。

場が十分発達していず、その代替として「中央銀行圏（央圏）」と呼ばれる一種の手形の発行、償還で行っており、その効果は限られている。いきおい主な調節手段は預金準備率制度になる。特に2009年以降は準備率を大きく引き上げ、最高21.5％までになった。つまり、総量規制や「窓口指導」に依然依拠せざるをえなくなっているのである。

　確かに現代の主要国の金融政策は伝統的な調節手段を超えて、非伝統的手法である「量的緩和」などの非常事態下の対応がとられている。中国はこれまで、市場経済体制に適応した市場化ツール以外の「窓口指導」や行政指導で金融制度を運営してきた。しかし、現在中国の金融制度は国有銀行の国有銀行への資金供給を基本とする制度が、成長を損ない、成長方式の転換の障害化している。

　現在の中国では、金融体系をより市場化し、その市場化を基礎に新たなセーフティ・ネットの規制を作り出し、新金融制度の創出を図らなければならない。それにもっとも必要なことは資本市場の整備である。そのためには、後れている資本取引の自由化を断行しなければならず、それによって内外の資本市場を連結し、資金の適切な配分と効率化をもたらす金融制度の構築が求められる。それに伴って、投資と輸出を軸とした経済の成長を前提とした人民元の為替レートの調整や人民元の国際化をも整合的に進めるべきであろう。

注

1) 北京コンセンサスに示される「中国の高度成長制度 China' High Growth Institution」は1980年代の郷鎮企業などの非国有企業が成長を牽引する局面、1990年代の沿海地区発展戦略による労働集約品輸出と外資企業の高度技術導入による国内産業の高度化の局面、そしてWTO開放体制の下での重工業投資と輸出の拡大による局面という3つの局面をもって形成された。(高橋満「新経済発展モデルとしての中国モデル小論」(『帝京経済学研究』第44巻第1号、2010年12月31日) を参照。
2) 謝旭人主編『為国理財　為民服務―党的十六大以来財政発展改革成就 (2002－2012)』(人民出版社、2012年10月、北京)。
3) 『中国統計年鑑 2012』、736頁。
4) 中国人民大学国際貨幣研究所『人民幣国際化報告 2012』(中国人民大学出版社、2012年9月、北京) 140‐149頁参照。
5) 「深圳で貸出金利自由化　中国政府　サービス業向け試行」(『日本経済新聞』2013年1月29日朝刊) 9頁。

参考文献

[英語文献]

Alchian and Demsetz [1972] "Production, information costs, and economic Organization" American Economic Review, 62 (December): 777-795.

Angus Maddison [2007] "Chinese Economic Performance in the Long Run 960-2030AD" Economic Co-operation and Development (OECD)

Douglass C. North [1981] "Structure and Change in Economic History", W W Norton & Co Inc (Np)

Douglass C. North [1990] "Institutions, Institutional Change and Economic Performance", Cambridge University Press

Ellis, D.M. and Flannery, M.J. [1992] "Does the Debt Market Assess Large Bank's Risk?" Journsl of Monetary Economics, pp.481-582

European Central Bank [2005] EU Banking Structure, ECB

Jackson, Patricia et al. [1998] Capital Requirements and Bank Behaviour, the Impact of the Basle Accord, Basle Committee on Banking Supervision Working Paper, No.1, April

Kaoru Hosono, Hiroko Iwaki and Kotaro Tsuru [2005] Banking Crisis, Deposit Insurance, and Market Discipline: Lessons from the Asian Crisis, RIETI Discussion Paper Series

Kaufman, George and Kenneth Scott [2001] "Does Bank Regulation Retard or Contribute to Systemic Risk?" Working Paper 86, Stanford Institute for Economic Policy Research, Stanford University, January

Kornai Janos [1986] Contradictions and Dilemmas: Studies on the Socialist Economy and Society. MIT Press

McKinnon R I [1973] Money and Capital in Economic Development Washington D.C. Brookings Institutions

Nicholas R.Lardy [1998] "China's unfinished economic revolution" Brookings Institution Press Washington, D.C.

Shahid Yusuf, Angus Deaton, Kemal Dervis, William Easterly, Takatoshi Ito [2008] Development Economics Through The Decades: A Critical Look at 30 Years of The World Development Report, World Bank

Edward S. Shaw [1973] "Financial Deeping in Economic Development" Oxford University Press

Stiglitz J. [1995] Whither Socialism MIT Press

Williamson O.E. [1988] "Corporate Finance and Corporate Governance" The Journal of Finance, 43 567-575

World Bank [1997] China 2020: Development Challenges in the New Century Washington, D.C.

World Bank [2007] Dancing with Giant : China, India and the Global Economy, Washington, D.C.

World Bank [1996] From Plan to Market World, Development Report

Xiaoming Huang [2005] The Rise And Fall Of The East Asian Growth System, 1951-2000: Institutional Competitiveness And Rapid Economic Growth, Routledge

[日本語文献]

高橋満 [2004]『中華新経済システムの形成』創土社

堀内昭義 [1994]「日本経済と金融規制・変遷と課題」『講座公的規制と産業 第五巻金融』NTT出版

大西義久 [1999]『アジア通貨危機——香港からの報告』日本経済新聞社

〃 [2003]『円と人民元——日中共存へ向けて』中公新書

桑田良望 [2002]『中国の金融制度と銀行取引』富士総合研究所

西村吉正 [2003]『日本の金融制度改革』東洋経済新報社

竹内文英 [2003] "人民元はどの程度割安か——購買力平価の再検討"

日本経済研究センター『JCER 研究員リポート』No.23
佐藤宏［2003］『所得格差と貧困シリーズ現代中国経済 7』名古屋大学出版社
野口能孝［2003］『中国金融崩壊―見せかけだけの経済成長と隠されている銀行破綻』かんき出版
内藤純一［2003］「金融の 1930 年代モデルの終焉と 21 世紀型金融システムへの展望」 財務省 PRI ディスカッションペーパー
大橋英夫［2003］『経済の国際化シリーズ現代中国経済 5』名古屋大学出版社
ダグラス・C・ノース著／竹下公視／訳［1994］『制度・制度変化・経済成果』晃洋書房
関志雄・中国社会科学院世界経済政治研究所編［2004］『人民元切り上げ論争』東洋経済新報社
大久保勲［2004］『人民元切上げと中国経済』蒼蒼社
黒田東彦［2004］『元切り上げ』日経 BP 社
中島厚志［2004］『中国人民元の挑戦』東洋経済新報社
日本経済新聞社編［2004］『円と元』日本経済新聞社
菊地悠二［2005］『人民元は世界の脅威か』時事通信社
高安健一［2005］『アジア金融再生- 危機克服の戦略と政策』勁草書房
露口洋介［2006］「銀行システムの改革」『中国経済のマクロ分析――高成長は持続可能か』日本経済新聞社所収
池尾和人＋財務省財務総合政策研究所［2006］『市場型間接金融の経済分析』日本評論社
岡嵜久実子［2007］「金融制度改革と金融市場の育成」『巨大化する中国経済と世界』アジア経済研究所
谷内満、増井彰久［2007］"加速する中国金融改革の分析"『開発金融研究所報』5 月号、36-70 頁
長井滋人・王紅［2007］「中国における金融市場調整- 金融政策か為替政策か」『日本銀行ワーキングペーパーシリーズ』No. 07-J- 9

[中国語文献]

方暁霞［1999］『中国企業融資：制度変遷与行為分析』北京大学出版社

林毅夫・李永軍［2003］「出口与中国的経済成長：内需導向分析」『経済学季刊』第二巻第 4 期 779 頁

沈坤栄・李剣［2003］"中国貿易発展与経済成長影響機制的経験研究"

『経済研究』2003 年第五期（総 419 期）32-47 頁

戴相龍主編［2001］『領導幹部金融知識読本（修訂本）』中国金融出版社

王自力［2001］"国有独資商業銀行充実資本金的可行性"『金融研究』2001 年 11 期　1-10 頁

李利明・曾人雄［2007］『1979-2006 中国金融大変革』世紀出版集団

張暁朴［2007］"中国銀行業界の対外開放をめぐる課題とその対応"『季刊中国資本市場研究』Vol. 1, No.1 Spring、86-95 頁

夏斌主編［2008］『創新金融体制——30 年金融市場発展回顧』中国発展出版社

王広謙・応展宇・江世銀［2008］『中国金融改革：歴史経験与転型模式』中国金融出版社

李揚等著［2008］『中国金融改革:国際環境新変化与未来改革方略』中国金融出版社

唐旭等著［2008］『中国金融機構改革：理論、路径与構想』中国金融出版社

李健・賈玉革・蔡如海等著［2008］『中国金融改革中的貨幣供給与機制転換』中国金融出版社

賀強等著［2008］『中国金融改革中的貨幣政策与金融監管』中国金融出版社

範小雲・曹元涛［2008］『中国金融改革中的金融安全与風険控制』中国金融出版社

史建平等著［2008］『中国金融改革与発展中的政府角色定位』中国金融出版社

張礼卿等著［2008］『走向開放的中国対外金融政策』中国金融出版社

尚明主編［2000］『新中国金融 50 年』中国財政経済出版社

関志雄［2003］『亜洲貨幣一体化研究』中国財政経済出版社

高海紅［2001］"開放中国的資本項目"中国社会科学院国際金融中心工作論文、No.04

呂進中［2006］『中国外匯制度変遷』中国金融出版社

上海財経大学課題組［2007］『中国経済発展史（1949-2005）』（上、下巻）上海財経大学出版社

呉暁灵主編［2008］『中国金融体制改革30年回顧与展望』人民出版社

張卓元・鄭海航主編［2008］『中国国有企業改革30年回顧与展望』人民出版社

魏礼群主編［2008］『中国経済体制改革30年回顧与展望』人民出版社

周駿・張中華・朱新蓉主編［2008］『匯率与資本市場』中国金融出版社

劉詩平［2009］『三十而立―中国銀行業改革開放征程回放』経済科学出版社

中国財政金融政策研究中心課題組［2009］『無危機増長―"中国模式"中的財政金融因素』中国人民大学出版社

劉仲藜主編［2009］『新中国経済六十年』（上、下巻）中国財政経済出版社

李揚等著［2009］『新中国金融60年』中国財政経済出版社

張卓元主編［2009］『新中国経済学60年（1949～2009）』中国社会科学出版社

李揚主編［2005］『中国金融発展報告2005』（No.2）　社会科学文献出版社

李揚主編［2006］『中国金融発展報告2006』（No.3）　社会科学文献出版社

李揚主編［2007］『中国金融発展報告2007』社会科学文献出版社

李揚主編［2009］『中国金融発展報告（2008～2009）』社会科学文献出版社

［年鑑］

中国統計年鑑（1981～2009）

中国金融年鑑（1983-2009）

中国銀行業監督管理委員会年報（2006,2007,2008）

中国証券先物統計年鑑（2000～2009）

［ウェブサイト］

中国国家統計局　http://www.stats.gov.cn

中国人民銀行　http://www.pbc.gov.cn

中国外貨管理局　http://www.safe.gov.cn

中国銀行業監督管理委員会　http://www.cbrc.gov.cn

中国証券業監督管理委員会　http://www.csrc.gov.cn

中国保険監業督管理委員会　http://www.circ.gov.cn

索 引

【アルファベット】

BIS →国際決済銀行
CITIC →中国国際信託投資公司
EU　195, 197, 198
GDP 成長率　1, 29, 92, 165
IMF　48, 53, 70, 150, 185, 190, 191
IMF 第 8 条国　70, 185
IPO　109, 111, 130, 134, 135, 139, 140
WTO →世界貿易機関

【あ行】

アジア通貨危機　6, 53, 65, 70, 71, 74, 76, 87, 101, 149, 151, 185
アジア NIES　2
アセアン＋3　188
アメリカ連邦準備制度　73
アレン、フランクリン　173
一国内発展戦略　3
イノベーション　189, 194-196
インターバンク市場　31, 66, 67, 111, 145, 170, 182
インフラ整備　14, 37, 43, 54, 61, 62, 170, 198
インフレ・リスク　26, 160
ウィリアムソン、ジョン　190
沿海地区経済発展戦略　3
円借款　51
煙台住宅貯蓄銀行　45
王雪冰　114

汚職　38, 78, 102, 115, 180
温家宝　203
温州脱線事故　198

【か行】

改革開放政策　1, 3-5, 8, 9, 25, 26, 49, 180, 192
外貨準備　7, 89, 90, 95, 96, 103, 104, 110, 117, 120, 122, 123, 142-146, 151, 155, 157, 158, 162, 185, 186, 193, 195
外貨調整業務　69
外貨調整センター　69, 70
外貨留保政策　69
外資　3, 10, 33, 48, 49, 51, 54, 60, 67, 72, 76, 97, 103, 108, 124, 125, 131, 136, 150, 152, 153, 162, 164, 165, 169, 176, 196, 201, 205
外資企業　60, 150, 205
海南国際信託投資公司　171
開放型市場経済体制　4
華夏銀行　176
価格・賃金法案　30
格差社会　197
家計部門　15, 18, 21, 22, 26, 130-132, 166
過剰流動性問題　180
株価低迷　134, 137
株式時価総額　90, 94, 98, 130, 162, 168, 173, 174
株式市況　175
株式制銀行　5, 31, 32, 39, 43, 45, 49, 59, 60, 78, 96-98, 105, 115, 121, 123-125, 131, 157, 176

212

為替政策　53
為替レート　6, 53, 54, 68-70, 89, 95, 104, 141, 142, 144-149, 153-156, 186, 190, 204
環境問題　197
間接金融　7, 31, 66, 129-131, 172, 173, 192, 201
広東国際信託投資公司　170
管理変動為替制度　70, 144
管理変動制　70
機関投資家　90, 108, 109, 115, 133, 134, 140, 151, 152, 169
企業債券　86, 90, 169, 202
企業債券管理暫定条例　86
企業預金　41, 166, 181
基本国策　161
業界投資制限　43
狂乱物価　6, 38
銀監会→銀行業監督管理委員会
銀行間現先債券市場　66, 67
銀行間コール市場　66
銀行管理暫定条例　35
銀行業監督管理委員会　7, 100, 101, 105, 107, 111, 124, 127, 128, 153, 157, 158, 171, 178, 183, 193
銀行業総資産額　173
金融市場　4-6, 10, 31, 34, 42, 43, 49, 54, 58, 59, 65, 66, 71, 86, 89, 99, 107, 131-133, 145, 148, 151, 154, 157, 164, 171, 186
金融体制改革　5, 6, 44, 46, 51-54, 63-65, 70, 71, 83, 86, 89, 161, 170, 193
金融引き締め　66, 184, 203
金融分業監督管理制度　7
金融法制　6
金融リース会社　31
金利規制　112, 113, 136, 202, 203
区域性銀行　31, 168
クレジットカード　107
軍事企業　200
経済成長制度　4
経済体制改革に関する中共中央の決定　36
経済発展戦略　1, 3, 8
建設銀行　7, 13, 14, 19, 26, 32, 33, 43, 48, 61, 88-90, 94, 96, 98, 100, 103, 104, 108-112, 114, 118, 120, 122, 123, 157, 162, 168
元高　94, 95, 142, 144-149, 151, 152
元安　94, 148, 149
公開市場操作　56, 60, 67, 145, 180-182, 186, 192, 201, 203
公共（一般）財政予算制度　199
項俊波　155
工商銀行　7, 26, 32, 33, 41, 43, 51, 87, 90, 94, 96, 98, 100, 103, 104, 108, 109, 118, 121-123, 139, 157, 158, 162, 168
光大銀行　96, 114, 121, 123, 124, 158, 176
光大グループ　114, 124
郷鎮企業　3, 22, 24, 32, 205
交通銀行　10, 19, 44, 45, 87, 90, 94, 105, 109, 121, 122, 157, 158, 162, 168, 202

213

公定相場　69, 70
公有制　52, 161, 176, 192
コーポレート・ガバナンス　7, 77, 86, 90, 96, 102, 108, 109, 115, 123, 140, 152, 178
コール市場　66, 67, 183
ゴールドマンサックス　106, 196
胡錦涛　197
「国九条」　94
国債　31, 53, 57-59, 65, 67, 68, 71, 76, 83-87, 90, 99, 102, 103, 110, 117, 120, 123, 126, 130, 132, 135, 136, 145, 152, 153, 156, 175, 178, 181-183, 200-203
国際基準　83
国際金融のトリレンマ　153-155
国際国際決済銀行（BIS）　7, 53, 193
国債残高　200
国際信託投資公司　31, 169-171
国際貸借表　186
国債取引市場　31
国債発行高　200
国務院証券委員会　74
国有企業改革　6, 52, 53, 60, 71, 76, 129, 137, 140, 162
国有銀行　6, 34, 45, 54, 56, 68, 71, 76, 77, 80, 96, 106, 118, 123, 163, 178, 202-204
国有資産監督管理委員会　199
国有資本経営予算制度　199
国有商業銀行　6, 7, 45, 46, 51, 53, 61-63, 67, 71, 72, 75-90, 96, 98-105, 107-110, 112, 113, 115-118, 120, 121, 124, 125,

128, 131, 157, 158, 160, 162, 168, 176, 193, 201, 203
国有独資銀行　45
国有独資商業銀行　108
呉敬璉　133
5大国有商業株式銀行　202
5大国有商業銀行　162, 168, 176, 201, 203
国家開発銀行　33, 48, 61, 62, 88, 124, 161, 168, 176
国家資本主義　194, 199
固定資産投資額　36, 37
高速鉄道建設　198

【さ行】

債券市場　66-68, 74, 86, 90, 94, 130, 135, 154, 174, 202
財政　4, 5, 7, 9-11, 13-15, 18, 19, 21, 22, 25, 26, 28, 29, 33, 35, 40, 49, 51, 52, 57-62, 67, 68, 71, 72, 75, 76, 81, 82, 87, 102-104, 110, 116-118, 120-123, 125, 129, 160-163, 166, 178, 180, 184, 190, 193, 195, 199-202, 205
財政赤字　11, 15, 26, 40, 58, 59, 67, 68, 190, 201
債轉株　81
財務公司　60, 67
財務会社　46, 47
債務の株式化（デット・エクイティ・スワップ）　81, 83
再融資制度　178
サブプライムローン　90, 98, 131, 156, 196

索引

差別構造　198
差別的預金準備率制度　181
三線建設　22
三農問題　132, 197
資金計画制度　35
資金源泉構成　50
社会主義制度　1, 3, 4, 8
資産管理会社　76, 78, 79, 81-83, 87, 101, 103, 116, 117, 119, 120, 122, 162
資産管理公司　71, 85, 88, 110
市場経済制度　3-5, 8
実預実貸差額管理　35
指導性資金計画　36
ジニ係数　197
支払い準備金預金口座　181
資本市場　31, 32, 49, 66, 68, 85, 89, 90, 93, 94, 128, 129, 132, 133, 140, 155, 162, 164, 169, 173, 174, 192, 193, 202, 204
資本蓄積　18, 21
資本注入　6, 7, 64, 80, 83, 86, 89, 90, 96, 97, 102-105, 109, 110, 112, 116-118, 120-124, 162, 178, 193
資本取引自由化　148, 185, 186
資本の本源的蓄積過程　3
社会主義経済発展戦略　1
社会主義市場経済体制　6, 8, 52, 54, 71, 161
「社会主義市場経済体制建設の若干の問題に関する中共中央の決定」　52
社会主義市場経済制度　3

社会主義的計画経済　3, 22
社会投資資金　50
社会保険基金予算制度　199
社会保障制度　8, 132, 140, 161
上海協力機構　188
上海銀行　64, 97, 168, 202
上海コール市場センター　67
上海証券取引所　31, 49, 66-68, 86, 88, 93, 98, 109, 128, 139
上海浦東発展銀行　98, 123, 176
重工業優先発展戦略　9, 22
周小川　51, 77, 88, 141, 158
周正毅　114
従属開発戦略　1
住宅　15, 22, 45, 57, 197, 198
朱小華　114
朱鎔基　54, 162
証監会　74, 101, 133
証監会→中国証券業監督管理委員会
商業銀行法　63, 71, 74, 80, 101
商業金融業務　6, 26, 34
商業性融資　54
証券会社　9, 11, 39, 43, 44, 46, 49, 65, 67, 85, 99, 122, 168, 169
証券監督機能　72
城市信用社　98
招商銀行　45, 108, 123, 125, 168, 176
消費者ローン　184
諸侯経済　29, 51
指令性資金計画　36
新興経済国家群　4

215

深圳証券取引所　31, 49, 66, 67, 86, 93, 128, 132
深圳発展銀行　45, 96, 98, 101, 123, 158, 176
信託会社管理弁法　171
信託投資公司　31, 169-171, 182
新バーゼル協定　83, 84, 87
人民銀行　5-7, 9-15, 19-21, 23-26, 32-45, 47-51, 53, 54, 56-60, 64-68, 70-74, 77-79, 81, 83-88, 95, 97, 100, 101, 103, 104, 106, 110, 114, 116-118, 120-123, 125-127, 141, 142, 144-146, 149, 155, 157, 158, 161-163, 170, 178, 181-184, 193, 197, 201, 202
人民銀行理事会　34
人民元　7, 11, 12, 24, 30, 38, 48, 53, 54, 57, 58, 67-71, 89, 94, 104, 114, 122, 123, 132, 141-151, 153-157, 169, 171, 182-186, 204
人民元相場レート　70
人民元貿易決済　156
信用合作社　20
政策金融業務　6, 62
政策性企業　200
政策性銀行　48, 53, 60-63, 67, 77, 99, 135, 161, 168, 176
政策性融資　54, 63, 71, 163
生産と価格の双軌制　30, 31, 51
政府基金予算制度　199
政府予算体系　199
世界銀行　48, 99, 190

世界金融危機　90, 98, 108, 115, 116, 131, 149, 156, 157, 176
世界貿易機関（WTO）　4, 6, 89, 96, 107, 144, 160, 162, 163, 165, 168, 169, 185, 187, 191, 195, 196, 198, 205
全国金融工作会議　6, 71
戦略的投資　89, 90, 96, 105, 107, 111, 115, 123, 176
双軌制→生産と価格の双軌制
総合銀行　45
増量改革　76
ソブリン危機　197
【た行】
第1次5ヵ年計画　9
第2預金準備金制度　181
大躍進　10, 15
大連国際投信公司　32
台湾　2, 54
タバコ　200
単一銀行制度　5, 9-11, 13, 19, 32, 41, 46, 58, 160
蓄積率　3, 18, 20, 22
地方交付金　200
地方商業銀行　97
地方政府　6, 28, 29, 31, 34, 36, 37, 43-45, 51, 56-58, 61, 64, 65, 72, 73, 77, 80, 97, 98, 115, 121, 170, 171, 176, 184, 198, 201
中央銀行機能　5, 9, 11, 26, 34, 35, 53, 56, 100, 161
中央銀行圏（央圏）　204

中央国債登記決算有限責任公司　68
中央匯金投資有限公司　103, 121-124, 158
「中華人民共和国銀行業監督管理法」
　　100
中華人民共和国商業銀行法　63, 101
中華人民共和国人民組織法　11
中華民国　10-12, 47
中国型金融制度　5-7, 89, 160, 163, 192,
　　195, 199
中国型発展モデル　187
中国型モデル　3-5, 8
中国共産党11期3中全会　32
中国共産党12期3中全会　36
中国共産党14期3中全会　52
中国共産党8期全国代表大会　13
中国銀行　7, 10, 13, 20, 26, 32, 33, 43, 51,
　　53, 61, 69, 78, 89, 90, 94, 96, 98, 100,
　　101, 103, 104, 108, 109, 111, 112, 114,
　　121-123, 139, 157, 158, 162, 168, 193
中国工商銀行　32, 33, 51, 90, 94, 98, 100,
　　103, 108, 109, 123, 139, 162, 168
中国国際信託投資公司（CITIC）　31, 32,
　　36, 169, 170
中国証券業監督管理委員会　72, 74, 94,
　　101, 133, 157
中国人民銀行→人民銀行
中国人民銀行通貨政策委員会条例　57
中国人民銀行法　53, 57, 59, 72, 101
中国人民建設銀行　13, 19, 32, 33, 61
中国人民保険公司　31
中国投資会社　123

中国投資銀行　48
中国農業銀行　13, 19, 20, 26, 32, 33, 43,
　　46, 61, 90, 96, 98, 100, 103-105, 108,
　　113, 114, 121, 157, 158, 168
中国保険業監督管理委員会　72, 74
中小企業ボード　132
中信銀行　45, 98, 176
中信実業銀行　45
中韓国交樹立　54
趙安歌　114
「調和ある社会」　197
「調和的世界」戦略　196
直接金融　32, 129-132, 172, 173
直接投資　3, 54, 95, 141-144, 146, 150-
　　152, 158, 162, 164, 185, 186, 190, 192,
　　196, 203
貯蓄預金　15, 21, 41, 126, 181, 182
通貨コントロール　50
通貨スワップ協定　157, 159
通貨政策　34, 50, 57, 58, 62, 100, 161,
　　162, 180, 182, 192
通貨バスケット　141, 149, 154
通貨発行量　39, 40, 58
手形割引市場　31
適格外国機関投資家　151, 169
適格国内機関投資家制度　169
デット・エクイティ・スワップ→債務の
　　株式化
天安門事件　29, 38, 39, 52
電信　200
電力　111, 200

217

投資バブル　6
投資ファンド　130, 134, 140, 152, 169, 171, 172
投資ブーム　32, 35-37, 47, 56, 65, 66, 77, 170, 171
鄧小平　30, 52, 54, 128, 162, 188
東風汽車集団会社　47
特別国債　53, 71, 76, 83, 84, 102, 103, 110, 117, 120, 123, 182
都市合作商業銀行　63, 64
都市住民　21, 39
都市商業銀行　59, 63, 64, 78, 88, 97-99, 115, 168, 176, 203
都市信用社　32, 38, 63-65, 97, 176
ドルペッグ制度　70

【な行】

二重価格　30
二重為替相場　69
二重為替レート　53
二層銀行システム　26, 32, 41, 49
日本開発銀行　61
日本輸出入銀行　49, 61
農業銀行→中国農業銀行
農業発展銀行　61, 161, 176
農村戸籍　197, 198
農村合作銀行　97, 98, 125, 126, 168, 203
農村金融機構　203
農村経営請負制　32
農村住民　21, 39
農村商業銀行　97, 98, 125, 126, 168, 176, 203

農村信用社　13, 32, 33, 97, 98, 121, 125, 126, 162, 168, 176, 182
農村預金　41, 181
農林中金　61
ノンバンク　7, 31, 36, 39, 43, 46, 47, 56, 60, 72, 74, 101, 168, 169, 171

【は行】

バーゼル銀行監督委員会　7, 193
ハイパーインフレ　11, 12, 29, 31
抜改貸（交付から貸付へ）　25, 33
バブル崩壊　102, 131, 161
バンク・オブ・アメリカ　106, 108, 111
非金融部門　132
非国有企業　23, 26, 205
必要預金準備率　83
非流通株　89, 90, 92-94, 133-140, 157, 158, 175
不動産　32, 37, 43, 44, 47, 54, 56, 60, 65, 66, 74, 101, 131, 145, 170, 171, 184, 198
不動産投資　37, 60, 170
不良債権　6, 7, 26, 44, 45, 48, 53, 54, 62-66, 71, 72, 74-83, 85-88, 90, 96-98, 101-105, 109-113, 115-126, 131, 132, 158, 160, 162, 163, 170, 171, 178, 192, 193
不良債権引当率　113
分税制　162, 199, 200
「平和的台頭」戦略　196
北京銀行　64, 88, 97, 168
北京コンセンサス　4, 5, 8, 187-191, 194, 196, 205

北京天橋百貨公司　85
変動相場制　142, 146
放権譲利　6, 28, 31
法人所得税　75
保険会社　31, 46, 49, 65, 67, 99, 122, 134, 140, 152, 168, 169
保険業　13, 32, 72, 74, 100, 101
保険業監督機能　72
香港株式市場上場　90
香港市場　90, 96, 108, 109, 123, 136, 141, 148, 176, 203
渤海銀行　176
香港南洋銀行深圳支店　49

【ま行】

マクロ・コントロール　161
マディソン, アンガス　22
窓口緩和　184
窓口規制　161, 183, 184
窓口指導　183, 184, 192, 204
マネー・サプライ　54, 60

【や行】

郵政事業　48, 127
郵政貯蓄銀行　51, 126-128, 202
郵政貯蓄事業　47, 126, 127
郵政貯蓄匯業局　10, 47
輸出志向型市場発展戦略　1
ユニバーサル・バンキング　64
預金準備金　41, 42, 71, 83-85, 126, 178, 181, 182
預金準備制度　34, 39-42, 193
預金準備率　41, 42, 83, 163, 178, 180, 181, 192, 204
預貸差額管理制度　34, 35
「四行二局一庫」　10, 12
4大国有専業銀行　31, 32, 42, 65, 161
4大国有商業銀行　53, 87, 102, 103, 116, 128, 157, 160, 162
4大専業銀行　5, 6, 26, 32, 35, 42, 43, 45, 47, 49, 53, 61, 63, 163, 170, 178
4兆元投融資計画　198

【ら行】

ラモ, ジョシュア・クーパー・　4, 8, 188-191, 194
リーマン・ショック　134, 184, 195-197
リーマン・ブラザース　149
利改税　28, 76, 88, 161, 199
利潤上納制　28, 199
利子率調整　182
李鵬　30
劉金宝　114
劉少奇　13, 24
流通貨幣量　36
連合信用社　97, 125
ロイヤル・バンク・オブ・スコットランド　106

【わ行】

ワシントン・コンセンサス　4, 8, 188-191
和平演変　52
「和平崛起」論争　196

あとがき

　本書は、小生の博士論文をもとに加筆修正したものである。現在の中国金融システムは、改革開放以降、従来の計画経済体制に相応する単一銀行制度から二層銀行制度に転換して、すでに30年余り経った。

　金融システムは、中国経済の高度成長を支えてきた。特に、2003年後の金融改革により、従来の中国金融システムにとって、最大の課題であった不良債権問題も解決した。中核である国有5大商業銀行は、すべて上場を果たして、株式時価総額が世界上位に躍進した。

　2008年のリーマンショックも中国経済は、無難に乗り越えて高成長を続けている。しかしながら、金利の自由化、為替の弾力化や資本取引の自由化等金融市場化改革は、一部を除き、なかなか進まなかった。中国は、これまでの高度成長から安定成長への軌道に移行しようとしている。その際、金融市場化への改革を一層推進するだろう。

　すでに世界第2位に成長した中国の金融システム改革は、ますます目を離せない。今後、中国金融機関特に上場銀行の公表データをもとに金融改革の成果を検証したい。

　本書執筆にあたり、学生時代より大変なご支援を頂き、今回の出版に際しても研究資金援助をいただいた財団法人神林留学生奨学会の皆様、いつも温かいご指導とご支援をいただき、博士論文の指導教授でもある高橋満先生、さらに、本書の出版にあたり大変お世話になった創土社の酒井武之氏、以上の方々に深く感謝したい。

2013年6月　員　要鋒

員　要鋒

中国洛陽市出身。帝京大学大学院経済学研究科博士課程修了。博士（経済学）。帝京大学経済学部非常勤講師を経て、一般会社に勤めている。

中国型金融制度

2013 年　7 月 15 日　第 1 刷発行
著　者　員　　要鋒
発行人　酒井　武史
発　行　株式会社 創土社
〒 165-0031　東京都中野区上鷺宮 5-18-3
　　　　TEL　03（3970）2669
　　　　FAX　03（3825）8714
　　　　　http://www.soudosha.jp

カバーデザイン　アトリエ剣歯虎
印刷　株式会社シナノ
ISBN:978-4-7988-0215-2 C0076
定価はカバーに印刷してあります。